HENRI IV

***

Les amours, les passions et la gloire

DU MÊME AUTEUR

CHEZ POCKET

LES DEMOISELLES DES ÉCOLES
LES FLAMMES DU PARADIS
LOUISIANA
L'ORANGE DE NOËL
PACIFIQUE SUD
LES TAMBOURS SAUVAGES

HENRI IV

T. 1 – L'enfant roi de Navarre
T. 2 – Ralliez-vous à mon panache blanc !
T. 3 – Les amours, les passions et la gloire

MICHEL PEYRAMAURE

HENRI IV

***

Les amours, les passions et la gloire

ROBERT LAFFONT

ISBN 2-266-08066-0

I

FEUILLE-MORTE

1590-1591

Il avance à pas lents sous un soleil d'enfer, ses pieds nus brûlés par le sable, la gorge sèche, le regard brouillé. Devant lui l'immensité du désert avec, au milieu, cet arbre solitaire, insolite, aux ramures d'un vert insolent ponctué par les petites lanternes phosphorescentes de ses fruits. Les mains tendues, il fait encore quelques pas, jusqu'à sentir contre sa peau la fraîcheur des feuilles. Et voilà que, soudain, l'arbre se dérobe comme ces arbustes qu'au début de l'hiver la reine Jeanne remisait dans la serre en les faisant glisser sur des rondins. Il gémit, se débat, suscite autour de lui un crépitement de rires et cette voix joyeuse qui lui corne aux oreilles :

– Sire, réveillez-vous ! Il faut partir si nous voulons arriver avant le dîner. Et nous avons un long chemin à parcourir.

– L'oranger..., balbutia Navarre. Les oranges...

– Vous avez rêvé, sire, et vous avez parlé en dormant.

Navarre se dressa sur ses coudes, le regard égaré. Le décor avait changé : ce n'était plus l'immensité du désert et le soleil incandescent ; l'oranger s'était fondu dans la pierre nue.

– Partir..., dit-il, et pour aller où ?

– Vous le savez bien : au château de Cœuvres. Mon amie nous y attend.

Navarre referma ses paupières, se laissa aller contre le coussin de balle qui lui servait d'oreiller, concentré sur la fièvre qui bourdonnait dans son crâne avec un fredon d'abeille. Il n'aimait pas ces réveils soudains, cette intrusion brutale de la réalité qui le coupaient de la petite mort des sommeils fiévreux où s'élaborent les rêves les plus étranges. Il était sur le point de se saisir d'une orange quand Feuille-morte l'a réveillé. Maudit soit-il, ce Bellegarde qui se fait appeler Monsieur le Grand parce qu'il est premier écuyer du roi et qui s'arroge le droit de le réveiller comme une vulgaire sentinelle.

Henri bascula lentement hors du lit, posa sur les carreaux de pierre disjoints ses pieds brûlants du sable foulé et réclama ses vêtements. Turenne lui tendit une chemise qu'il renifla.

– Elle pue ! dit-il. Bellegarde, prête-m'en une des tiennes. Celle que j'ai de rechange dans mon coffre est déchirée aux coudes.

Roger de Bellegarde fouilla en grognant dans son coffre, en retira une chemise pas trop rapiécée, avec un collet de dentelle pas trop jauni, une fraise à l'espagnole qu'il ne portait plus depuis longtemps, une paire de gants de chevreau râpés. Il tendit ces défroques à Turenne.

– *Dioubiban !* jura Navarre. De nos jours les rois s'habillent en valets et les valets en rois.

Roger de Bellegarde, qui tenait son surnom de Feuille-morte de ses toilettes élégantes aux couleurs mordorées, fit grise mine. Était-ce sa faute si le roi de France et de Navarre négligeait de se vêtir autrement qu'en soldat ou en vagabond, s'il méprisait ceux qu'il appelait des *muguets* ou des *majorlets* et qu'il prenait un malin plaisir à tourner en dérision ? Feuille-morte quant à lui, bel homme adoré des demoiselles et envié des autres gentilshommes, gardait en toutes circonstances le goût du beau plumage, comme disait avec ironie Sa Majesté. Il voyait dans ce comportement le corollaire des avantages dont la nature l'avait doté depuis qu'il avait quitté ses Pyrénées pour le service de son maître.

– Il faudra vous vêtir chaudement, sire, dit-il. Votre vieux manteau à la béarnaise n'est pas très seyant mais il ne sera pas de trop. Il ne faudrait pas que votre fièvre ait empiré en arrivant chez Mlle d'Estrées.

– Veille toi-même à te protéger, répondit le roi d'un ton bourru et tâche d'essuyer cette roupie de morve qui pend à ton nez !

– Sire, dit Turenne, faut-il vous passer le pot ?

– Inutile. Je n'ai plus une goutte d'eau dans le corps. Je pisserai à cheval si j'en ai besoin.

– La cuvette ?

– Pas de toilette pour ce matin. Il fait trop froid.

– Mais, sire... vous puez fort !

– Et les demoiselles d'Estrées ont l'odorat sensible, ajouta Bellegarde.

– Elles s'abstiendront d'en faire la remarque. Je suppose qu'elles sont moins insolentes que vous.

Le roi s'informa de l'endroit où ils se trouvaient. Sa nuit fiévreuse lui avait fait perdre la notion du temps et des lieux. Feuille-morte répondit qu'on se trouvait au village de Taillefontaine, au nord de Villers-Cotterêts, à deux petites lieues du château de Cœuvres, en pleine Picardie.

Henri haussa les épaules. Il savait bien qu'on se trouvait en Picardie, mais le nom de ce village ne lui disait rien. Tandis que son valet lui préparait sa soupe au vin il s'efforça de se souvenir de ce qui l'avait amené là.

Son armée avait levé le siège de Paris devant la ruée de Farnèse, duc de Parme, accouru au secours du duc de Mayenne, chef des forces de la Ligue. Depuis, au lieu de se replier au sud de la Loire pour y reconstituer une armée digne de ce nom, il s'était lancé à travers la Picardie, dans l'attente, pensaient certains, d'une légion céleste. « Vous vous êtes trop hâté de lever le siège, lui disait Turenne. Si nous avions tenu quelques jours de plus la capitale était à nous ! » Le beau parleur... Il comptait sans les troupes espagnoles, suisses et wallonnes que Mayenne y avait fait entrer. Et que restait-il de l'armée royale ? Six mille hommes, découragés et fatigués : vétérans huguenots et catholiques ennemis de la Ligue... On n'attaque pas une ville de cette importance avec quelques milliers de combattants !

Navarre se tenait debout, immobile, muet, au milieu de la masure. Les dernières brumes de la fièvre lui mettaient du coton dans les oreilles et son esprit battait la chamade au rythme de son cœur.

Il mangea sans faim sa grosse soupe et la frotte à l'ail que son valet lui avait préparée. La lumière blanche de la neige de novembre disputait l'espace des murs lépreux et du plafond crevé tendu de toiles d'araignée aux dernières lueurs du feu. Dehors Melchior s'occupait à seller les chevaux qui s'ébrouaient avec bruit. Sur un ordre de Turenne un clairon sonna le boute-selle. Assis au coin de l'âtre, Feuille-morte achevait sa première pipe du matin.

Lentement, comme à regret, la campagne se libérait de son engourdissement sous le lent assaut d'une clarté rosâtre. Des immensités de neige s'étiraient jusqu'à un chapelet de collines laquées de blanc. Cœuvres, aux dires de Feuille-morte, n'était qu'à peu de distance de Taillefontaine ; on y serait avant le déjeuner de dix heures, mais on ne pourrait progresser qu'au pas en raison des plaques de verglas sur lesquelles les chevaux, qui n'étaient pas ferrés à glace, risquaient de glisser.

Le roi prit la tête du cortège, encadré par Turenne, Bellegarde, La Trémoille, François de Châtillon, fils de Coligny, et Melchior, emmitouflés dans leurs manteaux. Il avait décidé de se faire accompagner seulement d'un petit peloton d'arquebusiers à cheval pour se protéger des aléas du parcours, et notamment des bandes de paysans révoltés qui hantaient la Picardie.

Henri demanda à Bellegarde de lui parler de cette famille d'Estrées qu'il avait décidé de présenter au roi. Qui allait-on trouver à Cœuvres ?

– Mlle Gabrielle et sa sœur Diane, son aînée, dit Bellegarde. Peut-être aussi leur père, mais il est souvent occupé par ses fonctions de sénéchal, de premier baron du Boulonnais et de gouverneur de La Fère. Il est aussi, je me permets de vous le rappeler, chevalier du Saint-Esprit...

– Et leur mère ?

– Absente..., dit distraitement Bellegarde.

C'est par malice que Navarre avait posé cette question. Il n'était bruit, depuis quelques années, que des dévoiements amoureux de cette créature, une demoiselle Babou de La Bourdaisière, qui choisissait ses chevaliers servants dans la tourbe des gentillâtres ; son aventure avec du Guast avait fait scandale : ce spadassin avait exercé ses talents de tueur à l'occasion de la Saint-Barthélemy. Margot, qui l'exécrait en raison de son insolence, l'avait fait abattre par un de ses sicaires, lequel avait à son tour été assassiné dans un couloir du Louvre par la créature de Mme d'Estrées, Yves d'Allègre. Pour échapper à la justice, ils s'étaient tous deux réfugiés en Auvergne.

Cette affaire remontait à quelques mois. Les deux tourtereaux vivaient le parfait amour, mais ils avaient tant pressuré la population, tant joué aux potentats qu'ils suscitaient, à Issoire et dans les environs, une haine générale.

Alors qu'ils s'engageaient sous les premiers couverts de la forêt, à un quart de lieue de Cœuvres, le roi se demanda de nouveau les raisons de ce voyage. Feuille-morte lui avait parlé en termes si élogieux de Gabrielle, sa maîtresse, qu'il avait fini par céder, mû davantage par la curiosité que par un projet de conquête.

De Corisande, il n'avait plus de nouvelles depuis longtemps. Il avait appris par sa sœur Catherine qu'elle s'occupait des pauvres et inclinait doucement vers une vieillesse dont il avait perçu les premiers symptômes affligeants lors de leur dernière entrevue.

Seul demeurait vivace dans sa mémoire le souvenir de la petite abbesse de Montmartre, Marie de Beauvilliers, qu'il avait songé un moment à ravir à ses devoirs en lui promettant de l'épouser dès qu'elle retrouverait sa liberté de femme. Il ne pouvait dissocier son image de celle du Paris qu'ils contemplaient entre deux étreintes du haut de la colline où se dressaient l'abbaye et ses moulins. Mais, alors que Paris se refusait à lui, Marie ne lui avait guère opposé de résistance, persuadée sans doute que les desseins de Dieu sont impénétrables et qu'Il lui accorderait son absolution.

Moins présent dans son esprit, le souvenir de cette autre moniale, abbesse de Longchamp, Catherine de Vendôme. Il se fondait dans celui des furieuses échauffourées qui avaient préludé à la prise de Corbeil par les bandes espagnoles de Farnèse, à l'exécution par le duc des deux mille défenseurs de la cité et, quelques jours plus tard, à l'assaut des troupes royales contre la porte Saint-Antoine, durant lequel le vieux maréchal de Biron avait écopé d'une blessure sévère. De Mme d'Humières et de quelques autres garces ne surnageaient qu'un nom et un visage.

L'image qu'il gardait de ses relations avec Mme de La Roche-Guyon, de nature différente, lui avait laissé un goût d'humiliation.

À quelques jours de la bataille d'Ivry où il avait fait flotter sur son armée le panache blanc de la gloire, il s'était avancé jusqu'au bord de la Seine et avait demandé l'hospitalité pour la nuit à Antoinette de Pons, riche et jeune veuve dont le château, hissé sur de hautes falaises crayeuses, dominait le fleuve sous des vols de mouettes. D'emblée il avait entrepris de faire sa cour à la dame ; elle ne l'avait ni encouragé ni éconduit mais, le moment venu de passer à l'acte, elle avait disparu. Il lui avait écrit de Paris, la suppliant de pardonner son audace, lui demandant de le rejoindre, lui dédiant ses exploits guerriers et la couvrant de baisers, comme jadis Corisande, allant jusqu'à lui promettre de l'épouser si elle consentait à le revoir et à l'écouter. La belle Antoinette restait sourde, muette et indifférente. Il lui en tint rigueur mais finit par l'oublier, d'autant plus aisément qu'elle s'apprêtait de nouveau à convoler.

On n'entrait pas dans le château de Cœuvres comme dans un moulin.

Ce n'était pourtant pas une de ces forteresses dont chaque pierre portait témoignage d'un siège ou d'un combat. Campé en pleine forêt, ce logis semblait plutôt édifié pour les plaisirs de la chasse et des amours que pour la guerre, bien qu'il comportât un pont-levis enjambant un large fossé où barbotaient des escadres de canards. Franchi le rempart on entrait dans une vaste cour sablée avec soin entre des plaques de neige et de verglas. Épanoui dans une grâce italienne, le corps de logis principal rappelait que les ancêtres des Estrées avaient combattu en Italie. Leur lignée remontait à Hugues Capet. Quelques gouttes de sang royal coulaient dans les veines de quelques maréchaux de leur famille, ce qui n'était pas pour déplaire au roi.

Il sursauta en abordant la terrasse qui dominait la cour.

– Des canons ! s'écria-t-il. Cette demeure ferait-elle office d'arsenal ? J'aurais bien aimé voir ces pièces devant Paris.

– Elles sont en pierre, dit Bellegarde, de même que les boulets. L'imitation, il faut le reconnaître, est parfaite.

Le roi se souvint de l'apologie que Feuille-morte lui avait faite de sa maîtresse, alors qu'ils chevauchaient sur les chemins de Picardie. « Elle a la peau blanche, dis-tu ? Vraiment blanche ? » « Oui, sire.

De plus le front est large et haut, la bouche petite, le téton provocant. Elle est grasse et porte un double menton. » « Un double menton, dis-tu ? Quelle merveille ! »

Dans l'esprit d'Henri le portrait de la demoiselle que lui faisait son grand écuyer se fondait dans celui de Corisande. Retrouver son ancienne maîtresse dans la fleur de ses trente ans, sous le soleil de Navarre ou de Gascogne, entourée de ses négrillons et de ses singes... Il avait écouté le bel écuyer, les yeux clos, lui parler des charmes de Gabrielle, de la qualité de ses étreintes. Elles étaient parfois passives mais la belle était indulgente et soumise aux fantaisies les plus audacieuses. Dans ce domaine elle différait de Corisande qui, elle, ne manquait pas de prendre l'initiative dans les joutes amoureuses.

À vingt ans, encore demoiselle, Gabrielle pouvait se targuer d'un passé flatteur dans le domaine des amours. Afin d'aviver la curiosité de son maître, Bellegarde l'avait évoqué à grands traits agrémentés de quelques détails croustillants.

Quatre ans auparavant, à la cour du roi Henri III, le grand écuyer avait rencontré celle qui devait devenir sa maîtresse. Antoine d'Estrées, le père de la demoiselle, était venu à Paris, sur l'entremise d'Épernon, la livrer pour six mille écus au souverain qui en avait fait ses délices quelques semaines durant. Françoise d'Estrées, sa mère, l'avait ensuite vendue au financier Bastien Zamet, l'une des plus belles fortunes de Paris, puis au cardinal de Guise, frère du Balafré, tué à Blois deux ans auparavant par les spadassins du roi, dont Bellegarde était une des plus fines lames.

Passé cet événement, Gabrielle avait poursuivi une carrière déjà enviable dans le lit du duc de Longueville, gouverneur de Picardie, qui avait savouré durant trois mois ce nectar des dieux. Les d'Estrées avaient ensuite promené leur fille dans quelques familles huppées de la région afin d'en tirer quelque bénéfice. Elle avait fourbi ses talents avec un mélange de sérénité, d'indifférence et de bonne conscience. Elle servait sa famille avec ses propres armes; qui pouvait le lui reprocher?

Gabrielle avait achevé cette première étape de son parcours amoureux dans la couche de Feuillemorte, séduite par l'élégance et la beauté de ce jeune gentilhomme plus que par sa fortune qu'il en était encore à espérer.

Main dans la main les demoiselles du château descendirent l'escalier hors d'œuvre, délicatement ajouré, pour venir faire la révérence à leurs visiteurs.

Gabrielle ne ressemblait à Corisande que dans l'imagination enfiévrée d'Henri. De belle taille et blonde, elle était discrètement grasse et son double menton qui avait fait rêver le roi s'estompait dans une gloire charnelle d'une telle intensité que le roi fut pris à sa vue d'un vertige. Pour se donner de l'assurance il réclama à Melchior la gourde de brandevin que son écuyer portait toujours dans son pourpoint en prévision d'une défaillance de son maître. Il but quelques gorgées et se sentit prêt à affronter Vénus ou Junon en personne. La belle tenait des deux.

De Diane, sœur aînée de Gabrielle, il ne pensait rien. Malgré son nez un peu longuet, comme il les aimait, sa taille bien serrée sous la baleine, son visage rond et avenant, elle n'était qu'une fade réplique de sa cadette : la lune opposée au soleil.

Le dîner fut ce que le roi en attendait : un feu roulant de propos anodins mais chargés de sousentendus érotiques. On attaquait le dessert composé d'abricots confits, de darioles d'Amiens et de massepain au miel lorsque Henri se dit que cette créature lui était destinée. Qu'elle fût passée entre plusieurs mains, qu'elle eût été la proie des maquereaux et maquerelles de sa famille lui importait peu : il n'aurait pas à se répandre en galanteries préliminaires, à essuyer des réticences humiliantes pour forcer une porte interdite.

En se levant de table il dit à Melchior :

– Cette fois-ci, mon ami, je crois que je suis pris et bien pris.

– Comme dans un piège, sire.

– Les pièges, je sais les déjouer. Il me faut cette fille. Et dès ce soir.

– Mais, sire, vous faites bon marché de son amant. M. le grand Écuyer risque de prendre ombrage de ce caprice.

– Ce n'est pas un caprice. Le grand écuyer, j'en fais mon affaire. Il n'a rien à me refuser.

Au cours de la conversation qui avait animé le repas, Henri avait compris que Gabrielle et Feuillemorte ne filaient pas une passion menant au mariage, que leur liaison était sans lendemain et que la porte lui était entrouverte. Il eût été bien sot de ne pas s'y engager.

On profita d'une risée de soleil hivernal pour une promenade dans l'allée de chênes qui s'enfonçait au cœur de la forêt de Compiègne. De temps à autre, sous les caresses un peu rudes du vent, une pluie de feuilles rousses voltigeait autour des promeneurs. Henri avait pris la tête du petit cortège en compagnie de Gabrielle ; à quelques pas en retrait, Melchior contait fleurette à Diane qui gloussait derrière sa main et ne paraissait pas insensible aux charmes un peu sauvages de ce beau guerrier brun de peau et de poil. La suite chaperonnait, mêlée à quelques suivantes.

Henri s'efforça d'intéresser Gabrielle à ses dernières campagnes et au siège de Paris notamment ; elle ne lui manifesta qu'une indifférence polie qui traduisait sa méconnaissance des événements bouleversant le royaume. Il lui parla de sa santé, de la fièvre qui l'avait terrassé ; en apparence elle s'en moquait. Il lui fit compliment de son domaine, plus important qu'il ne l'imaginait avec ses bâtiments consacrés à la recette fiscale, son grenier à sel, ses immenses écuries, son jeu de paume, son terrain de palle-mail sous l'allée de tilleuls ; il ne lui apprenait rien et elle n'avait pas grand-chose à ajouter. Il se dit qu'elle était un peu sotte mais que cela importait peu.

Ils s'arrêtèrent au pied d'un houx géant enrobé de neige, au pied duquel un couple de merles grattait le sol. Il dit d'une voix qui trahissait une émotion longtemps contenue :

– Gabrielle, je garderai un souvenir impérissable de notre rencontre. Puis-je espérer d'autres tête-à-tête, seul à seul, avec vous ?

– Sire, répondit-elle sans chaleur, c'est beaucoup d'honneur que vous me faites. Regardez comme ces merles sont amusants ! J'irai tout à l'heure leur porter des miettes.

– C'est un homme libre de tous liens qui vous fait cette demande. J'aimerais...

– Le froid commence à serrer ! dit-elle abruptement. Nous allons rentrer. Je ne tiens pas à ce que la fièvre vous reprenne à cause de moi.

– Ma santé importe peu et je suis guéri depuis que je vous ai vue.

– Sire, j'ai passé avec vous quelques moments agréables. Resterez-vous pour la nuit à Cœuvres ?

– Je le souhaite de tout cœur, si cela ne doit pas vous contrarier.

– Alors, pardonnez-moi : il faut que je donne des ordres pour vous loger, vous et votre suite.

Elle lui tourna le dos, revint vers Bellegarde qui, la goutte au nez, faisait le pied de grue avec La Trémoille et Châtillon, Melchior se tenant à l'écart en compagnie de Diane. Henri prit son écuyer par le bras pour l'entraîner à quelques pas, près d'un bassin gelé.

– Eh bien, dit-il, tu sembles au mieux avec Mlle Diane.

– Et vous, sire, vos affaires ont-elle avancé ?

Henri soupira :

– Je croyais la porte ouverte. Ce n'était qu'un trompe-l'œil et je me suis heurté à un mur.

– Patientez ! Il n'est pire porte qui ne finisse par céder devant vous. N'êtes-vous pas le roi ?

– Certes, mais je n'en ai aucune apparence. Gabrielle doit me juger laid, inélégant, prétentieux. Je crains qu'elle ne me joue la même comédie que Mme de La Roche-Guyon, si tu te souviens...

– Tout pourrait prendre une autre tournure s'il n'y avait pas Bellegarde.

– Faudrait-il que je le fasse assassiner ?

– Simplement le convier à vous laisser la place. Gabrielle est sa maîtresse, pas sa femme.

– Acceptera-t-il ? Il est fier comme un dindon.

– Cela n'est pas impossible. Dès lors qu'il acceptera tous les espoirs vous seront permis.

Henri demanda à Melchior comment allaient ses propres affaires.

– Je suis un peu confus de vous le confier, sire, répondit l'écuyer, mais il semble que Mlle Diane et moi soyons dans un bel accord de sentiment. Tout semble me laisser espérer que, dès ce soir, ce bel oiseau sera dans ma cage.

– Eh bien ! répondit le roi en dissimulant mal sa rancœur, il me reste à te souhaiter bonne chance et une nuit agréable.

Le souper fut d'une insigne monotonie. Le roi faisait la mine ; Gabrielle restait muette ; Feuillemorte semblait couver une rancune en regardant sa maîtresse et son maître échanger des regards où il croyait lire une entente secrète. Seuls les propos acerbes entre Turenne et La Trémoille, sur des questions de religion, animèrent le repas. Lente et pesante comme le temps, la neige s'était remise à tomber. Le grand feu allumé dans la cheminée ne parvenant pas à faire fondre la banquise de froid et d'ennui qui se resserrait autour de la tablée, Diane, brusquement, décida d'abréger la soirée. Gabrielle ayant proposé une partie de reversis, sa sœur insista pour qu'on aille se coucher. Un domestique distribua des bougeoirs et chacun s'apprêta à gagner sa chambre. Henri regarda d'un œil morne Gabrielle s'incliner devant ses convives puis lui faire une profonde révérence avant de disparaître sans un mot, sans un sourire, dans la pénombre du couloir, comme une caravelle prenant la mer pour un voyage sans retour.

– Melchior, dit le roi, je veux que tu restes avec moi cette nuit. Je n'aime pas coucher seul par grand froid. Tu me réchaufferas.

– Ce serait de grand cœur, sire, mais, hélas, cette nuit je l'ai promise à Mlle Diane. Demandez plutôt ce service à Châtillon. Il a de la chaleur à revendre.

– À tout prendre, je préférerais une servante. Par exemple, celle qu'on appelle Fantine, qui est grasse et jolie.

– Il est trop tard, sire. Elle doit être couchée. Patientez. Demain il fera jour...

Henri passa une nuit morne, entortillé dans sa couette près de Châtillon qui ronflait comme un sonneur et répandait des vents nauséabonds. Il songeait avec amertume que, dans les chambres voisines, Gabrielle et Bellegarde, Diane et Melchior se donnaient des fêtes. À quoi lui servait d'être roi s'il n'était pas maître des sentiments ? De quoi était-il roi, d'ailleurs ? D'un royaume qu'il devait conquérir pièce à pièce et qui se défaisait de même, comme la toile de Pénélope. Sa belle-mère, la reine Catherine, avait raison de dire avec mépris qu'il était un « reyot de merde », qui régnait sur un domaine d'illusion. Il en pleura de rage.

Le lendemain matin, il s'abstint de la frotte à l'ail, crainte des remugles qui s'ensuivraient. Il se servit de fruits en compote, d'une moitié de poulet et d'un verre d'hypocras, en attendant que Bellegarde, qui faisait la grasse matinée, eût quitté la chambre de sa maîtresse.

Lorsqu'il le vit paraître dans son pourpoint mordoré, une chanson aux lèvres, le visage épanoui sur la fraise à godrons, il lui prit le bras et lui dit d'un air sombre :

– Tu déjeuneras plus tard. J'ai à te parler.

Ils s'assirent de part et d'autre de la fenêtre par où s'épandait dans la pièce la clarté blanche de la neige. Perdu dans ses pensées, la mine grise, le roi resta un moment silencieux. Seuls ses yeux paraissaient vivre intensément dans son visage qui semblait émerger de la tombe.

– Sire, dit Feuille-morte, je vous écoute.

– J'ai besoin de ton aide. Ce que j'ai à te confier me coûte beaucoup, compte tenu de notre amitié et de notre long compagnonnage.

Il s'éclaircit la voix pour ajouter :

– Cette demoiselle d'Estrées, qu'est-elle exactement pour toi ? Réponds-moi franchement.

– Je ne vous ai rien caché, sire : elle est ma maîtresse.

– J'entends bien, mais comme tant d'autres ?

– Comme les autres, sire.

– Sans plus ?

Bellegarde parut embarrassé. Il gratta son cou au niveau de la fraise, en fit surgir une rougeur d'irritation. Le roi marqua son impatience en frappant sur ses genoux.

– Réponds-moi, dit-il. L'aimes-tu vraiment ? Avez-vous échangé des promesses de mariage ?

Bellegarde réprima une envie de rire. Épouser Gabrielle ! Cette idée ne lui était jamais venue. On n'épouse pas ce genre de garce. On en tire du plaisir et bon vent !

– L'épouser, sire ? Ma foi je n'y songe pas. Elle non plus, d'ailleurs.

– Alors tu dois renoncer à elle sur-le-champ !

Devant cette réplique fulgurante Bellegarde resta pantois mais conscient soudain des motifs de la volonté royale. Il s'était diverti, la veille, à voir son maître jouer les paons et faire la roue autour de la belle, après s'être inquiété de la manœuvre. Durant la nuit, il en avait parlé avec Gabrielle et ils s'en étaient moqués. La demoiselle avait jugé les avances du roi d'un tel ridicule qu'elle avait été sur le point de lui faire comprendre qu'il perdait son temps. Henri ne lui plaisait pas : elle le trouvait laid, gauche, mal attifé. Et cette odeur qu'il portait sur lui...

– Dois-je comprendre, sire, dit Feuille-morte, que vous me demandez de renoncer à ma maîtresse et de vous laisser la place libre ?

Le roi répondit dans un souffle :

– Tu as fort bien compris. Après tout, c'est de ta faute si je suis tombé amoureux de cette créature. Je la désirais avant même de l'avoir vue. À force de m'en parler tu m'as mis le feu dans le corps. Gabrielle est telle que je l'imaginais. Mieux encore. Son indifférence n'est qu'un paravent. Elle ne fait qu'ajouter du piment à l'eau de rose.

– Amoureux, sire ? Vraiment ?

– Vraiment. Comme je ne l'ai jamais été.

Bellegarde se leva avec un long soupir, fit quelques pas autour de la table où Châtillon et La Trémoille venaient de rejoindre Turenne. Il revint s'asseoir en face du roi.

– Ce que vous me demandez, sire...

La main du roi se posa sur son genou. Son visage rayonnait de gratitude.

– Je comprends, dit-il d'une voix douce. Je conçois la gravité de ton sacrifice, mais, si tu me refusais ce service, tu ferais de ton roi le plus malheureux des hommes. Si tu acceptes, tu n'auras pas affaire à un ingrat.

Agité de sentiments divers, Bellegarde se pinça les lèvres entre le pouce et l'index. Une rupture avec Gabrielle ne pouvait être taxée de sacrifice car elle n'était qu'une agréable partenaire de lit et il l'aurait vite remplacée. En revanche, il supportait mal l'humiliation que son maître lui avait imposée, avec quelques égards il est vrai. D'autre part, informé du comportement de la famille d'Estrées, de son manque total de scrupules, de son âpreté au gain, il se disait qu'en abandonnant la place en faveur du roi il allait le pousser involontairement vers un traquenard. Lui confier ses appréhensions lui parut impossible : il se refuserait à rappeler au roi que la demoiselle était une catin de haute volée, sa famille un nid de maquereaux et de vautours.

Il eut un soupir lamentable avant de déclarer :

– Je vous obéirai, sire, car je ne puis rien vous refuser, mais il restera à convaincre Gabrielle de vous céder. Je crains des réticences de sa part.

– Des réticences ! s'écria le roi. Tu me la bailles belle. Je n'ignore rien du passé de ta maîtresse. Elle est perpétuellement à vendre ? Eh bien, j'achète et j'y mettrai le prix qu'il faudra.

– Gabrielle s'honorerait de devenir votre maîtresse, mais encore faut-il qu'elle y consente. Ce sexe est parfois sujet à des caprices, à des préventions dont la raison nous échappe. Gabrielle vous vénère en tant que roi. Vous aimera-t-elle en tant qu'homme ?

– J'en ai soumis de plus coriaces, si tant est qu'elle le soit autant que tu le dis. Je compte sur toi pour la préparer à votre rupture et lui faire comprendre les sentiments qu'elle m'inspire.

– Sire, vous la connaissez depuis quelques heures seulement !

– Cela importe peu. Je ne saurais me passer d'elle.

– Elle n'a pas vingt ans. Vous en avez le double !

Henri balaya l'objection d'un revers de main.

La situation militaire imposait un prompt retour. En se remettant en selle sous le blizzard qui balayait la forêt, le roi baisa la main de Gabrielle.

– Je quitte à regret cette demeure, madame. Si vous m'y autorisez j'y reviendrai d'ici peu. En attendant je vous donnerai de mes nouvelles.

Il espérait sans trop y croire que la confidence faite à son grand écuyer, avec mission de la révéler à Gabrielle, aurait porté ses fruits. Il constatait avec un sentiment d'amertume qu'il semblait n'en être rien, Gabrielle ne lui témoignant qu'indifférence.

En cours de route, il se fit confirmer que Feuillemorte avait bien accompli sa mission : il jura qu'il l'avait exécutée mais avait fait chou blanc ; la porte qui demeurait ouverte pour lui s'obstinait à rester close pour le roi.

– Je suis obstiné moi aussi ! dit Henri, et plus que cette garce ne le croit. Elle usera ma patience jusqu'à la corde mais finira par céder.

– J'en suis convaincu, sire, dit tristement Bellegarde. Rien ni personne ne peut vous résister.

Il le pensait vraiment et se disait que cette conquête allait coûter à son maître plus qu'il ne le supposait, et pas seulement en sacrifices pécuniaires.

Le piège que le roi venait de tendre de ses propres mains n'allait pas tarder à se refermer sur lui.

Jamais la situation n'avait semblé aussi désespérée.

Aux heures les plus sombres, dans les goulets les plus resserrés du tunnel que le roi avait traversé, il restait toujours une petite lueur d'espoir qui lui donnait la force et le courage de poursuivre sa route. En cette fin d'année, toute lumière avait disparu et Navarre n'était plus qu'une marionnette jetée à bas de son théâtre d'illusion, démantibulée, bousculée par des vents contraires, impuissante à dicter sa loi aux hommes et à gouverner les événements.

Les six mille soldats de l'armée royale qui battaient encore la campagne maintenaient autour de Paris un blocus relâché en occupant quelques cités qui se refusaient à la Ligue.

Par chance, après avoir débloqué Paris et permis à la population de se ravitailler, Farnèse avait rebroussé chemin en direction des Flandres. Quelques résidus de troupes portant les couleurs de Mayenne écumaient les provinces aux alentours de la capitale, sans que le roi pût compter renouveler contre elles ses prouesses d'Arques et d'Ivry.

La blessure du maréchal de Biron au siège de Clermont l'avait éprouvé et avait porté préjudice au moral de son armée. Atteint d'une arquebusade au bas-ventre, le vieux soldat avait été laissé pour mort mais avait survécu. Assisté de son fils Charles, bon soldat comme lui, il suivait l'armée sur une civière, lançait des ordres, éclatait en colères jupitériennes dans la langue âpre du Périgord, contre ce roi qui avait perdu la tramontane et qui, *miladious !* ne se décidait pas à livrer un dernier assaut contre Paris en y jetant toutes ses forces. Le gros duc de Mayenne montrait dans cette guerre plus d'initiative et de vigueur que lui !

Pris à parti par ce vieux loup, le roi réagissait vivement :

– Mayenne ? parlons-en ! Il passe plus d'heures à table que moi à cheval et j'ai usé plus de bottes que lui de pantoufles !

Henri envoya le vicomte de Turenne en Allemagne pour y recruter des mercenaires afin d'en finir avec une situation bloquée. Dans le même temps, il proposait à Mayenne une trêve qui fut acceptée. Ils en étaient au même degré d'épuisement.

Paris, où Mayenne se trouvait, entouré des troupes ligueuses et étrangères, accueillit avec ferveur l'accession au trône de saint Pierre d'un nouveau pape : Grégoire XIV. Originaire de l'Espagne, nourri aux mamelles de l'Inquisition, ce prélat vouait une dévotion servile à l'ermite de l'Escurial, le roi Philippe. Autant dire qu'il ne fallait pas en attendre des mesures d'assouplissement dans les relations avec cet hérétique qui se disait roi de France et de Navarre. Son élection fut saluée par une procession générale. Il semblait que cet événement eût suscité une deuxième ceinture de remparts autour de la capitale et qu'une légion d'anges armés planât sur Notre-Dame.

Les prédicateurs se déchaînèrent en chaire et les moines aux carrefours, en appelant ouvertement au régicide. Il fallait tailler dans la chair vive de l'hérésie, se livrer à une nouvelle Saint-Barthélemy... Un religieux du nom de Boucher, prêchant à Saint-Germain-l'Auxerrois, s'était écrié :

– J'aimerais pouvoir étrangler de mes mains ce chien de Béarnais. Un tel sacrifice plairait à Dieu. Ce fils de putain avait pour mère une vieille louve qui se faisait engrosser partout où elle pouvait !

D'autres prédicateurs traitaient Henri de bouc puant et proclamaient qu'en abjurant l'hérésie il n'en pisserait pas plus droit. Certains applaudissaient à ces diatribes ; d'autres les jugeaient excessives. Parmi ces derniers, Mayenne lui-même et son conseiller Villeroy. Ils allèrent jusqu'à s'opposer au légat pour éviter que les bulles papales, une fois publiées, ne surexcitent outre mesure la population. La réaction des parlements montra la même sévérité envers Rome, jugeant les décrets du Saint-Père « abusifs, scandaleux, séditieux et contraires aux droits et libertés de l'Église gallicane ».

Ainsi, tout en respectant l'autorité religieuse du pape, on le priait de ne s'occuper que de ses affaires. Il était devenu trop évident pour tout citoyen honnête que, sous ces saintes colères, se profilaient le roi d'Espagne et sa volonté de cueillir la France comme un fruit mûr qui ne déparerait pas sa corbeille exotique.

Les ultras ne songeaient à rien moins qu'à faire litière de la loi salique qui écartait du trône les héritières. L'infante Isabelle deviendrait reine de France en épousant le jeune duc de Guise ; l'Angleterre conquise (on voulait oublier la défaite de l'Armada), les Habsbourg régneraient, pour la plus grande gloire du Christ, sur le plus vaste empire que l'Occident ait jamais connu.

En cette fin d'année, alors que le siège qu'il avait mis devant Saint-Quentin traînait en longueur, le roi apprit que le duc de Longueville, profitant de ce que Bellegarde s'écartait peu à peu de Gabrielle, avait entrepris la conquête de la belle. De retour à Compiègne où les Estrées possédaient un hôtel, Henri convoqua ses deux compétiteurs et leur fit la leçon avec une vigueur qui les laissa pantois.

– Ce n'est pas une requête mais un ordre ! Cessez d'entretenir quelque rapport que ce soit avec Mlle d'Estrées !

Chasse gardée ? Mal gardée...

À quelques jours de là, apprenant que la famille d'Estrées se trouvait à Compiègne, le roi s'y rendit. En l'absence du père, il tomba aux genoux de la fille, une main sur le cœur, jurant qu'il aimait pour la première fois et adjurant l'objet de cet amour de ne pas s'y dérober. La réponse le cloua sur place :

– Et moi, sire, je ne vous aime et ne vous aimerai jamais ! Voici mon père qui arrive. Je vais lui demander de vous faire reconduire.

Dans le rôle du père noble, Antoine d'Estrées fit merveille.

– Sire, dit-il, j'ai appris que les sentiments que vous vouez à ma fille vous portent à quelques excès. C'est pourquoi je vous prie respectueusement de cesser de l'importuner et d'attenter à son honneur. Le cœur de ma chère fille est pris, vous le savez. Alors à quoi bon insister ?

« Si seulement j'avais dix mille écus... », songeait le roi. Il ne les avait pas. Il ne les aurait peut-être jamais. « Renonce », lui intimait la voix de la sagesse. « Persiste », lui soufflait celle de l'amour. Il ne parvenait pas à admettre qu'il avait affaire, avec Antoine d'Estrées, à un vieux renard habile à renifler la piste du gibier. Il se disait qu'avec quelques promesses il l'inciterait à un *modus vivendi* et qu'il lui céderait sa fille. À malin malin et demi...

En repartant le roi croisa Melchior pomponné comme un muguet de cour, la toque de velours sur l'œil, l'air guilleret. Il lui lança au passage :

– Tes affaires sont sur la bonne voie, semble-t-il. Prends garde que le piège ne se referme sur toi. Tu risques fort de laisser des plumes dans cette aventure.

– Mes plumes ? répliqua Melchior. Je n'en ai guère à mon chapeau et ne risque pas grand-chose. Mais vous, sire, où en sont vos amours ?

– Elles avancent, mon ami ! Elles avancent...

Sur la fin du mois de décembre le roi revint à Saint-Quentin où le siège s'engluait dans la neige et le froid. Par Noyon il rejoignit Compiègne, puis Cœuvres, bien décidé à arracher Gabrielle à son indifférence. Entreprise dangereuse : la contrée était tenue par des partis de ligueurs qui se seraient fait gloire de capturer la « bête hérétique » pour la ramener à Paris dans une cage de fer.

On était à quelques jours de Noël lorsqu'un bûcheron dépenaillé se présenta à la porte du château, traînant derrière lui une vieille mule chargée de fagots. Après l'avoir fouillé on le laissa pénétrer dans la cour. Laissant son fardeau au pied de l'escalier extérieur il monta jusqu'à la galerie et frappa à l'huis. Le valet qui vint ouvrir faillit l'éconduire en apprenant qu'il souhaitait voir Mlle Gabrielle. Le bûcheron insista, menaça, s'égosilla, si bien que la demoiselle apparut en compagnie de sa sœur.

– Mon Dieu ! s'écria-t-elle. C'est le roi !

– Lui-même ! s'écria Henri. J'avais hâte de vous revoir, ma mie.

– Pourquoi cette tenue ridicule, sire ?

– Si je m'étais fait annoncer comme étant le roi, m'eussiez-vous reçu ?

– Sans doute, sire. Par courtoisie...

Il ôta son chapeau de feutre verdâtre, le jeta dans la cour.

– J'ai tant de choses à vous dire, mademoiselle !

– Et moi un simple bonjour.

Comme elle lui tournait le dos, il la rattrapa par le poignet.

– Allez-vous cesser cette comédie ? dit-elle. Lâchez-moi. Vous me faites mal. Dites-vous une fois pour toutes que je ne vous aime pas. Vous êtes laid, ridicule. Vous êtes...

– Je sais ce que je suis, soupira-t-il, mais cela ne m'empêche pas de vous aimer. Je suis roi de France, l'oubliez-vous et...

– Le roi..., fit-elle, avec un sourire méprisant.

– Oui, le roi ! et, lorsque j'aurai conquis mon trône, je n'aurai rien à vous refuser.

– Je n'attends rien de vous, sire, sinon que vous donniez votre bénédiction à mon mariage avec M. de Bellegarde. Pour l'heure, veuillez quitter ces lieux et n'y plus reparaître.

Elle se dégagea violemment et disparut dans la pénombre de l'entrée, alors que Diane s'avançait vers le roi.

– Sire, dit-elle, il faut pardonner à ma cadette ses écarts de langage. Elle se montre intransigeante dès que l'on s'attaque à sa vertu.

– Sa vertu, vraiment ? soupira le roi.

Paris l'attirait irrésistiblement. Les obstacles que lui opposait cette ville lui en rappelaient un autre, de nature différente. Dans l'une comme dans l'autre de ces situations il était bien décidé à ne pas renoncer.

Il avait tenté de prendre Paris par surprise, en y introduisant des soldats cachés sous des sacs de farine, mais la manœuvre avait été déjouée. L'assaut qu'il livra à la fin du mois de janvier échoua comme les précédents et pour les mêmes raisons : manque d'hommes, de moyens, d'enthousiasme de la part de son armée. Mayenne avait réussi à introduire dans la ville un fort contingent de troupes napolitaines qui montaient aux créneaux en chantant sous le regard des dames.

Melchior bougonnait dans sa barbe :

– Sire, vous allez pisser contre les murs de Paris en croyant qu'ils vont s'écrouler.

Paris résistait ? On allait tâter des murailles de Rouen. La population de la capitale normande était en majorité favorable au roi mais le gouverneur, M. de Tavannes, et son lieutenant général, Honorat de Brancas, sieur de Villars, qui tenaient la citadelle, étaient de la Ligue.

Rouen... C'est devant ces murs, trente ans auparavant, qu'Antoine de Bourbon, père du roi, avait été tué d'une balle d'arquebuse alors qu'il baissait ses chausses à quelques pas des remparts, un matin d'octobre, après une nuit passée avec sa maîtresse. Henri se fit indiquer l'endroit du drame par un vieux capitaine huguenot : c'était au pied de cet arbre mort, réduit à un tronc creux et à quelques branches desséchées. Il sentit les larmes lui monter aux yeux et se dit que l'histoire se répétait, mais en sens inverse : Antoine se battait alors contre les huguenots de Montgomery et son fils contre les catholiques de Villars...

Le roi n'était-il venu devant Rouen que pour ce pèlerinage ? C'est la question que se posaient ses capitaines en le voyant remonter en selle pour aller faire la bravade. Il semblait évoluer au gré des vents comme ces oiseaux qui, pris dans une tempête, ne savent où se poser.

Au tour de Melchior de faire grise mine. Sa brève liaison avec Diane d'Estrées était rompue alors qu'il s'était mis dans l'idée d'en faire sa femme en dépit de ses préventions contre la camarilla familiale. Elle lui avait avoué qu'elle était enceinte. Pas de lui : du duc d'Épernon.

– Eh bien, soupira le roi, nous voici tous deux au même point.

– Pas tout à fait, dit Melchior. Certes, pour ce qui me concerne tout est perdu, mais pour vous...

Certaines confidences de Diane lui avaient laissé entendre que, si Gabrielle demeurait attachée à Bellegarde, la famille, elle, avait élaboré une habile stratégie destinée à investir Sa Majesté et, jouant de la passion aberrante qu'elle vouait à leur fille, à favoriser leurs ambitions.

– Méfiez-vous, sire, ajouta Melchior. Vous m'avez conseillé la prudence avec Diane. Soyez-le plus que jamais avec cette garce que vous courtisez. Ne promettez rien, sinon du bout des lèvres.

Il avait appris que la tribu mobilisée préparait des manœuvres d'envergure pour investir l'assaillant et le prendre dans ses filets. Des lambeaux de conversations bourdonnaient encore à ses oreilles, bien des jours après sa rupture avec Diane. En les raccordant il pouvait se faire une idée précise du plan machiavélique élaboré par la famille. Le chef de cette conjuration était Antoine d'Estrées, mais il avait une précieuse auxiliaire en la personne de sa sœur, la marquise de Sourdis : elle tenait de l'entremetteuse, de la maquerelle, de la tenancière de maison de rendez-vous, Cœuvres en l'occurrence. Avec la bénédiction de son mari elle avait fait son amant du chancelier de Cheverny.

La tante Sourdis manœuvra tant et si bien qu'elle parvint à persuader sa nièce de se montrer moins intransigeante avec son royal postulant. Elle amena lentement dans ses eaux cette lourde galéasse, la mit à l'ancre toutes voiles abattues et lui fit la leçon : qu'elle se montre docile aux volontés du roi et la fortune de la famille était assurée, sa réputation blanchie. À condition de savoir s'y prendre, une perspective séduisante s'ouvrirait pour la tribu.

– Mais je ne l'aime pas ! pleurnichait Gabrielle.

– Et alors ? rétorquait la tante. Qui te demande de l'aimer ? On te prie seulement de lui céder comme tu l'as fait pour d'autres avant lui, qui n'étaient pas plus ragoûtants. Souviens-toi du dernier Valois, ce pauvre Henri qui perdait ses dents et ses cheveux.

– Bellegarde..., soupira Gabrielle. C'est lui que j'aime.

– Qui te demande de renoncer à lui ?

La tante lui conseilla de se faire décolorer les cheveux qu'elle avait d'un châtain un peu trop foncé pour le goût de Sa Majesté, et de forcer un peu sur le gras, le roi ayant une préférence marquée pour le type flamand.

Le fond de commerce en place, restait à attendre que le chaland revienne à son caprice et à convenir du tarif à lui proposer. Un jeu d'enfant. La tante Sourdis s'y attacha avec la conscience sereine, persuadée que servir sa famille c'est servir Dieu. Elle fit courir dans l'entourage du roi le bruit d'un assouplissement dans l'attitude rigide du père et de dispositions améliorées de sa fille envers son soupirant. Melchior en fut le premier informé.

Un soir, dans l'hôtel qu'Antoine d'Estrées habitait lors de ses séjours à Compiègne, il disputait une partie de cartes avec Longueville, Bassompierre et Turenne quand, la partie terminée, il avait surpris une conversation au coin du feu entre Mme de Sourdis et son frère.

– Ils parlaient beaucoup de Chartres, sire, dit Melchior. J'ai compris que cette ville les intéressait au premier chef, qu'ils possédaient, dans cette province sur laquelle la Ligue avait autorité, des biens qu'ils souhaitaient recouvrer.

Le roi se gratta la barbe.

– Chartres..., murmura-t-il. Je crois en effet me souvenir que M. de Sourdis et M. de Cheverny, le mari et l'amant de la tante, en étaient gouverneurs avant d'en être chassés par les ligueurs. Vois-tu là quelque rapport avec...

– ... avec vous, sire ? Cela semble évident. Les gens de la camarilla vont vous faire les yeux doux et vous proposer un marché. Je vous laisse deviner lequel.

– *Dioubiban !* jura Henri, ces misérables ont un sacré toupet !

Il n'en était pas moins décidé, pour venir à bout de son ambition sentimentale, à accepter le marché dont lui parlait Melchior, et même à y mettre le prix.

Il sentit que l'amour [illegible]

[illegible]

Le soir, dans [illegible]

[illegible]

Je [illegible] Charles [illegible]

[illegible]

[illegible] pas.

II

L'ARCHE DE SALUT

1590-1592

Le château d'Usson, proche d'Issoire, n'était pas pour Margot le mont Ararat où elle avait souhaité qu'abordât son arche de salut. Ce n'était pas non plus l'ergastule qu'elle avait redouté. Après avoir mis à l'épreuve la promesse que sa prisonnière lui avait faite de ne pas chercher à s'évader, le gouverneur, M. de Canillac, devenu son amant, lui avait abandonné les clés de la forteresse et le commandement de la garnison.

Margot n'avait eu aucun mal à séduire ce barbon couturé de cicatrices et quasiment infirme. Son succès tenait autant à sa vénusté qu'aux promesses qu'elle lui avait faites de le couvrir d'or et d'honneurs lorsque son exil aurait pris fin. Profitant d'une absence du gouverneur elle avait fait annuler ces promesses par un notaire d'Issoire.

Les événements semblaient tourner favorablement pour elle.

Sa liberté rachetée, devenue maîtresse d'une forteresse et d'une garnison, elle pouvait narguer sa famille et son époux. Qui se hasarderait à attaquer cette place forte, la plus redoutable de l'Auvergne, protégée par trois rangs de murailles, dominée par un donjon inexpugnable d'où l'œil embrassait toute la région, jusqu'aux faubourgs d'Issoire ? On disait dans le pays que seul le soleil pouvait entrer de force à Usson. Il n'y entrait que rarement, d'ailleurs, car les murs étaient hauts, épais, et les ouvertures étroites comme des meurtrières.

Les débuts avaient été difficiles.

Margot s'était vite lassée des étreintes séniles du gouverneur. Elles ne lui faisaient pas oublier les élans passionnés d'Aubiac et de l'apprenti apothicaire. M. de Canillac l'avait rassurée quant à la conduite de la garnison : elle était composée de rudes Auvergnats, plus paysans que soldats, mais les rares contacts qu'elle entretenait avec eux ne la tranquillisaient guère : elle ne comprenait rien à leur patois, répugnait à les voir dévorer leur brouet de sauvages, se bouchait les narines d'un mouchoir parfumé quand elle pénétrait dans la salle de garde qui servait de porcherie et d'abattoir.

Elle avait fini par se méfier autant de ces soldats d'occasion que de sa garde et des officiers qui la commandaient. Lorsqu'elle quittait le donjon où elle avait installé ses pénates pour sa promenade quotidienne sur les terrasses d'où elle découvrait les sommets du Sancy, ou sur le chemin menant au village, elle n'avait pas de peine à comprendre que les regards qui la suivaient étaient chargés de plus de convoitise que de vénération.

Un matin le capitaine de sa garde força la porte de sa chambre pour la surprendre au lit en l'absence du gouverneur. Elle lui mit sous le nez le pistolet qu'elle cachait sous son oreiller et le fit déguerpir. Il revint à la charge quelques jours plus tard ; cette fois-ci c'est lui qui tenait le pistolet. Elle lui demanda d'un air faussement innocent ce qu'il attendait d'elle. Elle ne fut pas surprise de l'entendre réclamer les faveurs qu'elle accordait à d'autres mais elle ouvrit grands ses yeux quand il lui réclama, en plus, le magot.

– Le magot ? dit-elle. Quel magot ? Veux-tu voir mes registres ? Ils font état de mes dettes, rarement de mon capital.

– Et vos bijoux ? vos pierreries ?

– Partis pour Venise ! Un homme de confiance est en train de les négocier. En veux-tu la preuve ?

Elle ouvrit un coffret, en retira non un livre de comptes, mais un autre pistolet en lui intimant l'ordre de se retirer et de se préparer à faire ses paquets. Au lieu d'obtempérer il fit feu sur elle. La balle traversa la robe sans occasionner la moindre égratignure. Elle tira à son tour. Il s'effondra, une balle dans le ventre.

Elle rappela ses servantes qui s'étaient cachées dans la garde-robe, leur ordonna de la suivre et confia aux plus hardies d'autres pistolets appartenant au gouverneur.

– Ce misérable n'était pas seul, dit-elle. Les autres nous guettent.

Elle avait aperçu, derrière l'officier, une meute tapie dans l'ombre et qui attendait le signal de la curée. Elle enjamba le corps, ouvrit la porte, força les drôles qui s'étaient aventurés jusque sur le palier à redescendre. Elle se lança avec ses filles dans l'escalier montant au sommet du donjon, dont elle fit barrer la porte avec un madrier.

– Ici, dit-elle, ces gueux ne pourront nous atteindre.

Elles restèrent là tout le reste du jour à mijoter sous le lourd soleil d'août, tassées à demi nues dans l'ombre étroite des merlons. À la nuit fermante, elles virent surgir au pied du donjon un soldat qui tenait une torche et appelait.

– Que veux-tu ? lança Margot.

– Vous dire, madame, que tout est rentré dans l'ordre et que vous pouvez redescendre.

Flairant un piège, elle demanda qu'on lui envoyât le capitaine en second, désarmé. Quand il se présenta, Margot lui mit le canon de son pistolet sur la tempe et lui demanda de s'expliquer sur cette rébellion.

– Nos hommes sont devenus fous ! dit-il. Ils s'imaginent que vous cachez un trésor dans vos coffres. Vous les connaissez : de pauvres bougres de vachers. Ils se sont laissé entraîner par le capitaine que vous avez si proprement expédié. J'ai eu du mal à les ramener à l'obéissance, mais c'est fait. Vous pouvez descendre de votre perchoir.

Elle exigea que le capitaine en second lui livrât le nom des meneurs. Le soir même, une dizaine d'entre eux se balançaient aux créneaux en tirant la langue.

La paix rétablie dans le château, la région était encore secouée de violents soubresauts.

La vaste plaine entre Usson et Issoire était en permanence traversée de courants furieux. Ce n'était qu'affrontements entre ligueurs et royalistes, pillages, actes de vandalisme, massacres. À ces jours rouges succédaient des nuits de feu : des incendies de fermes, de récoltes, de forêts ponctuaient l'immensité, jusqu'au plateau de Pradines.

Au milieu de cette tourmente, Usson présentait une image de sérénité, aucune force armée n'osant s'aventurer sous sa triple enceinte.

Ce n'est ni sans mal ni sans risques que la châtelaine était parvenue à faire acheminer jusqu'à son repaire de quoi reconstituer un décor agréable, sinon royal. Ce qui restait à Carlat, sa première étape sur le chemin de l'exil, de lingerie, de toilettes, de vaisselle et de mobilier fut récupéré et acheminé sous bonne escorte jusqu'à la forteresse.

Margot apprit avec surprise mais sans chagrin la mort de deux de ses amants : le duc Henri de Guise, massacré à Blois par la volonté du roi, puis la mort de son frère Henri sous le couteau du moine Jacques Clément. Le décès de sa mère ne l'émut guère plus. Ces drames la réconfortaient dans le sentiment qu'elle avait éprouvé d'avoir découvert son arche de salut. Elle finissait même par trouver à cette situation une sérénité dont elle avait longtemps été privée. Le pays était rude mais l'air salubre, le climat éprouvant mais roboratif ; la forteresse n'avait pas le charme des résidences des bords de Loire où elle avait passé une partie de sa jeunesse, mais c'était une place sûre et, malgré la disette, les subsistances ne manquaient pas...

Sa seule crainte : voir les troupes de Navarre investir son domaine, le réduire par la famine, la ramener à son époux qui l'eût sans ménagement jetée dans la cellule d'un monastère. Encore animée d'énergie et d'appétits divers, elle redoutait cette perspective qui équivalait à une mort lente. C'était peu dire que son époux la détestait : il la haïssait. Il avait écrit à Corisande : *J'attends avec impatience l'heure où l'on m'apprendra que la reine de Navarre a été étranglée !* Dieu merci, la reine de Navarre se portait bien.

Margot s'astreignait à une vigilance de tous les instants. Elle ne quittait son repaire que sous bonne garde, pour aller prier à l'église du village ou à ces oratoires rustiques qu'elle avait fait édifier et que les enfants ornaient des fleurs de la saison. Sa foi était son refuge, mais il était fragile, battu par les vents âpre de désirs charnels trop longtemps refoulés.

Jour après jour, la reine de Navarre se composait une petite cour. Elle désigna un chapelain : il faisait office de confesseur mais, comme il ne connaissait que le patois et quelques bribes de latin, les confessions tournaient court. Elle avait choisi pour sa suite, à défaut de dames et de demoiselles de la noblesse, des filles originaires des villages d'alentour qui savaient un peu de français et n'étaient ni vieilles, ni laides, ni sales. Elle leur avait appris le rudiment des bonnes manières, avait veillé à leur toilette.

Peu encline à passer outre les désirs charnels qui l'animaient elle avait jeté son dévolu sur un jeune pâtre de Parentignat qui lui rappelait son apprenti apothicaire ; elle lui avait fait confectionner par un tailleur d'habit venu d'Issoire un joli pourpoint de velours bicolore à manches à crevés, des hauts-de-chausses et des bas de soie, avant de l'initier à une mission pour laquelle il se sentait des dispositions.

Un musicien ambulant, brun et basané comme un Napolitain, vint durant quelques semaines d'été charmer ses soirées et ses nuits. Elle conviait ses proches et quelques officiers de sa garde pas trop rustres à venir écouter, sous les tilleuls de la vaste terrasse où elle aimait respirer le serein, sa musique et ses chansons. Elle ne tarda pas à lui montrer le chemin de sa chambre.

Lasse de lire et de relire les *Essais* de Montaigne et les ouvrages d'auteurs latins ramenés de Carlat, Margot eut l'idée singulière d'organiser une chorale d'enfants de chœur. Le recrutement fut ardu mais elle s'obstina et obtint satisfaction. Elle apprit à ces fils de paysans des chants d'église, des chansons profanes de Bertaut, du Courray ou de cet artiste béarnais apprécié par son époux et qu'elle avait rencontré à Nérac aux temps heureux : Augier Gaillard. Elle les accompagnait au luth dont elle jouait avec talent, ayant été enseignée à cet art, jadis, par les artistes du Louvre.

Revigorée par ce bain de jouvence, elle sentit, au contact de ces jeunes mâles, un sang vif courir de nouveau dans ses veines. Leurs voix délicates lui ouvraient les chemins du Ciel, leurs jeunes corps celui de sa couche. Elle les récompensait selon leurs mérites dans les deux domaines où ils exerçaient leurs talents. Ces choix n'allaient pas sans susciter des jalousies, des hargnes, des rixes parfois. Elle dut menacer du fouet cette chiourme indisciplinée pour y ramener l'ordre et la sérénité.

Au fur et à mesure que son époux avançait dans la conquête de son royaume elle se disait qu'elle aurait à se méfier de sa vindicte. Devenu véritablement roi de France, maître de Paris, il devrait songer à convoler, mais il ne pourrait le faire qu'à deux conditions : qu'il fût veuf ou que Rome annulât leur union.

Elle se sentait armée pour tenir au roi la dragée haute, mais le pouvoir qu'elle détenait comportait un risque : celui de voir Henri tenter de l'éliminer, de quelque manière que ce fût. Ce n'était pas dans ses manières mais souvent nécessité oblige. La reine mère, elle, n'eût pas hésité.

Elle tenait la clé de la dynastie future mais le roi était maître de sa vie.

Margot tentait d'oublier ces menaces dans les plaisirs auxquels elle avait repris goût et qui, à Usson, dans cette solitude éloignée des ragots, ne lui étaient pas mesurés. Elle entretenait un véritable harem de jouvenceaux, se livrait sans retenue aux plaisirs de la table au point qu'elle était devenue obèse ; elle avait des musiciens et des poètes à sa dévotion, notamment un jeune officier d'Issoire, d'Arnal, et un maître de chapelle à la voix séraphique, Claude François.

Était-elle heureuse ? Ne pas se poser la question était y répondre. Ce lieu qu'elle appelait son Thabor lui dispensait une quintessence de tous les plaisirs auxquels elle aspirait. Eût-il été raisonnable d'en souhaiter davantage ?

Quand, par le fenestron de sa chambre, elle contemplait l'immense paysage bleu gorgé de chaleur par les étés ou, en hiver, les lointaines montagnes du Sancy enrobées de neige et comme suspendues dans le ciel, elle sentait se resserrer sur elle des chaînes de feu ou de glace et se figer en elle un sentiment de solitude irrémédiable.

Elle écrivit à son vieil ami, M. de Bourdeilles, qu'on appelait Brantôme :

Je mène une vie tranquille. J'estime heureux qui peut s'y maintenir comme Dieu m'en a fait la grâce depuis cinq ans en me logeant en une arche de salut où les orages des troubles, Dieu merci, ne peuvent me nuire...

III

LES PRAIRIES DE JOSAPHAT

1591

La prise de Rouen ne souffrait pas le moindre retard. Chacun, dans l'armée, à commencer par le roi, en était conscient.

Deuxième ville du royaume en importance, la grande cité normande était une porte ouverte sur l'Angleterre et sur Paris ; la prendre, c'était pour le roi tracer le chemin aux renforts de son alliée, la reine Élisabeth, et le fermer en partie au ravitaillement de la capitale. Il eût suffi d'une action conjuguée des troupes françaises et anglaises, d'une stratégie étroitement élaborée, pour en venir à bout. Ligueuse par son gouverneur, M. de Tavannes, et par son lieutenant général, M. de Villars, la ville était partagée dans ses opinions. De plus elle manquait de subsistances et de munitions ; ses fortifications éprouvées par de longs sièges demandaient beaucoup de temps, d'argent, de travail et offraient aux assaillants un large choix de points d'attaque.

L'armée royale piétinait depuis des semaines devant les remparts de la forteresse sans que le roi daignât prendre la décision qui s'imposait. Le parlement de Normandie venait de voter des subsides pour une ultime opération mais, sans la décision du roi, rien ne pouvait s'entreprendre.

Où était le roi ? Devant Chartres.

Pourquoi Chartres ? Cette ville tenue par les rebelles de la Ligue ne présentait aucun intérêt stratégique immédiat pour la conquête du royaume.

– Sire, s'étonna Melchior, pourquoi Chartres ?

Ils venaient de traverser le champ de bataille d'Ivry où, un peu plus d'un an auparavant, face à Mayenne, Henri avait fait flotter le panache blanc sur son armée. Les traces des combats se lisaient encore à travers la campagne : carcasses de chevaux, lances rompues, lambeaux d'uniformes que les paysans n'avaient pas fini de collecter. L'arbre où l'on avait découvert le cadavre du comte de Schomberg près de Rosny blessé était toujours debout.

La troupe approchait de Dreux et s'apprêtait à camper dans une prairie des bords de l'Avre, près de la petite bourgade de Montreuil, lorsque Melchior répéta la question qui lui brûlait les lèvres et à laquelle son maître n'avait pas daigné répondre, enfermé qu'il était dans un silence obstiné depuis le départ de Rouen que l'on avait quitté à la sauvette sans prendre soin de réunir le conseil.

– Sire, qu'allons-nous faire à Chartres ?

Henri lui adressa un regard de chien honteux et continua à manger sa soupe à grandes lampées. Il prit le temps de noyer de vin ce qui restait de bouillon et de se torcher les lèvres d'un revers de poignet.

– Cette question, dit-il, je me la suis longtemps posée. Elle a provoqué en moi une tempête de doutes et de remords mais je ne puis revenir sur ma décision : je dois prendre Chartres avant Rouen.

– J'avoue ne pas comprendre cette décision, sire, et je ne suis pas le seul. Rouen était à notre portée. Cette ville en notre possession, Chartres tombait d'elle-même car ces deux fruits sont attachés à la même branche. Tandis que, Chartres conquise, mais à quel prix ! Rouen restera à prendre.

– Ce que tu dis est vrai, fine mouche, mais tu dois bien deviner ce qui motive ce choix.

– J'ai deviné mais j'ai peine à y croire. Il s'agit d'une promesse faite aux Estrées : Gabrielle contre Chartres.

– C'est brutal mais assez bien résumé...

Henri ajouta en se levant :

– Je tiens à cette garce plus que tu ne peux l'imaginer. Pour la première fois de ma vie, je suis vraiment amoureux et prêt à renoncer à tout pour cette fille.

– Réflexe de chasseur ! Vous désirez cette proie d'autant plus fort qu'elle vous échappe et qu'elle en aime un autre. Il entre une bonne part d'orgueil dans cet amour.

Henri se retourna, le feu au visage. Percé à jour par le plus ancien et le plus fidèle de ses compagnons, il avait soudain l'impression de se trouver nu face à sa honte. Il riposta avec véhémence, en langage béarnais :

– Attends d'être toi-même vraiment épris ! Tu comprendras mon comportement et tu te montreras peut-être plus indulgent. Dis-toi bien, Melchior, que si quelqu'un d'autre que toi m'avait tenu ces propos je lui aurais sauté à la gorge.

Il ajouta :

– Il y a un autre motif à cette décision. Les personnes de bon sens la comprendraient aisément : c'est de Chartres et de la Beauce que Paris tient son approvisionnement en céréales. Priver Paris de pain, c'est la livrer une nouvelle fois à la famine et l'inciter à nous ouvrir ses portes. En ce moment, les Parisiens sont en train de faire brûler des cierges et de dire des prières pour que j'échoue devant Chartres.

La troupe abattit en moins d'une journée les dix lieues qui séparaient Chartres de Dreux.

Henri laissa à ses capitaines le soin d'installer le camp à une lieue environ de la ville, au bord de l'Eure, dans les prairies de Josaphat. Le temps de la mi-février était doux pour la saison. En longeant les fortifications le roi se dit que cette affaire ne serait pas une partie de plaisir. Georges Babou de La Bourdaisière, frère de Mme de Sourdis, qui tenait la cité pour la Ligue, était du genre obstiné. Il ne fallait pas s'attendre à ce qu'il poussât l'esprit de famille jusqu'à livrer sa ville sans en découdre.

Du clan des Estrées et des Sourdis, pas de nouvelles.

Une semaine après l'arrivée du roi, un convoi apparut dans la direction de Paris. Mme de Sourdis, à peine descendue de carrosse, demanda à voir Henri. Elle était accompagnée de son mari et de son amant. Enceinte des œuvres de Cheverny, elle avait pris l'allure d'une oie grasse. Ce cortège précédait de peu celui de Gabrielle qui, pour paraître à son avantage devant le roi, s'était attardée à sa toilette.

– Sire, dit Mme de Sourdis, dominez votre impatience. Ma nièce ne va plus tarder. Elle meurt d'envie de vous retrouver. Cette chère enfant... Savez-vous qu'elle vous aime sincèrement ? Elle est si émue d'être courtisée par Votre Majesté qu'elle a pu vous sembler en d'autres circonstances hostile à vos avances. Mais tout cela est du passé !

Elle ajouta à voix basse :

– Puis-je vous suggérer, sire, de changer de vêtements ? Ceux que vous portez sont d'un soldat et ne conviennent guère pour ce genre de rencontre. Un bain serait le bienvenu. Vous devriez aussi vous faire tailler la barbe, vous faire épouiller, couper ces poils qui vous sortent du nez et des oreilles. Si vous consentiez à vous parfumer vous seriez du dernier galant.

– Il en sera fait selon votre volonté, madame, soupira le roi.

Il s'inclina pour lui baiser la main. Il avait envie de la mordre.

Lorsqu'il vit Gabrielle descendre de son carrosse, Henri sentit la terre se dérober sous ses pieds.

Elle portait un manteau gris que le vent déployait autour d'elle, une basquine de couleur sombre assortie à une simple robe noire à fils d'argent. Elle portait encore son masque et un discret escofion de perles dans les cheveux. À peu de détails près c'était une tenue de bourgeoise aisée. Le roi vit dans cette simplicité la main de la tante Sourdis, avec une double intention : mettre en valeur les charmes de sa nièce et montrer que la famille ne roulait pas sur l'or.

Alors que le maréchal de Biron mettait en place l'artillerie et qu'éclataient les premières escopetteries, Henri fit avancer un cheval pour la jeune femme afin de lui faire visiter le camp et de lui donner quelques indications sur le siège. Durant cette promenade, elle fit bon visage mais se montra peu loquace. Il attribua cette réserve à la timidité liée aux fatigues du voyage.

On soupa en famille dans un château voisin du monastère de Josaphat, où le roi avait fait apporter le nécessaire par Melchior. Animée par la verve de Mme de Sourdis, la soirée fut des plus plaisantes. Elle récita des poèmes et chanta en s'accompagnant du luth quelques allègres villanelles de Gascogne pour plaire au souverain. Il semblait que l'on assistât à un repas de noces.

La tante donna le signal du coucher en tapant dans ses mains comme un régent de collège. Henri l'entendit avec stupeur annoncer qu'il était temps d'aller dormir car la journée avait été longue et que les « tourtereaux » avaient hâte de se retrouver seuls.

Melchior avait préparé la chambre de son maître : elle donnait sur l'Eure qui traversait des prairies et le long de laquelle patrouillaient des gardes porteurs de torches ou de lanternes. Devant la cheminée où pétillait un bon feu, on avait installé un baquet de bois pour le bain de la promise, avec un paravent pour protéger sa pudeur. Elle s'y attarda en compagnie de ses servantes, tandis que le roi s'était couché en l'attendant.

Lorsqu'elle daigna venir le rejoindre, il lui dit sottement :

– Mettez-vous toujours autant de soin à votre toilette ?

– Cela dépend des circonstances, répondit-elle. Si ce soir je m'y suis attardée, c'était pour vous faire honneur.

Elle n'en avait jamais autant dit en sa présence, et d'un ton aussi enjoué.

– Puis-je vous demander, ajouta le roi, d'enlever votre chemise ? Je n'aimerais pas m'y entortiller en faisant l'amour.

Elle s'en débarrassa en un tourmenain et apparut dans la généreuse splendeur de sa chair. Il repoussa les draps pour mieux la contempler à la lumière des chandelles. Bellegarde n'avait pas exagéré ses louanges : la carnation était délicate, les proportions parfaites, avec une légère propension à l'embonpoint et une ébauche de double menton. Henri la caressa de la pointe de son index comme pour suivre le dessin de ses lignes, puis de la main pour sentir le grain de la chair et enfin des lèvres, ce qui la fit frémir et se tendre comme un arc. Lorsqu'il la couvrit de son corps elle mêla ses gémissements aux siens. Il l'avait tant et si longtemps désirée qu'il l'honora d'un orgasme à peine l'avait-il pénétrée.

Il courut cinq postes dans la nuit en se disant qu'elle feignait le plaisir avec une telle habileté qu'on eût pu s'y méprendre.

Il la quitta tôt le matin car il avait à faire. Gabrielle, paresseuse de nature, dormit jusqu'à midi pour rattraper le temps perdu sous les assauts du roi. En s'éveillant elle dit à la chambrière :

– Gratienne, change les draps. Ils puent. On dirait qu'un bouc s'y est vautré toute la nuit. Et ouvre grandes ces fenêtres !

En pénétrant dans la chambre avec l'allure lasse d'une parturiente proche de son terme, la marquise de Sourdis posa les mains à son ventre avec une grimace et dit à sa nièce :

– Encore deux mois à patienter ! Et il bouge, le petit monstre... Cheverny prétend que ce sera un garçon. Quant à moi je préférerais une fille.

Elle demanda à Gabrielle des nouvelles de sa nuit. La veille, en accompagnant les deux amants à leur nid, elle avait failli leur demander la permission d'assister à leurs ébats, comme cela se fait d'ordinaire pour des époux novices, mais elle avait réfléchi que, novices, ils ne l'étaient ni l'un ni l'autre, surtout pas Gabrielle qui avait vu le loup de très bonne heure et lui avait trouvé du charme. En revanche elle voulut tout savoir dans les moindres détails et fut comblée.

– Cinq postes ! s'écria-t-elle, admirative. Ah ! si ce pauvre Cheverny pouvait se vanter d'un tel exploit...

Satisfaite ? Gabrielle ne le montrait pas outre mesure. Henri ne lui avait pas fait oublier Bellegarde et Longueville. Elle confia à sa tante qu'à deux reprises au moins elle dormait tandis qu'il prenait son plaisir.

Pour échapper à la curiosité des servantes, la marquise conduisit sa nièce au coin de la cheminée dont on venait de ranimer les braises. Elle sombra dans un bouillonnement d'étoffes au creux d'un fauteuil, les mains à son ventre, et soupira :

– Ainsi donc, ma petite, il te semble qu'il soit pris ?

– Et bien pris, ma tante ! J'ai même cru entendre qu'il parlait de mariage, mais j'étais à moitié endormie alors qu'il me besognait comme un bûcheron au point que j'en ai les reins tout endoloris.

Mme de Sourdis sursauta, ouvrit une grande bouche comme pour aspirer une merveilleuse bouffée d'espérance.

– Répète ! Il t'aurait parlé de mariage ?

– C'est ce que j'ai cru entendre. De toutes les balivernes qu'il a débitées, c'est la seule que j'ai retenue. Ma tête en sonne encore comme d'un carillon.

– Alors, ma petite, ce n'est pas le moment de lui faire la mine ! Le dindon est à point, il va falloir te faire dinde et ne rien lui refuser. Il serait habile de lui laisser croire que tu aimes ailleurs mais que la porte demeure ouverte pour lui. Fais-lui comprendre que tu consentirais à être toute à lui à condition que son amour soit sincère. Il te faudra faire preuve de diplomatie. Les rustres aiment qu'on les traite avec délicatesse. Surveille tes fleurs. Si elles ne paraissent pas à la date habituelle cela signifiera...

– Que je serai bientôt mère !

– Petite sotte ! Que le chemin du trône t'est ouvert.

– Bellegarde, pleurnicha Gabrielle, comment prendra-t-il la nouvelle ? C'est que je l'aime toujours...

– Pas d'imprudence, s'il te plaît ! Je t'autorise quelques extras avec ce greluchon mais n'en abuse pas et surtout fais en sorte que le roi n'en sache rien. Ça pourrait tout mettre par terre. On vient de me rapporter que ton Bellegarde a tourné toute la nuit autour du château, le nez levé vers ta fenêtre. Il faudra qu'il accepte le partage ou qu'il renonce à toi.

– Moi, je ne peux renoncer à lui !

– Si Henri acceptait lui aussi ce partage cela arrangerait tout à fait nos affaires. C'est comme moi avec mon Cheverny et mon époux. Le tout est de ne pas claironner les différences que nous faisons, honnêtes femmes que nous sommes, entre les sentiments et les nécessités de notre nature.

Lorsque Bellegarde avait présenté Gabrielle au roi, Mme de Sourdis était aux abois. Il semblait que les mâles de la tribu l'eussent investie du rôle, dans lequel elle excellait, de défendre les intérêts de la camarilla. La situation était devenue difficile. Elle se prenait la tête à deux mains comme si elle allait éclater, mais cette tête était solide.

Philippe Hurault de Cheverny, chancelier de France, traversait une passe difficile, le roi Henri lui ayant confisqué les sceaux et le gouvernement du pays chartrain. François, le mari de la marquise, ayant perdu son poste de gouverneur de Chartres, demeurait inconsolable. Quant au père de Gabrielle, le sort ne l'avait pas non plus ménagé. Il avait subi un double affront : son éviction brutale du gouvernement de La Fère et la fuite de sa femme avec son amant. Trois effigies de l'infortune, que Mme de Sourdis s'efforçait de ranimer en leur insufflant sa propre énergie. Elle avait flairé avec Henri la proie inespérée et, son tempérament d'entremetteuse se réveillant, elle n'avait pas tardé à se mettre en campagne avec à sa disposition un instrument de choix : sa nièce.

La tribu n'allait pas tarder, avec ce pilote rompu à tous les aléas de l'existence, à affronter de nouveau la mer.

Mme de Sourdis soupira en prenant les mains de Gabrielle dans les siennes :

– Nous avons été trop modestes dans nos prétentions. Ce n'est pas dix mille écus que nous aurions dû demander au roi mais le double...

Le siège se présentait mal. Le roi avait compté enlever la place en une quinzaine : elle résistait avec âpreté. Il avait tenté de négocier une reddition ; on lui avait ri au nez.

Revenu de ses terres ligériennes pour lui prêter main-forte, Rosny tournait autour du roi comme un gros bourdon irrité. Il marchait *à potence*, avec des béquilles, depuis la bataille d'Ivry où il avait été blessé sérieusement aux jambes. Henri appréciait sa franchise et son honnêteté à fleur d'épiderme mais supportait mal ses piqûres.

– Jésus-Dieu, sire ! s'écriait Rosny, qu'est-ce que j'apprends ? Vous voilà de nouveau pris au piège ! Et quel piège... Cette Gabrielle, cette...

– Prenez garde ! riposta Henri. Vous parlez de la femme que j'aime...

– ... et à qui vous avez promis le mariage, peut-être, comme à Corisande, comme à l'abbesse de Montmartre, comme à...

Le roi, penaud, estima prudent de mentir : il n'avait rien promis de tel. Rosny ne désarmait pas :

– Mais enfin, sire, ouvrez les yeux ! C'est Bellegarde qu'aime cette fille, et non vous. Si elle a accepté de se plier à vos désirs, c'est dans l'intérêt de sa famille, et de mauvaise grâce. Sa famille : parlons-en ! Auriez-vous oublié sa fâcheuse réputation, l'expression qu'on emploie pour parler de Cœuvres : « un clapier à putains » ? Et les femmes de la tribu, savez-vous comment on les nomme ? « Les sept péchés mortels. » Gabrielle est pour l'opinion une « fille publique à deux pistoles »... Et vous, sire, vous payez dix mille écus une nuit de fornication... je n'ose pas dire d'amour ! Où trouverez-vous cette somme ? La prélèverez-vous sur votre trésor de guerre alors que la solde de vos hommes a plusieurs mois de retard ? Ah, sire, vos ennemis doivent bien rire !

– Je ne tolérerai pas plus longtemps vos insolences, Rosny !

– Elles témoignent de mon affection. Vous faut-il des filles pour la nuit ? Laissez-moi une heure et je vous en ramène une râtelée et qui vous coûteront moins cher. De grâce, sire, regardez bien où vous posez les pieds et munissez-vous de bottes à cause de la gadoue.

– Agrippa n'est pas de votre avis.

– Qui se ressemble s'assemble ! Ce poète a plus de cœur que de tête, comme vous, sire, qui auriez besoin de mettre du plomb dans la vôtre. Brantôme a raison de dire que trop de couilles font de mauvais amants...

Au soir tombant, des bruits de musique, des cris, des rires venaient du château de Lèves où la tribu tricéphale venait d'élire domicile pour la durée du siège. On allait banqueter, danser, faire la fête jusqu'à l'aube. Il fallait bien amuser ce pauvre roi qu'accablaient tant de soucis, qui surveillait d'un œil morne les allées et venues de Bellegarde dont les sourires semblaient le narguer.

– Eh bien, sire, dit Rosny d'un air provocant, qu'attendez-vous pour vous mêler à cette compagnie ? Le vin coule à flots, de même que l'argent destiné à votre armée. Au moins tâchez d'en profiter...

– Laissez-moi en paix, je vous prie !

– Rassurez-vous, sire : je retourne au monastère. Ces moines de Josaphat sont hospitaliers et tolérants. Ils ne m'ont pas demandé ma confession. Je vous souhaite une bonne nuit.

Rosny fit quelques pas hors de la tente royale et revint sur ses pas.

– À propos, dit-il, j'allais oublier mon rapport personnel. J'ai assisté à l'assaut de cet après-midi. Trois de vos gentilshommes ont été abattus aux échelles. Nous avons perdu une cinquantaine d'hommes, ce qui fait quelques centaines depuis le début des opérations. Ils auraient été mieux employés devant Rouen où, je vous le rappelle, on attend votre retour.

Il ajouta avec un air narquois :

– Au bal aussi, on doit vous attendre, sire. Passez une bonne nuit...

La fête avait commencé en l'absence du roi.

Les violons cisaillaient une *saltarelle* quand il fit son entrée dans la grande salle. La marquise avait fait collecter dans les parages tout ce qui portait décemment toilette et savait danser. Il y avait de la réserve dans l'air chez ces convives de la dernière heure, malgré l'animation que mettaient à cette fête les gentilshommes ordinaires du roi : Turenne, Bassompierre, Melchior et quelques autres, malgré aussi les exhortations de la grosse marquise à se donner du bon temps. Elle paya d'exemple en dansant, malgré sa grossesse avancée, un *passemezzo* italien mais renonça à la *saltarelle* pour éviter de perdre son fruit. Sous l'œil indifférent de M. de Sourdis, ce gros lourdaud de Cheverny lui donnait la main avec des mines de crapaud mort d'amour.

Lorsque le roi parut, la musique s'effilocha, les couples se figèrent et se retirèrent dans le fond de la salle. D'un signe de la main Henri donna la permission de poursuivre.

Il chercha des yeux Gabrielle. Elle dansait, bien sûr. Avec qui ? Avec Bellegarde, naturellement. Elle daigna se détacher du groupe pour s'avancer vers Sa Majesté et lui faire révérence. Elle parut attendre quelque compliment qu'il lui refusa et une invitation à danser la *saltarelle* qui ne vint pas. Il lui fit même comprendre d'un simple geste qu'elle pouvait rejoindre son cavalier.

Le roi fit le tour des tables croulant sous les victuailles et les vins de Loire dont les meutes se gobergeaient. Il esquissa un mouvement de colère en se disant que, ce soir, des centaines d'écus allaient être engloutis en pure perte, alors que ses troupes étaient mal nourries, insuffisamment équipées et armées. Rosny avait raison : un tel gaspillage était affligeant. Rosny... il le détestait mais ne pouvait lui en vouloir. Il était comme un double de sa conscience et il savait bien qu'on ne triche pas longtemps avec sa conscience, même, et surtout peut-être, lorsqu'elle prend une apparence aussi brutale.

Accompagné de ses proches, il but un verre de saumur et dit :

– Messieurs, passez du bon temps ! Toutes ces demoiselles vous attendent. Quant à moi, j'ai encore à faire.

– Je vous suis, dit Melchior.

– Je ne vous quitte pas, ajouta Agrippa.

Ils passèrent quelques heures à inspecter les postes, à surveiller les sentinelles, à visiter l'infirmerie installée dans d'anciennes écuries, où chirurgiens et barbiers travaillaient d'arrache-pied à découper, à scier, à coudre, maculés de sang jusqu'aux yeux, avec des gestes d'automates à bout de ressort, dans un concert de plaintes, de cris, de prières qui changeait de celui qui venait du château.

Il pleuvotait lorsque, leur inspection terminée, ils regagnèrent leurs pénates. Henri hésita : allait-il retourner au château ou coucher sous la tente en compagnie de Melchior et d'Agrippa ?

Prétextant qu'il n'avait pas sommeil, il laissa ses deux écuyers au bord de l'Eure, se promena une heure durant par un aimable sentier qui semblait le tirer en avant sous les basses ramures des saules, avant de se diriger vers le château où la tribu prenait en chansons ses quartiers de nuit dans un ballet de torchères et de chandeliers qui animaient de pièce en pièce un cortège de fantômes.

L'idée s'imposa à lui d'aller retrouver Gabrielle, mais le désir ne suivait pas. Ce qu'il souhaitait surtout, c'était surprendre Bellegarde et sa maîtresse, les confondre, donner cette vengeance en pâture à sa jalousie.

Un valet s'apprêtait à fermer la porte. Le roi lui demanda de le guider au chandelier jusqu'à sa chambre. Le pauvre homme parut consterné. Il faisait exprès de traîner la jambe, de s'arrêter aux portes pour vérifier leur fermeture, de donner des ordres aux servantes somnolentes qui débarrassaient la grande salle. Sur le palier du premier étage, il cogna du poing contre la porte donnant sur la chambre du roi, souhaita le bonsoir à Sa Majesté d'une voix plus forte qu'il n'eût convenu.

– Tu peux te retirer, dit le roi. L'alerte est donnée.

L'oreille collée à la porte il prit une amère satisfaction à entendre des bruits de pas, des murmures, un remuement de sièges.

– Vous, sire ! s'exclama Gabrielle. Je ne vous attendais plus.

« Elle veut dire, songea Henri, qu'elle ne m'attendait pas et ne souhaitait pas ma venue... » La chevelure défaite pendant sur ses épaules nues, la mine longue, elle s'avança vers lui en se demandant avec angoisse combien de postes elle allait devoir courir cette nuit encore.

– Rassurez-vous, ma mie, ironisa-t-il, je ne fais que passer pour vous souhaiter le bonsoir. Il faut que je prépare le prochain assaut. Avec un peu de chance votre parentèle pourra espérer reconquérir ses titres et sa fortune d'ici peu.

Il fit lentement le tour de la chambre et put constater que cette investigation n'avait pas été vaine : Bellegarde n'était pas loin. Pas derrière la tapisserie. Pas non plus dans le cabinet de toilette. Pas davantage dans la garde-robe. Il était sous le lit. Henri choisit de ne pas le dénicher. Il se suffisait de cette amère certitude qui le confortait dans ses soupçons.

Henri répéta qu'il ne s'attarderait guère mais s'assit pourtant devant un petit guéridon où était posé un compotier de fruits confits. Il prit un abricot qu'il mâchonna en silence, les yeux au plafond. Soudain il prit une poignée de fruits, et, sans bouger de place, les lança en direction du lit d'où dépassaient légèrement les pieds de Bellegarde.

– Mon ami ! s'écria Gabrielle, que faites-vous ? Avez-vous perdu la raison ou est-ce le vin ?

– Ni l'un ni l'autre, ma chère, dit le roi en se levant. Mais, après tout, il faut bien que tout le monde vive...

Dans les jours qui suivirent Henri ne chercha pas à rencontrer Feuille-morte mais il le trouva à plusieurs reprises sur son chemin, la mine confuse. Le bellâtre finit par l'aborder et lui dire :

– Sire, je vous dois une explication pour l'autre nuit.

– Est-ce vraiment utile ? demanda le roi. Il me semble que l'affaire est toute simple. Tu as rompu notre contrat. En te laissant la place, je me montre beau joueur mais je te prie de garder tes distances.

– Pardonnez-moi, sire, mais vous faites erreur. Si j'ai raccompagné Mlle d'Estrées dans sa chambre, c'était...

– ... pour l'aider à passer sa chemise, sans doute ! Mais alors pourquoi cette comédie ?

– Si je me suis caché sous le lit c'est que je redoutais que vous interprétiez mal ma présence. Comment pouvez-vous penser que je pourrais marcher sur vos brisées ?

Feuille-morte tomba à genoux, pleura, gémit, embrassa la main du roi, protesta avec véhémence de sa bonne foi, au point que le roi se demanda s'il n'avait pas un peu hâtivement pris ses soupçons pour une certitude. Il dut s'arracher les mots de la gorge pour déclarer :

– Allons, je te pardonne, mais fais en sorte de ne plus me donner motif à suspicion, sinon je te traiterai comme un ennemi.

La marquise fit la leçon à sa nièce, et pas du bout des lèvres.

Par un élan de sa nature généreuse, Gabrielle avait failli conduire droit aux récifs la nef familiale. Mme de Sourdis somma sa nièce de rompre définitivement avec Bellegarde ou du moins de ne le rencontrer qu'en l'absence du roi. À défaut, l'ingrate serait mise au ban de la famille et traitée en fille perdue, en *prostituée* !

Ce dernier mot était de trop. Gabrielle regimba, traita sa tante de maquerelle, lui reprochant cet adultère qui lui gonflait le devant de la robe. Elle aimait Bellegarde et refusait de renoncer à lui. Elle abhorrait ce vacher qu'on avait mis dans son lit. Une rude paire de gifles lui cloua le bec. Gabrielle pleura sur l'épaule de la dondon, fit amende honorable, jura tout ce que la dame voulait lui faire jurer.

Le soir même, les yeux gonflés de larmes, Gabrielle ouvrait sa porte au roi.

M. Babou de La Bourdaisière était du genre coriace. Il tenait Chartres et refusait de lâcher prise.

Rien ne semblait devoir vaincre son obstination : ni les assauts répétés que le roi livrait à sa place forte, ni les menaces, ni les propositions alléchantes. La ville semblait défendue par les portes de bronze d'une nouvelle Jéricho. Lâchait-on quelques volées de canon sur la ville ? Une heure plus tard les soldats réapparaissaient sur les remparts, hilares et provocants.

On n'avait pas progressé d'un pouce alors que les premiers frissons du printemps couraient sur les prairies de Josaphat. L'armée royale et le roi lui-même commençaient à perdre patience. Chez les Estrées, c'était chaque soir la fête, tandis que le roi occupait quelques heures de la nuit à inspecter les tranchées et les postes.

Henri avait envoyé Bellegarde à Rouen prendre des nouvelles du siège, sans que Gabrielle en parût affectée. Elle semblait avoir pris son parti du sacrifice qu'on lui imposait, mais on l'avait à l'œil car Longueville rôdaillait dans les parages. Le roi venait la retrouver chaque soir après sa ronde. Ils passaient leur nuit, elle dans l'indifférence et la soumission, lui dans une exaltation qui ne cessait de croître. Il n'avait pas connu une telle intensité de désir depuis qu'il avait abandonné l'abbesse de Montmartre à ses ouailles. Peu lui importait l'apathie mal dissimulée de sa maîtresse : il découvrait en elle comme dans un miroir l'illusion de sa propre passion, et il se satisfaisait de ce leurre. Il se demandait parfois si Gabrielle était aussi sotte qu'il paraissait, mais il n'aimait guère les raisonneuses du genre de Corisande qui pesaient les sentiments comme sur une balance d'orfèvre. Il lui savait gré de ne manifester aucune exigence, dans quelque domaine que ce fût. D'autres s'en chargèrent : Mme de Sourdis et M. de Cheverny. Pour assurer l'avenir de la belle, ils firent signer au roi un billet par lequel il s'engageait à l'épouser dès que les circonstances le permettraient. Il signa, bien décidé à n'en faire qu'à sa tête.

Un matin d'avril qui faisait scintiller sur les prairies de Josaphat les pluies nocturnes, des trompettes claironnèrent à la porte principale de la ville. Les morts vivants qui somnolaient dans la boue des tranchées se dressèrent. Ébahis, ils virent s'avancer sur le pont-levis un petit cortège désarmé arborant un drapeau blanc. Le chef rebelle demandait à traiter. Le soir venu, la ville ouvrait ses portes à Sa Majesté.

La tribu pavoisait. Le marquis de Sourdis allait reprendre sa place de gouverneur de la ville et M. de Cheverny celle de gouverneur de la province. Le navire de la parentèle avait de nouveau le vent en poupe.

Rosny prit le temps de faire le bilan du siège sans quitter son lit : il avait reçu une décharge d'arquebuse qui lui avait labouré les reins, ajoutant cette blessure à celle d'Ivry.

L'armée royale avait perdu environ douze cents hommes, englouti dans cette opération ce qui restait du trésor de guerre, mécontenté les amis et les alliés du roi qui faisaient le pied de grue devant Rouen. Un siège inutile ? pas pour tout le monde...

Dans l'entourage du roi, on se disait que désormais le siège de Rouen allait prendre une tournure nouvelle et qu'on allait s'y rendre dare-dare.

– Laissez-moi donc respirer ! protesta Henri. Durant trois mois, je fus à la peine. Il est bon que je me donne un peu de bon temps. Partez pour Rouen. Je vous y rejoindrai bientôt.

Une sereine lune de miel dorait ses jours et ses nuits. Encadré par la camarilla radieuse, Gabrielle ne le quittant pour ainsi dire plus, il passa les trois mois du printemps et le début de l'été à châteler avec les dames de Cœuvres à Malesherbes et dans les autres domaines de la parentèle, présenté ici et là comme le fiancé de Gabrielle. Il recevait de Rouen des messages désespérés ? Qu'on patiente ! La reine Élisabeth tempêtait contre l'incurie de son allié ? Elle ne tarderait pas à en prendre son parti. La tante lui disait :

– Laissez donc aboyer les chiens. Vous n'avez rien à en redouter. Prenez donc le temps de vivre. *Carpe diem...*

En pouponnant son petit Cheverny elle ne perdait pas de vue les intérêts de la famille.

Mieux à faire ? Par exemple, aller mettre le siège devant Noyon. Le roi fronçait les sourcils. Noyon... Cette petite cité n'avait aucune importance stratégique et ne nécessitait pas le branle-bas d'un siège.

Le roi accepta de mauvaise grâce ce nouveau caprice, mais pouvait-il refuser cette faveur à une concubine qui, elle, ne lui refusait rien ? Il tergiversa, faillit rompre les ponts avec cette camarilla vorace, la laisser à ses ambitions exacerbées. Gabrielle s'en mêla : il lui fallait Noyon. Pour elle ? Certes non. Pour son père. La ville ayant capitulé, M. d'Estrées pourrait revendiquer le poste de gouverneur et son frère, un fruit sec dont on ne savait comment se débarrasser, recevrait la mitre. Elle supplia, pleura, se donna corps et âme à son royal amant, mima si bien la passion contrariée que le roi finit par céder.

Il fallut plus d'un mois pour réduire cet antre de la Ligue. On donna en holocauste à la tribu des centaines de morts et les quelques milliers d'écus que Rosny avait pu sauver du naufrage. Rosny qui, fou de rage, avait repris le chemin de son domaine en souhaitant que le roi parvînt à se dégager très vite de l'emprise de sa Circé et retrouvât son bon sens. Agrippa, qui avait témoigné une certaine sympathie à Gabrielle, commençait à trouver qu'elle et sa famille abusaient de la crédulité de son maître.

Quant à Melchior, il avait retrouvé Diane d'Estrées, se donnait du bon temps avec elle et se tenait coi.

Au début de septembre le roi reçut une délégation de la reine d'Angleterre, conduite par le comte d'Essex.

Inquiète de la santé mentale du souverain son allié, elle tenait à s'informer de ses intentions. Elle menaçait, si Henri ne se décidait pas à prendre le taureau par les cornes, de lui retirer son appui militaire.

Cette douche froide parut ranimer le roi. Il donna à Élisabeth l'assurance qu'il serait devant Rouen à la fin septembre. Il voulait auparavant se diriger vers l'est pour se porter à la rencontre du vicomte de Turenne qui devait lui ramener d'Allemagne un fort contingent de mercenaires.

Ils se rejoignirent à Sedan. Turenne se demanda s'il ne rêvait pas : c'est à Rouen qu'il avait rendez-vous avec le roi, et il le trouvait sur les marches de Lorraine, entouré d'un cortège somptueux, encadré de sa concubine et de sa famille.

– J'étais si impatient de vous embrasser pour vos bons offices, lui dit Henri, que je ne tenais plus en place.

Turenne, ébahi, reprit sa route en direction de la Normandie où le roi avait promis de le rejoindre bientôt, le temps de régler quelques affaires. Ces affaires portaient un joli nom : Gabrielle. Depuis que M. d'Estrées avait été nommé gouverneur de Noyon, elle s'était prise d'une sorte de passion pour cette ville où la vie était facile et agréable et l'automne d'une douceur paradisiaque. Elle était au comble du bonheur. Le bonheur, pour son royal amant, était de se trouver auprès d'elle. Le bel automne de Picardie avait le parfum et la grâce de Gabrielle.

IV

LES SURPRISES DE ROUEN

1591-1592

Il fallait pourtant en finir avec Rouen.

Le vieux maréchal de Biron, toujours flanqué de son fils Charles, avait du mal à retenir par les basques les gentilshommes qui souhaitaient respirer l'air de leur province.

Sur la fin du mois de novembre, le roi décida qu'après environ un an d'attente il convenait de se mettre en campagne, et pas seulement pour faire plaisir à la marquise. Son armée s'ébranla sans enthousiasme, sous la pluie, en piétinant la boue d'un hiver redoutable.

Malgré l'arrivée des troupes allemandes de Turenne et la présence des contingents anglais du comte d'Essex, le moral des assiégeants était au plus bas. Le roi reçut un accueil sans chaleur. Depuis le temps qu'on piétinait dans les tranchées, M. de Villars avait eu le temps de pallier les déficiences de ses fortifications et de garnir ses remparts de batteries qui rendaient illusoire la moindre tentative d'assaut. On ne pouvait s'armer que de patience, mais la patience a des limites.

Le maréchal était d'une humeur de dogue : le roi, en dépit de l'estime qu'il lui témoignait, lui avait refusé le titre de lieutenant général et la faveur d'ériger en comté ses vastes domaines du Périgord, de crainte que le vieux soldat ne s'en fît une principauté, ce qui eût constitué un précédent.

– Pardonnez ma sévérité, lui dit le roi, mais le mieux que vous ayez à faire, à près de soixante-dix ans, serait d'aller planter vos choux en Périgord. La guerre n'est plus de votre âge. Laissez-en les fatigues et les honneurs à votre fils. En vous maintenant, vous lui faites de l'ombre.

Le maréchal prit mal la semonce. Il bomba le torse, peigna sa barbe grise d'un revers de main. La guerre... Elle et lui formaient un couple inséparable. Il pouvait montrer les traces de leurs étreintes sauvages. Il était à La Rochelle, à Amiens, à Ivry, à Dreux, à Orléans, partout où tonnait le canon. Il avait avec la gueuse un rendez-vous permanent. Il boitait, il peinait à se tenir en selle mais, mordieu ! il se faisait fort d'enlever à la tête de la cavalerie une de ces foutues batteries qui tenaient les assaillants en respect !

Il renonça à faire entendre raison au roi : autant s'adresser à un mur.

Le roi n'avait pas tardé à se rendre compte que toute tentative de prendre d'assaut ce satané nid de ligueurs était d'avance vouée à l'échec. Villars, en revanche, s'amusait bien. Il montrait une sorte de génie dans l'élaboration des sorties, choisissant judicieusement son point d'attaque et l'heure favorable. Chaque fois, il faisait mouche et nettoyait les tranchées à l'arme blanche. Pour quelques hommes qu'il laissait sur le carreau des dizaines de soldats ennemis payaient ces surprises. Fanfares et étendards saluaient du haut des remparts ces petites victoires qui sapaient le moral de l'adversaire.

Ainsi passa l'hiver.

Henri ne ménageait pas ses efforts. Pour se distraire, il quittait son quartier général installé à Darnétal, à proximité de la ville, pour se rendre à Dieppe où Gabrielle attendait son héros. Seule ? Apparemment. Henri crut un matin reconnaître de loin un visiteur vêtu de feuilles mortes en train de respirer l'air du port avant de se fondre dans la vieille ville mais il écarta cette vision comme une obsession ridicule. Il n'avait rien à reprocher à sa maîtresse : elle se montrait toujours d'humeur égale et lui faisait l'amour avec tous les signes de la passion. L'envoûtement qu'il subissait près d'elle était devenu pour lui une seconde nature qui lui collait à la peau. Quand il quittait Gabrielle, c'était un autre homme qui montait en selle. Un homme taraudé par le doute.

Au début de l'année, un courrier venu de Noyon informa le roi d'une nouvelle alarmante : le duc de Parme, Alexandre Farnèse, chef des armées espagnoles des Flandres, était de retour.

Farnèse... D'aucuns prétendaient qu'il était mort en Espagne où le roi Philippe l'avait rappelé. Et le voilà sur le point de lancer ses vieilles bandes espagnoles sur la France ! Les eaux de Spa, où il soignait une santé chancelante, avaient accompli ce miracle : remettre en selle ce vieux capitaine perclus de rhumatismes, assailli de mille maux, accablé de mille soucis et de l'ingratitude du roi, son maître.

La destination de l'armée espagnole ne faisait guère de doute : elle marchait sur Rouen. On n'allait pas tarder à entendre le pas lourd de ses régiments, les chants de guerre castillans, à respirer l'odeur de la guerre qui la précédait.

Mayenne était aux anges. Il n'avait guère bougé de Paris qui respirait plus calmement, reprenait de la vigueur et de l'espoir ; il allait lui aussi se mettre en campagne. Le retour de Farnèse était le résultat d'un projet patiemment élaboré par ses soins : la nouvelle intervention du vieux capitaine serait monnayée par la promesse des catholiques ultras d'accepter l'infante Isabelle comme reine de France.

Henri vécut dans les transes les jours qui suivirent cette nouvelle. Il se trouvait dans la même situation que deux ans auparavant devant Paris. Que Farnèse parvienne à délivrer Rouen et tout serait à reprendre. En aurait-il la volonté et le courage ? Aller au-devant des Espagnols, leur proposer la bataille, c'était courir le même risque. Perdre cette bataille était pour lui renoncer au trône. Où trouverait-il la crédibilité nécessaire à poursuivre la lutte ?

– Sire, dit Turenne, comment allez-vous réagir ? S'il vous prenait de nouveau l'idée d'aller respirer l'air de Dieppe, nos gens prendraient cela comme une désertion et ne vous le pardonneraient pas.

Henri prit de haut cette insolence.

– Me crois-tu capable de renoncer à me battre pour me réfugier dans le giron de ma maîtresse ? Ce serait mal me connaître. Je vais me porter au-devant de Farnèse.

– Nous sommes en mesure de l'affronter. Vous êtes à la tête d'une armée de quarante mille hommes. Ce n'est pas rien. Mes Allemands détestent les Espagnols et sont prêts à en découdre.

Non, dit Henri. Je partirai avec seulement quelques milliers d'hommes triés sur le volet. Uniquement des cavaliers pour la rapidité et la mobilité. J'aime pratiquer la technique du harcèlement. Elle m'a souvent réussi. L'armée espagnole est une machine puissante mais lourde. Avec quelques poignées de gravier je me fais fort de l'enrayer. Les Espagnols n'aiment pas qu'on les attaque sur leurs flancs, par surprise. Moi, ça me plaît. Veux-tu être des nôtres ?

– Ce serait un honneur pour moi, sire.

– Nous laisserons le maréchal se dépêtrer seul de ce siège. Le vieux sanglier va montrer ses crocs mais il aime qu'on lui laisse la bride longue.

Il se retourna en entendant un bruit de pas froissant l'herbe devant sa tente, et fronça les sourcils.

– Encore lui ! bougonna-t-il. Quand me laissera-t-il en paix ?

Karl de Zerotyn se tenait dans l'entrée, son bonnet à la main. Il s'inclina à plusieurs reprises en souriant, rose de timidité et de confusion.

– Eh bien, entrez donc ! lui cria le roi. M. de Turenne et moi tenions conseil. Que me voulez-vous encore ?

Depuis que, poussé par le désir de joindre sa force et son enthousiasme à la lutte que menait le roi huguenot, ce jeune gentilhomme avait quitté avec un petit groupe de cavaliers de Bohême sa terre natale pour la Normandie, le roi l'avait constamment sur le dos. Ce garçon était affublé en permanence, quels que soient le temps et les circonstances, d'une armure trop grande pour lui, dénichée dans un grenier et datant, disait-il, des guerres du prince Rotislav. Il l'arborait comme un trophée barbare, accompagné de sa petite bande d'adolescents blonds, joyeux et batailleurs. Il vouait au roi de France une vénération encombrante, lui dédiait des chansons légères, des poèmes graves, des pages de son journal intime où il vantait ses exploits guerriers et ses succès amoureux.

Il disait avec emphase au roi, dans un excellent français appris dans les écoles de Prague, de maîtres huguenots :

– Puis-je me permettre de solliciter de Votre Majesté l'honneur de l'accompagner ?

Henri haussait les épaules : ce serait à ses risques et périls.

Au cours des rondes d'inspection, les risques et les périls étaient permanents mais stimulaient l'énergie et l'enthousiasme du petit gentilhomme, lui arrachant des cris de plaisir, des chapelets de jurons en langue bohémienne lorsqu'un boulet éclaboussait de boue sa belle armure. Il s'écriait qu'il en avait vu « trente-six chandelles ». Si le roi lui en eût donné la permission, il eût installé ses grandes tentes rouges aux avant-postes. Il se disait protégé, ainsi que les siens, par le Saint-Esprit et prétendait passer sans dommage à travers une pluie de balles.

– Vous et vos saltimbanques, lui disait le roi, vous avez un petit grain de folie dans la tête, mais ça me plaît.

Pour Karl, quel compliment de la part d'un souverain dont toute l'Europe parlait comme du champion de la Réforme !

Henri accepta que Karl le suivît dans sa marche contre les Espagnols, mais il tint à le prévenir :

– Vous viendrez seul, sans vos danseurs de corde. Ça ne sera pas une partie de plaisir. Vous vous tiendrez dans mon ombre et serez à mes ordres.

Il convoqua Biron, lui exposa son projet. Le maréchal voulait en être : il insista, fit un caprice sénile mais Henri ne se laissa pas attendrir.

– C'est votre fils qui partira avec nous, dit-il. Je veux savoir ce qu'il a dans le ventre. Vous resterez à Rouen en nous attendant... si toutefois nous revenons. Vous avez toute ma confiance. La gloire et les honneurs, ce n'est pas seulement à cheval qu'on les conquiert.

Parler gloire et honneurs à ce vieux capitaine, c'était faire sa conquête. Il bougonna qu'on le traitait comme un vieux débris mais se plia à la volonté du roi.

Rosny, quant à lui, souhaitait rester devant Rouen : il avait accompli des prouesses dans le contrôle du trafic sur la Seine en arraisonant les embarcations de toute nature qui tentaient de forcer le blocus et voulait poursuivre sa tâche. Le roi ne l'entendait pas ainsi.

– C'est un travail de gratte-papier pour lequel je veillerai à vous remplacer. J'ai besoin de vous et de votre compagnie, la meilleure de toute mon armée. Qu'avez-vous fait de vos *potences* ?

– Je les ai brûlées. Aujourd'hui, malgré ma blessure devant Chartres je trotte comme un lièvre.

– Soyez prêt demain, à la pique du jour.

Il déploya une carte, fit courir un index sur les chemins.

– Farnèse, dit-il, a franchi la frontière le 14 janvier. Il doit se trouver ici (il creusa un cratère autour de Roye). Nous pourrions lui faire une petite surprise ici (il piqua droit entre Montdidier et Folleville). Il y sera dans une semaine environ, mais pas moins : il marche comme une tortue...

Le roi avait vu juste. L'armée espagnole se trouvait dans un pays de collines, non loin de Montdidier. Farnèse avait fait déployer ses tentes et ses oriflammes autour du village de Coulemelle, le long d'une petite rivière où s'abreuvaient les chevaux.

– Belle armée..., soupira Henri. Réglée comme du papier à musique. Un camp aligné au cordeau, chaque corps séparé des autres, l'intendance à part, dans ce rond de chariots, ça mérite le respect. Monsieur le duc, je vous tire mon chapeau. Il ne manque plus qu'un petit air de fanfare...

Elle éclata quelques instants plus tard, avec des élans de trompette à tirer les larmes.

– Jésus-Dieu, murmura Rosny, si nous avions à livrer bataille nous ne pèserions pas lourd.

– Il n'y aura pas de bataille, dit le roi. Notre avantage est justement de ne pas peser lourd. Farnèse l'apprendra à ses dépens dès cette nuit.

Il confia à Turenne le soin de constituer un peloton d'une cinquantaine de cavaliers. À la nuit fermante, il les lâcha sur le camp espagnol avec une triple mission : incendier le plus possible de tentes, libérer les chevaux à la corde et les disperser, tuer le plus d'ennemis possible, le tout en faisant du pétard comme s'ils étaient mille. On profiterait de la panique pour canarder le quartier des officiers à l'arquebuse.

L'opération réussit au-delà de tous les espoirs : en une heure le camp avait été transformé en capharnaüm. À la mi-journée, les Espagnols en étaient encore à rassembler les chevaux et à reconstituer leurs unités.

Son coup fait, la cavalerie royale s'était retirée sur une colline coiffée d'une sombre sapinière, d'où la vue embrassait toute l'armée espagnole et la scène du désastre.

– C'est un beau coup ! constate Rosny, mais ils vont se méfier. Nous ne pourrons pas leur faire deux fois la même surprise.

– Nous leur en ferons d'autres, dit le roi.

Forte de dizaines de milliers de soldats, l'armée de Farnèse s'étirait sur environ une lieue. Par des attaques rapides et violentes suivies de retraites précipitées, les Français retardaient la marche des colonnes sans l'interrompre. Ces piqûres d'insectes sur un colosse étaient séparément peu redoutables mais se montraient efficaces à la longue.

Karl de Zerotyn s'en donnait à cœur joie. Le jour où il ramena trois chariots de vivres prélevés sur l'arrière-garde espagnole, le roi le serra contre sa poitrine. Le lendemain, Karl lui livrait avec le sourire une dizaine de garces flamandes qui faisaient leurs ablutions dans une mare. Le roi se réserva la plus blonde et la plus grasse mais, trois jours plus tard, il les libérait : elles devenaient trop encombrantes.

Peu après Folleville une attaque mal dirigée faillit tourner au désastre. Un peloton de cavalerie gasconne conduit par Lavardin et Saint-Géran avait lancé plusieurs assauts contre une colonne d'infanterie, mais ils avaient poussé si loin qu'ils s'étaient trouvés face à une centaine de cavaliers wallons qui les avaient dispersés avec des pertes en prisonniers. En apprenant cette bévue, le roi constitua un autre peloton d'une trentaine de cavaliers dont il prit la tête avec Rosny. Une charge sauvage permit de délivrer les captifs, mais on y laissa des plumes.

Alors que l'armée espagnole abordait la vaste plaine d'Aumale, en terre normande, à quatre ou cinq jours de marche de Rouen, le roi décida de tenter une manœuvre susceptible de retarder l'avance de l'ennemi avant qu'il ne soit en vue de la Seine.

Le gros de l'armée s'avancerait jusqu'à Neufchâtel, observerait ses quartiers en attendant les ordres. Le roi garderait avec lui quatre cents cavaliers et cinq cents arquebusiers à cheval.

Il arriva en vue de l'armée de Farnèse comme elle traversait la Bresle qui avait inondé les prairies. Elle avait retrouvé sa belle ordonnance; le duc avait pris soin de flanquer ses colonnes de chariots, de pelotons de chevau-légers et de carabins des Flandres, ce qui parait à toute attaque par les flancs.

Après un rapide examen de la situation et des lieux, le roi décida d'attaquer. Rosny protesta : on allait droit au désastre; ce monstre allait dévorer crue l'armée française. Le roi réunit ses capitaines, sollicita leur avis : ils souhaitaient que le roi renonçât à ce projet. Tous, sauf Karl de Zerotyn, mais il comptait pour rien ou presque.

– Mes amis, dit le roi, vous ne m'aidez guère, mais je passerai outre vos opinions. Je me battrai tandis que vous irez cueillir les marguerites.

Il parvint à rassembler une centaine de cavaliers choisis parmi les plus téméraires pour cette opération qui ressemblait fort à un suicide. La première charge fonça sur un carré de piquiers espagnols, le fit éclater, le traversa de part en part après une mêlée sanglante. Elle allait se retirer afin de regrouper ses forces quand elle trouva devant elle la fameuse cavalerie wallonne qui avait mis Lavardin et Saint-Géran en échec.

– Sire, s'écria Karl, vous êtes blessé!

Le roi commençait à chanceler sur sa selle. Une balle d'arquebuse, heureusement amortie par l'arçon, lui avait labouré les reins. Il se reprit à temps pour commander la retraite. Il s'en était fallu de peu que son escadron ne fût encerclé et pris comme dans une nasse. La rapidité de son unité lui permit seule de se dégager en se glissant à bride abattue entre deux carrés de piquiers.

On conduisit le roi à Neufchâtel-en-Bray, à cinq lieues à l'ouest d'Aumale, où l'attendait le reste de son armée. La blessure n'était pas profonde mais il avait perdu beaucoup de sang. La fatigue aidant il mit des jours à se remettre.

Les nouvelles qu'il recevait de Rouen étaient désastreuses. Si le jeune Biron s'était bien conduit à ses côtés à Aumale, son père n'avait pas été à la hauteur de sa mission. Au cours d'une sortie, Villars lui avait enlevé une batterie de six canons, des approvisionnements en munitions et tué une cinquantaine d'hommes, alors que Farnèse n'était plus qu'à trois jours de marche de la ville.

De guerre lasse le maréchal avait décidé de lever le siège.

Lorsque les avant-gardes espagnoles se trouvèrent à Mortemer, à dix lieues de Rouen, le roi jugea prudent de décrocher sur Saint-Aubin, à quelques lieues de Dieppe où il pensait retrouver Gabrielle dont il n'avait plus de nouvelles depuis des semaines.

Il apprit en cours de route qu'elle avait jugé prudent de se retirer à Noyon. Le roi trouva asile chez un notable, M. Groulart, afin d'y reprendre des forces. Arques était à deux pas ; il y retrouva au cours d'une promenade quelques vestiges de la bataille livrée contre Mayenne.

De nouveau sur pied, le roi tenta de rameuter le corps de troupe qui l'avait suivi dans sa retraite : il s'était fondu dans la nature ! Rosny était reparti pour Mantes où l'attendait sa promise, Rachel de Cochefilet, dame de Châteaupers. Lavardin, Turenne, Saint-Géran ? Partis sans laisser d'adresse. Restaient le fidèle Melchior, compagnon des bons et des mauvais jours, et Karl de Zerotyn qui, après avoir battu la campagne comme un Tzigane, était revenu auprès de son idole.

Le 20 avril, Farnèse, que Mayenne venait de rejoindre, entrait dans Rouen.

La ville délivrée et ravitaillée, il ne s'attarda guère, comme deux ans auparavant à Paris. La maladie et la fatigue l'incitaient à reprendre la route des Flandres pour aller de nouveau se refaire une santé à Spa. Il fit halte à Caudebec. Le roi l'y attendait, l'arme au pied. Soucieux d'enlever cette ville qui assurait le ravitaillement de Rouen, il commit la maladresse de se laisser enfermer avec son armée dans une presqu'île proche d'Yvetot et ne put en réchapper que par un pont de bateaux qu'il fit jeter sur la Seine. Il aurait pu poursuivre son avantage, comme Mayenne le lui conseillait, mais une blessure au bras le lui interdisait. La gangrène aidant, il avait perdu tout ressort.

Un matin de mai, alors que le roi s'apprêtait à quitter la Normandie, Melchior entra en trombe sous sa tente en s'écriant d'une voix haletante :

– Nous venons de remporter une grande victoire : Farnèse vient de mourir à Arras...

Le torchon brûlait entre le maréchal et son fils. Ils s'étaient pris de querelle pour des questions de stratégie : Charles, tête brûlée, préconisait une offensive contre les forces de la Ligue et les Espagnols de Farnèse ; son père jugeait prudent de garder ses quartiers en attendant que le vent tourne.

Un jour de colère, Charles lança à son père :

– Si j'étais le roi, je vous ferais couper la tête !

Le maréchal mit la main à son épée mais préféra filer doux. Il avait l'habitude d'encaisser les excès de paroles de son fils et de lui pardonner souvent, au nom de sa bravoure. Il pouvait même convenir que Charles avait raison quand il lui conseillait de renoncer à l'armée. Il dit à Melchior :

– Il est grand temps que je me repose. Mes jambes ne me portent plus et j'ai dans les tripes mille diables qui me tourmentent. Et puis cela fait plus de deux ans que je n'ai pas revu les tours de Biron. Elles me manquent...

À la nouvelle que la Ligue venait de reprendre Épernay il se réveilla brusquement. *Macarel !* on n'en avait pas fini avec cette racaille ! Il se fit hisser sur son destrier et partit avec son fils pour Épernay où il devait retrouver le roi.

Le lendemain de son arrivée sous les murs de la ville, il rencontra le roi accompagné de sa nouvelle conquête, Mme Dupuis, qui l'avait accueilli dans son domaine de Damery et le soignait comme un coq en pâte. Henri le pria d'aller inspecter les défenses de la ville. À son retour, le vieux maréchal lui dit :

– Cette place ne tiendra pas une semaine. J'ai repéré quelques brèches qui seront faciles à escalader aux échelles.

Le roi s'apprêtait à descendre de cheval quand un coup de vent jeta son chapeau à terre. Biron le ramassa et s'en coiffa pour plaisanter.

– Monsieur le maréchal, dit Henri, vous avez une allure vraiment royale ! N'est-ce pas, madame Dupuis ? Eh bien, allons visiter ces fameuses brèches, mais à distance respectueuse. Il y a de l'artillerie aux remparts et l'on nous a sûrement repérés.

Les ligueurs avaient ramené des bords de Loire, au temps de l'invasion anglaise, une jolie pièce appelée le *Chien d'Orléans* en raison de la figurine gravée sur son fût, représentant cet animal. Alors que le vieux maréchal bouffonnait sous le panache blanc du roi, un artillier, Petit, se dit qu'il ferait un beau coup s'il parvenait à faire mouche sur ce panache qui ne pouvait être que celui du roi de France. Ce Petit avait un coup d'œil infaillible. Il bourra la gueule du *Chien*, alluma la mèche qu'il posa sur l'amorce. Un joyeux aboiement se fit entendre.

Biron ne vit pas venir le coup. Le boulet lui arracha la tête. Ébranlé par le choc mais retenu par son cheval, il resta quelques secondes debout, bras ballants, ce qui restait de la tête fracassée pendant sur son épaule.

On ne peut se dire roi de France si l'on n'est pas maître de Paris.

Le roi se souvenait de cet épisode de la vie d'Hannibal le Carthaginois. Alors qu'il traversait les Alpes avec ses éléphants, il s'était trouvé au fond d'un défilé face à un énorme bloc que même le levier d'Archimède n'aurait pu ébranler. Un de ses capitaines lui avait suggéré de faire éclater la roche en instillant du vinaigre dans ses fissures. Le stratagème ayant réussi, l'armée avait pu poursuivre sa route.

Histoire ou légende ? Quoi qu'il en soit on ne fait pas éclater une ville comme Paris avec du vinaigre. À supposer même que le roi en vînt à bout, il trouverait encore sur son chemin cet autre obstacle à figure humaine : Scipion-Mayenne.

L'image des légions carthaginoises en route vers Rome l'éveillait en sursaut au milieu de la nuit.

– Eh bien, mon ami ! lui disait Gabrielle, encore un mauvais rêve ?

Elle le prenait entre ses bras, l'enveloppait de son parfum, lui glissait des paroles apaisantes au creux de l'oreille. Lorsqu'il parlait d'une voix haletante de vinaigre et de rocher elle se demandait s'il n'était pas en train de perdre la boussole.

Paris n'était pas au bout du monde. On pouvait même s'en approcher d'assez près pour voir les tours de Notre-Dame et les moulins qui brassaient le vent sur les collines. On ne maintenait le blocus que par principe, en gardant un œil vigilant sur la Seine. De temps à autre la garde arraisonnait une péniche de blé, de viande ou de poisson, afin de montrer que les assiégeants avaient la situation bien en main.

Retour de Normandie en passant par la Champagne, le roi promenait son escorte de château en manoir : Noyon... Cœuvres... Malesherbes... La troupe suivait avec indolence, rassurée du côté des Espagnols mais aussi de Mayenne qui avait assez à faire avec les états généraux qu'il avait réunis au Louvre pour dénouer le nœud gordien d'une situation en apparence inextricable.

– Des états généraux..., bougonnait Henri. Pourquoi *généraux* ? Ceux de Blois rassemblaient quatre cents députés et ceux de Paris une centaine ! Si la province n'a pas répondu à la convocation, c'est qu'elle ne voit pas l'intérêt d'une telle mascarade autour de Mayenne, ce bouffon !

Dans le labyrinthe où il s'était engagé, le duc de Mayenne promenait une lanterne qui n'éclairait que des perspectives incertaines et des impasses. Ce dont il était certain et qu'il proclamait à tout vent, c'est qu'il ne voulait pas de l'infante d'Espagne comme reine de France. La loi salique s'opposait à ce que cette nièce des Valois, petite-fille du roi Henri II, coiffât la couronne.

– La loi salique, protestaient les ultras de la Ligue, qu'on nous montre le texte qui en fait foi !

– C'est la coutume, depuis les origines, rétorquait Mayenne. Une telle coutume se respecte !

Devenue reine de France, Isabelle aurait pu avoir l'idée d'épouser un prince étranger qui lui-même aurait pu être tenté de rendre le royaume dépendant d'une autre couronne.

Après avoir rêvé d'accéder au trône, Mayenne avait fini par convenir qu'il manquait des qualités nécessaires pour faire un roi crédible. En revanche, il était prêt à accepter, avec le titre de lieutenant général, le gouvernement de la Bourgogne.

Alors, qui choisir comme roi ?

La même question était sur toutes les lèvres sans que Mayenne, qui détenait les clés de la situation, fût capable d'y répondre. Il se trouvait à l'avant-scène d'un théâtre de fantasmagorie dont les personnages faisaient un petit tour de présentation avant de disparaître : le jeune duc de Guise, fils du Balafré, le cardinal de Bourbon, le comte de Soissons, Navarre...

« Soissons..., se demandait Mayenne. Pourquoi pas Soissons ? » Le roi de Navarre lui avait naguère interdit de courtiser sa sœur Catherine, mais pas plus elle que lui n'avaient accepté cette mesure autoritaire. Passant outre sa déception et sa rancœur, le duc de Soissons n'en persistait pas moins, en tant que catholique modéré, à suivre l'étoile de celui qu'il considérait comme le roi de France et son beau-frère putatif.

Dans l'arène de Paris, Mayenne jouait les belluaires.

La Ligue – l'Union, comme on disait – avait pris, avec le temps et sous la pression des événements, l'apparence d'un monstre hybride. Partagée entre les ultras, les partisans d'une mainmise de l'Espagne et les modérés, elle projetait de toutes parts des tentacules qui ne brassaient que du vent. Elle avait vu naître en son sein un tiers-parti qui s'était heurté à la violence extrémiste des Seize qui s'obstinaient à maintenir dans la capitale un régime de terreur.

– Au moins, proclamait Mayenne, sommes-nous d'accord sur un point : nous ne voulons pas d'un roi hérétique !

On faisait mine d'ignorer le Béarnais, chef d'un parti qui se réduisait de jour en jour, et qui faisait figure de capitaine de bandes désorganisées. Proclamait-il son intention d'abjurer ? Les chefs huguenots menaçaient de l'abandonner. Ajournait-il sa décision ? Les catholiques modérés prenaient le large. Ses revers en Normandie l'avaient enfermé dans une impasse comparable à celle où s'égarait Mayenne. Forcé d'abandonner Rouen, il voyait en outre son étoile pâlir dans les provinces. Il semblait qu'une volonté occulte s'acharnât à contrarier ses ambitions. Il voyait venir le temps où il se retrouverait seul avec quelques compagnons, condamné, comme jadis en présence de Condé et de Coligny, à errer sur les routes incertaines du royaume. Un chef de parti. Un chef de bande. Avec toujours, en face de lui, ce roc inébranlable : Paris.

Rosny détestait Gabrielle et cette maudite tribu qui parasitait le roi, mais il se trouvait d'accord sur un point avec la concubine : bien que fervent huguenot, il encourageait son maître à abjurer.

– J'y suis bien décidé, protestait Henri, mais on ne change pas de religion comme de chemise.

– Voici des années, ripostait Rosny, qu'on vous corne le même refrain aux oreilles. Vous avez abjuré cinq fois déjà, à votre corps défendant, j'en conviens, sans que cela semble vous poser problème, à croire que...

– Eh bien, dites !

– ... à croire que vous faites volontiers litière de la foi, que votre croyance en Dieu n'est pas solide.

– Voudriez-vous suggérer que je suis un mécréant ?

– Certains vont jusqu'à le penser.

– Eh bien, ils ont tort ! Ma foi en Dieu est inébranlable.

Rosny cachait un sourire derrière sa main. Henri avait lu Montaigne qui venait de s'éteindre dans son château du Périgord, et s'était trouvé en accord avec ses idées : il se laissait volontiers ballotter par des vents contraires, attentif seulement à ne pas se laisser emporter trop loin, à éviter les récifs et les ports malsains. Alors qu'il était en captivité au Louvre, on l'avait surpris à entonner par étourderie, au cours d'une messe, un psaume huguenot. Par étourderie ? Rosny n'en était pas certain. Henri évoluait entre les deux confessions en portant sur chacune d'elles des regards désabusés de sceptique. Rosny l'avait entendu rêver tout haut, regrettant qu'il n'y eût pas une troisième religion susceptible d'intégrer ce que les deux précédentes avaient de meilleur et de moins contestable. Il appréhendait une abjuration qui l'obligerait à se faire instruire, à ergoter, à mentir, à aller contre sa conscience. Sa liberté d'esprit faisait barrage à toute ingérence autoritaire.

Il fallait pourtant en passer par là : cette clé pouvait seule lui ouvrir la voie de son destin. C'était le vinaigre qui pourrait faire éclater le rocher lui barrant la route. Le seul moyen, surtout, de ramener la paix dans un royaume exsangue et travaillé par les haines religieuses.

La paix... Ce n'était encore qu'un mirage mais elle semblait de jour en jour acquérir davantage de consistance.

Les états généraux n'avaient eu qu'un résultat probant : susciter une conférence à Suresnes afin de déterminer les conditions d'une trêve – un mot magique... Les tenants de la Ligue, les ultras surtout, n'y étaient guère favorables. Les travaux terminés, de retour dans la capitale, ils furent accueillis par des sarcasmes et des quolibets.

La trêve serait d'une durée de huit jours. C'était peu mais il semblait que le ciel, après de lourds orages, se fût déchiré au-dessus de la capitale. Les portes s'étant ouvertes, les Parisiens qui, durant des années, n'avaient vu les champs et les prairies que du haut des remparts se ruèrent dans la campagne. On montrait aux enfants ces merveilles qu'ils ignoraient : une vigne, une vache, une cour de ferme... On dépensait son argent dans les fermes, les auberges. On se roulait dans l'herbe. On faisait trempette dans des ruisseaux aux eaux plus limpides que la Seine. On s'en revenait ivre de grand air et de vin. La paix... Vive la paix !

L'alacrité était telle dans la population que Mayenne n'eut garde de l'interrompre de si tôt. Il négocia pour la prolonger de trois mois.

V

LE SAUT PÉRILLEUX

1592-1594

Un matin Rosny trouva le roi en chemise, au saut du lit, en train de se faire tailler la barbe par son valet Armagnac, alors que Gabrielle était encore endormie.

– Monsieur de Rosny, dit le roi d'un ton mi-jovial mi-cérémonieux, écoutez la bonne nouvelle. J'ai décidé d'utiliser le vinaigre... Je veux dire que j'ai pris une ferme détermination : je vais abjurer. Mentionnez l'événement sur vos tablettes : *Le 16e de mai de l'an de grâce 1593, Henri, roi de France et de Navarre, quatrième du nom, a décidé de se faire instruire dans la religion catholique, apostolique et romaine et de devenir ainsi le fils fidèle de notre sainte mère l'Église...* »

Rosny se laissa tomber dans un fauteuil, blême de stupeur, partagé entre le doute et la satisfaction.

– Sire, dit-il, j'ose espérer que ce n'est pas une de vos plaisanteries.

– Il m'arrive d'être sérieux ! C'est le cas aujourd'hui. Vous allez répandre la nouvelle. J'en informerai moi-même les délégués de Suresnes que j'ai rencontrés ici-même, à Mantes.

C'était ce qu'il appelait plaisamment le *saut périlleux*. Périlleuse, cette acrobatie l'était à plus d'un titre : elle risquait de le couper des vétérans huguenots et de ne pas convaincre les catholiques, sceptiques quant à la sincérité de cette conversion. Rosny se hâta de le rassurer : les huguenots, il en ferait son affaire. Quant aux catholiques, il ne pouvait se prononcer, et pour cause. Ceux qui lui étaient demeurés fidèles et avaient combattu à ses côtés se réjouiraient de cette décision ; les autres, il faudrait les convaincre, peut-être par les armes.

Gabrielle, qui avait depuis longtemps poussé à la roue, était la première à se réjouir de cette décision. Elle revenait de loin. À plusieurs reprises, désolée des échecs de son amant, elle avait envisagé de rompre cette liaison qui ne lui ouvrait que des perspectives illusoires.

Elle avait traversé une période difficile.

Quelques mois auparavant, sa mère avait été massacrée à Issoire avec son amant par une populace excédée de la tyrannie de ce couple infernal. Elle avait souhaité être grosse des œuvres du roi mais chaque mois sa déception se renouvelait. Elle considérait avec une tendresse mêlée d'envie le gros garçon que le chancelier avait donné à la tante Sourdis : il était si lourd qu'on disait que cela venait de ce qu'il portait des sceaux au cul à sa naissance...

Elle avait traversé une ère de rémission en apprenant par le médecin du roi, Miron, que son amant la laisserait en paix, le temps de guérir d'une sévère vérole contractée on ne savait où. Guéri, il était remonté à l'assaut avec une vigueur accrue.

La passion que le roi éprouvait pour elle était d'une telle intensité qu'elle excluait tout sentiment de jalousie. Il n'ignorait pas que Bellegarde était revenu à la charge, ce que traduisaient les humeurs de Gabrielle : maussade, passive à l'issue d'un rendez-vous manqué ; ardente lorsqu'elle avait obtenu satisfaction. Il retrouva un jour sur un fauteuil un mouchoir brodé des initiales de Bellegarde. L'odeur musquée qu'il respirait parfois sur Gabrielle trahissait la récente présence du traître. Il maîtrisait sa colère et plaisantait pour ne pas sembler dupe de cette comédie qu'on lui jouait. Il tenait trop à elle pour risquer de provoquer une rupture. Quant à son grand écuyer, il lui réservait un chien de sa chienne...

Agrippa entra en coup de vent, sans se faire annoncer, dans le cabinet du roi. Occupé à rédiger une lettre, Henri en laissa tomber sa plume. Le poète revenait de son abbaye de Maillezay, en Vendée, où il vivait avec sa femme et son fils. La colère suintait de son visage tanné et de ses yeux enflammés.

– Qu'est-ce que j'apprends, sire ? dit-il d'une voix âpre. Ainsi, vous avez franchi le pas ! On parle d'un saut périlleux. Dites-moi que je ne rêve pas !

– Tu ne rêves pas. Mon instruction a débuté. Je peux même te dire que la cérémonie d'abjuration aura lieu à la fin de juillet, à Saint-Denis. Il ne me déplairait pas que tu y assistes.

– Cessez de bouffonner, sire ! Se battre durant trente ans, connaître les épreuves de la guerre, de la misère, de l'exode, toutes les humiliations pour en arriver là... Vous faites litière de la foi que vous a enseignée votre mère et vous en semblez tout réjoui...

– Ce sont des mobiles politiques qui ont dicté cette décision, tu le sais.

– La politique... Vous piétinez votre foi au nom de la politique. Et pourquoi ? Pour accéder à un trône qui se dérobe. Le pape Clément vous refusera l'absolution !

– Les évêques me sont favorables et j'ai envoyé une délégation plaider ma cause à Rome.

– Votre cérémonie d'abjuration se fera à Saint-Denis mais Paris vous fermera ses portes !

Henri frappa du poing sur la table. Ce trublion lui faisait monter la moutarde au nez. Un bravache, un ultra à sa manière, un révolté permanent ! Dans les synodes huguenots on l'écartait en raison de ses outrances qui ne manquaient pas de panache mais exaspéraient l'assistance.

– Tu es mal informé, dit le roi. Je reçois chaque jour des témoignages de Paris : la population m'est de plus en plus favorable. Elle désavoue les Seize et même Mayenne ! Mon cher, le vent tourne ! Que cela te plaise ou non, d'ici un an je serai au Louvre.

Il se leva, s'approcha d'Aubigné, posa ses mains tachées d'encre sur ses épaules.

– Ceux de notre religion, dit-il, n'auront pas à regretter ce que tu appelles mon reniement. La paix rétablie, ils auront ce à quoi ils aspirent : la liberté du culte. Je m'y suis engagé auprès de Rosny. Il se montre plus compréhensif que toi, mon ami.

Agrippa fit quelques pas en arrière en portant la main à sa ceinture. Le temps d'un éclair Henri se dit qu'il allait sortir le pistolet dont la crosse dépassait. Agrippa en tira un livre qu'il jeta sur la table.

– Un exemplaire des Évangiles en langue vulgaire, dit-il. Au cas où vous seriez tenté d'oublier ce dont notre religion vous a nourri...

Henri prit sur sa table un autre ouvrage qu'il tendit à Agrippa.

– *De l'insuffisance des Saintes Écritures*..., dit-il. Tu vois que je ne manque pas de lectures édifiantes. Relis toi-même les Évangiles. Puisses-tu devenir aussi tolérant que Notre Seigneur...

Les relations entre le roi et Rosny ne tardèrent pas à s'envenimer.

Le baron n'envoya pas dire à son maître ce qu'il pensait des méthodes concernant l'attribution des charges prévues lors de l'accession au trône : les faveurs du roi allaient de préférence aux catholiques. À n'en pas douter il fallait y voir une manœuvre de la camarilla de Cœuvres.

À Mantes où il séjournait depuis quelques mois, Henri trouva sur sa table de travail un billet de son ami : Rosny était retourné dans ses terres avec sa jeune épouse pour faire fructifier ses domaines laissés trop longtemps à l'abandon.

Sa retraite fut brève. Apprenant que le roi avait mis le siège devant Dreux, une des rares villes encore tenues par la Ligue, il décida de lui apporter son concours. Henri lui ouvrit les bras : le siège traînait en longueur et il n'avait que peu de temps à lui consacrer. La ville avait ouvert ses portes mais non la citadelle.

– Suivez-moi, dit le roi, et vous me direz ce que vous pensez de la *Grise*.

La *Grise* était la pièce principale du système de fortifications de la citadelle : une montagne sur laquelle l'artillerie s'était acharnée en vain depuis des semaines.

– Jésus-Dieu ! soupira Rosny, cette *Grise* ne m'inspire rien de bon. Il faudrait les trompettes de Jéricho pour l'ébranler.

Il resta une journée en observation, examina la nature du sol, évalua le nombre et la qualité de l'artillerie qui hérissait les créneaux.

– Je ne vois, dit-il, qu'un moyen de faire sauter ce verrou : la mine. Il me faudrait des sapeurs de premier ordre, anglais ou écossais si possible. On peut les trouver à Rouen, dans l'armée du comte d'Essex. Il m'en faudrait une trentaine et aussi quatre à cinq cents livres de poudre fine.

– Cela va prendre du temps.

– Une semaine tout au plus si tout marche comme je le souhaite.

Une semaine plus tard les sapeurs que Rosny était allé chercher en Normandie étaient à pied d'œuvre. Se relayant par équipes de quatre ils travaillèrent du pic et de la pioche, jour et nuit, sous un mantelet de madriers. Quelques jours plus tard, Rosny, radieux, émergeait de la galerie.

– Sire, dit-il, tout est prêt. Nous avons éventré la base de la *Grise* sur cinq pieds de haut et trois de large. Nous avons placé la charge et tout refermé. Vous allez assister à un fameux spectacle.

– Toute l'armée y assistera, dit le roi.

– La mise à feu se fera demain, de votre main si vous y consentez.

– Je préfère laisser cet honneur à une dame. Vous savez à qui je pense ?

Le matin venu, il n'y eut pas que la troupe à assister au *spectacle* : toute la garnison de la place, femmes et enfants mêlés aux soldats, s'était portée aux remparts de la tour et des courtines adjacentes. Gabrielle s'exécuta de bonne grâce, mais sa main tremblait en allumant la mèche que lui tendait Rosny.

En fait de spectacle, on fut déçu : il ne sortit de la base de la tour qu'une fumée accompagnée d'une pétarade assourdissante suivie d'un silence.

– M'est avis, dit le roi, que votre mine a *cagué*, comme on dit en Gascogne.

Rosny commençait à se rembrunir et à se mordre les lèvres de dépit, en se demandant quelle erreur de calcul il avait pu commettre.

Soudain, alors que les spectateurs commençaient à se retirer et que l'on clamait sa joie sur les remparts, les émissions de fumée reprirent de plus belle, suivies d'une telle déflagration que le sol en fut ébranlé et l'air fouetté comme d'une gifle d'ouragan. On vit avec stupeur la *Grise* se fendre de la base au sommet comme une courge, jetant aux fossés une multitude de gens dans une avalance de pierraille et de moellons, au milieu d'un nuage de poussière.

– Un autre honneur vous attend, sire, dit Rosny : franchir le premier la porte de cette citadelle. Elle ne va pas tarder à s'ouvrir, mais je vous conseille de ne pas laisser cet honneur à Mlle d'Estrées.

Il ajouta :

– Un autre conseil, sire : faites donc cesser le massacre.

Des soldats de l'armée royale s'étaient massés au bord du fossé et, pour se divertir, arquebusaient généreusement les malheureux qui se débattaient au milieu d'un magma fumant, les membres brisés, implorant leur grâce.

Le roi fit cesser l'arquebusade, ordonna que l'on recueillît les survivants et qu'on leur fît distribuer à chacun un écu.

Il pleura de joie en serrant son serviteur contre son cœur, l'assurant qu'il n'aurait rien à lui refuser. Pourtant, à quelque temps de là, lorsque Rosny sollicita le gouvernement de la place, il se heurta à un mur. C'est M. d'O, un bon catholique, qui fut choisi. Une potion amère que le brave Rosny garda longtemps sur l'estomac.

– Ne soyez pas fâché, lui dit le roi. Si je vous avais accordé cette place, à vous, un huguenot, j'aurais mécontenté les catholiques. En la donnant à M. d'O, je les mets dans ma poche. J'ai besoin de leur soutien, mais pour autant je ne suis pas quitte envers vous. Vous ne tarderez pas à le constater.

La cérémonie d'abjuration se déroula une quinzaine plus tard. Elle venait à point nommé pour convaincre les derniers sceptiques que le comportement du Béarnais n'était pas une mômerie. Paris avait appris avec stupeur que le roi d'Espagne maintenait sa décision comminatoire de donner la France à sa fille Isabelle – et donc d'en faire un satellite de son royaume. La Ligue protesta auprès de l'ambassadeur Feria. Le Parlement décréta le maintien de la loi salique. Mais, de là à ouvrir au Béarnais les portes de Paris...

Rosny s'abstint d'assister à la cérémonie. Il n'y voyait, écrivit-il à son maître, que « babioles, fanfares, niaiseries et baguenauderies ». Quant à Gabrielle, le roi l'avait invitée à l'attendre au palais abbatial.

Le dernier dimanche de juillet – le *Grand Dimanche*, disait-on –, par une chaleur accablante, le roi se rendit en cortège, vêtu de blanc comme les catéchumènes, avec des bas à rubans de soie, un manteau et un chapeau noirs, à la basilique de Saint-Denis. De la foule qui cuisait à feu doux sous le soleil ardent montaient des cris : « Vive le roi ! », « Donnez-nous la paix ! »

Une assemblée de prélats, à la tête desquels se tenait l'archevêque de Bourges, l'attendait sous un dais de drap d'or, en avant du porche. Suivit le dialogue traditionnel :

– Qui êtes-vous ? demanda l'archevêque.

– Je suis le roi, répondit Henri.

– Que demandez-vous ?

– Je demande à être reçu au giron de l'Église catholique, apostolique et romaine.

– Le voulez-vous vraiment ?

– Oui, je le veux et le désire.

Henri avait bien appris ses répliques ; il les récita sans une faute, puis il signa sa profession de foi, baisa l'anneau de l'archevêque et put enfin franchir le porche dans le tonnerre des orgues et le grondement du *Te Deum*. Le *saut périlleux* l'avait propulsé dans un monde qui, soudain, lui semblait tissé d'une irréalité fabuleuse. Sous la carapace blanche qui lui collait à la peau il sentait s'élaborer lentement un autre personnage, s'opérer une transmutation de chrysalide. La sueur ruisselait de son visage à travers la barbe, s'insinuait dans son col comme l'eau lustrale du baptême. Le souvenir de la rigueur glaciale des cérémonies huguenotes émergea un moment de sa mémoire. Cette musique céleste, ce brasillement multicolore du soleil à travers les vitraux, ces odeurs d'encens, ces personnages mitrés et caparaçonnés d'étoffes précieuses qui évoluaient dans le chœur lui donnaient l'impression d'avoir franchi les limites d'un autre univers.

Le couple traversait une crise profonde. Souvent séparés ils sentaient leurs liens se relâcher. À la longue, les assiduités de Bellegarde, rapportées au roi par une dame de l'entourage de Gabrielle, commençaient à l'importuner.

Sur le point de perdre ses illusions quant aux sentiments de sa maîtresse, il lui exposa ses rancœurs. Malgré les précautions dont elle s'entourait, ses trahisons ne pouvaient échapper au roi. Elle prit la semonce avec hauteur, commença par nier puis reconnut qu'elle retrouvait de temps à autre son amant mais que cela ne tirait pas à conséquence.

Et d'ailleurs...

– Et d'ailleurs, vous-même, sire, ne vous privez pas de courir d'autres amours ! Cette dame de La Raverie, par exemple...

Pris de court, il se contenta de tourner le dos à Gabrielle. Ainsi elle était au courant de cette nouvelle liaison. Il se faisait amener de Paris cette dame de petite vertu et de grand talent qui passait pour avoir une clientèle abondante et variée parmi la bonne société. Un sauf-conduit obtenu à prix d'or lui permettait de retrouver son amant à Saint-Denis. Il lui faisait passer subrepticement, par des complices, des subsistances qu'elle appréciait davantage que des compliments.

Elle le remercia de ses bontés par une vérole sévère.

Henri fit face à Gabrielle et s'écria :

– Cette garce n'est rien pour moi ! RIEN, entendez-vous ? Je suis ainsi fait, vous le savez, que je supporte mal la solitude, la nuit surtout. Mon corps a ses exigences. Si je ne le satisfais pas, il me trahit.

Gabrielle aurait pu lui rétorquer qu'il en était de même pour elle, sauf que Bellegarde lui proposait autre chose que de simples coucheries. Il était le contraire du roi : jeune, beau, délicat...

– Il faut vous marier, dit le roi.

Elle bondit.

– Ah ! sire, enfin... Vous vous décidez !

Il se hâta de la détromper : ce n'était pas lui qu'elle allait épouser mais un gentilhomme qu'il lui nomma : Nicolas d'Armeval, seigneur de Liancourt ; il était veuf après avoir donné quatorze enfants à sa femme, mais, à la suite d'une chute de cheval, il était devenu impuissant.

Gabrielle fondit en larmes, supplia le roi de lui épargner ce qu'elle considérait comme un châtiment injuste, puis, se reprenant, déclara d'un ton théâtral qu'elle préférait mourir.

– Allons ! dit-il, vous n'y songez pas vraiment. Rassurez-vous : je ne me montrerai pas ingrat.

Vous serez créditée d'une dot importante : cinquante mille écus. Cela vous convient !

Elle changea de visage. Cette somme valait bien quelque sacrifice. Ce Liancourt... Elle en avait entendu parler par une de ses dames : il avait trente-six ans, était petit, chafouin, benêt. Elle le mettrait vite dans sa poche.

Le roi annonça son projet à Mme de Sourdis : elle en fut ravie. Ces cinquante mille écus, elle espérait bien en récolter quelques miettes. Elle rappela au roi que c'était son frère, Antoine, qui avait déniché l'oiseau rare destiné à sa fille.

Il en coûtait au roi de se séparer de sa maîtresse à une époque où son destin basculait, où ses espoirs se concrétisaient. Son intention, en lui faisant épouser ce nabot de Liancourt, était de lui éviter d'envisager une union avec Bellegarde.

Le mariage, dans la chapelle de Noyon, fut un modèle de discrétion. Le roi ne venait pas les mains vides : il ajoutait à la dot la seigneurie d'Assy et le domaine de Saint-Lambert. La camarilla pavoisait. Les libéralités du roi n'étaient que le prélude à quelques autres. On saurait se montrer vigilant.

La lune de miel fut brumeuse. Trois mois après son mariage, Gabrielle abandonnait ce pauvre Liancourt pour revenir au roi.

Elle le trouva encore sous le choc d'une tentative d'attentat.

Pierre Barrière, un ancien batelier de Seine, avait troqué la rame pour l'arquebuse. Il avait servi de garde du corps à la reine Margot, à Usson. Encouragé par des religieux qui hantaient l'arche de salut, il avait mûri le projet de tuer le roi hérétique. Arrivé à Paris à la mi-août, il avait préparé son coup, persuadé que, son forfait perpétré, la main de Dieu le rendrait invisible. Restait à trouver l'arme du crime. Il songea à un pistolet chargé de deux balles et d'un carreau d'arbalète, le tout enrobé de poudre *fricassée* mélangée à du soufre. Trop compliqué... Il se décida pour le couteau. Avec la bénédiction et la complicité d'un prédicateur forcené, le curé de Saint-André-des-Arts, il commença sa traque.

Barrière surprit le roi à la sortie d'une messe à Saint-Denis mais, retenu par une force mystérieuse, il renonça à son acte. Faiblesse passagère. Il suivit le roi dans ses déplacements, si bien qu'il ne tarda pas à se faire remarquer. On l'arrêta à Melun alors qu'assis sur un montoir, il semblait attendre quelque bonne fortune. En le fouillant on découvrit son couteau, qui n'était pas une arme de vagabond. Mis à la question, il révéla son intention et les noms de ses complices. Le châtiment fut à la mesure du forfait : on lui brûla les poings jusqu'à l'os puis, après lui avoir rompu les membres sur la roue, on l'étrangla.

Au cours de son interrogatoire, le prisonnier avait avoué que la conversion du roi avait failli le faire renoncer, mais que l'insistance du curé l'avait persuadé de poursuivre.

– L'existence avec Liancourt, avoua Gabrielle, m'était devenue insupportable. La simple vue de ce nabot me levait le cœur. Désormais, sire, si vous en êtes d'accord, je suis toute à vous.

Elle lui rappela peu après, discrètement, sa promesse écrite de l'épouser. Ce n'était pas simple : Margot était toujours sa femme ; elle refusait âprement toute idée de divorce ce qui, d'ailleurs, eût nécessité l'intervention du pape, seul habilité à dénouer une union royale. On était loin du compte. Gabrielle fit la mine mais dut se rendre à l'évidence, la promesse tenait toujours et le roi ne pourrait s'y soustraire sous peine de susciter un scandale.

Lorsqu'on lui annonça l'identité de la visiteuse, le roi faillit tomber à la renverse.

– Vous dites ?

– Une dame Esther Imbert de Boislambert, si j'ai bien compris. Cette dame vient exprès de La Rochelle afin de vous présenter une requête.

Premier réflexe du roi : la faire renvoyer. Puis il se ravisa. Il ne pouvait se défendre d'un mouvement d'émotion au souvenir de cette femme qui, après une conquête laborieuse, lui avait donné un plaisir d'une qualité rare, un soir, sous la tente, dans le roulement des mousquetades.

Il rappela l'huissier pour qu'on la laissât entrer.

Il aurait eu du mal à la reconnaître. En cinq ans elle avait maigri, ses traits s'étaient allongés, mais il retrouvait en elle cette dignité huguenote qui l'avait séduit. Elle déposa son baluchon au pied du fauteuil où il l'invita à s'asseoir.

– J'ai longtemps hésité à vous importuner, sire, dit-elle. Je pensais que vous aviez dû m'oublier.

À vrai dire cette femme n'avait pas laissé dans la mémoire du roi un souvenir impérissable, encore que, de temps à autre, son souvenir vînt lui rappeler celui d'un siège qui l'avait ulcéré : il se battait dans les rangs des catholiques contre ses propres coreligionnaires.

– Esther, dit-il, bien sûr... Comment aurais-je pu vous oublier ? Qu'est-ce qui vous amène ? Auriez-vous des ennuis ?

– Des ennuis, sire, soupira-t-elle, j'en suis accablée depuis la mort de notre fils, trois ans après votre départ.

– Notre fils, dites-vous ?

– Il se prénommait Gédéon et vous ressemblait. Une épidémie de choléra l'a emporté.

Cet événement avait marqué pour elle le début d'une série de désastres. Ses affaires avaient périclité, suite à la guerre, au point qu'elle se trouvait sans ressources. Son père, ancien maître de requêtes à la Cour de Navarre au temps de la reine Jeanne, était lui-même sans fortune. Son mari était mort au large des Açores. Pour subsister elle avait dû vendre ses biens. Elle se trouvait pour ainsi dire à la rue.

– Tout cela est bien triste, dit le roi. Que puis-je pour vous ?

– Il n'y a que vous, sire, qui puissiez me tirer d'embarras. Quelques subsides me permettraient de remettre mes affaires à flot, d'acheter un navire, de faire comme jadis commerce avec les îles...

– Hélas, madame, ce que vous me demandez... Mes coffres sont vides, mon armée sans solde depuis des mois. Je suis contraint d'emprunter pour vivre décemment. La guerre vous a ruinée ? Moi de même. Nous devrons espérer des jours meilleurs. En attendant...

Il griffonna sur sa table le nom d'une abbesse de Saint-Denis qui pourrait l'héberger et lui glissa quelques écus dans la main avant de lui donner congé.

– Comment dites-vous que se prénommait votre fils ?

– Gédéon, sire.

– Gédéon... Cela sent son huguenot...

Esther Imbert ne survécut que peu de temps à cette visite décevante : trois mois plus tard, on informait le roi que sa protégée venait de s'éteindre, victime d'une maladie. Elle laissait à l'intention du roi sa seule richesse : une miniature représentant le petit Gédéon.

Il la jeta au fond d'un coffret et l'oublia.

La cérémonie d'abjuration avait été la première marche menant au trône ; il en restait trois autres : le sacre, la prise de possession de la capitale, l'absolution du pape. Henri se disait qu'il n'était pas au bout de ses peines.

La seconde marche n'était pas d'un accès facile. Le pied se posait sur une planche grinçante et instable. Et d'abord, ce sacre, où aurait-il lieu ? Pas à Reims, comme le voulait la tradition : la ville était aux mains des ligueurs du comte de Saint-Paul et les autorités religieuses détenaient l'ampoule de saint Rémi contenant l'huile consacrée depuis Clovis. On se rabattrait sur Chartres : tant de rois et de reines étaient passés par ce lieu saint qu'il en restait comme une onction sacrée, invisible mais présente. Il existait une réplique de la sainte ampoule conservée pieusement par les moines de Marmoutier, proche de Tours ; elle avait jadis guéri saint Martin.

Quant aux instruments du pouvoir : la couronne, l'anneau, la main de justice, le sceptre, les éperons, l'épée, le manteau conservés à Saint-Denis, la guerre les avait dispersés. On allait devoir en faire confectionner de nouveaux, d'urgence, la cérémonie étant prévue pour la fin du mois de février.

– Où trouverez-vous l'argent nécessaire ? demandait Melchior. Pour ne pas paraître ridicule vous devrez donner un certain faste à cette cérémonie et montrer ainsi aux ambassadeurs que vous n'êtes pas un roi de carnaval.

– Rosny y pourvoira, répondait le roi. Il saura trouver l'argent là où il est, ou il empruntera. On ne refuse pas de prêter à un roi.

La solde de ses troupes payée, ses dettes de jeu remboursées, il ne lui restait pour ainsi dire plus un sou vaillant à investir dans les nécessités de la vie et ses menus plaisirs. Il répliquait à ceux qui venaient se plaindre qu'il n'avait « même plus de quoi acheter de l'étoupe pour se torcher le cul ».

Un soir il trouva sur sa table un si maigre brouet qu'il se leva avec la faim au ventre. Il savait où faire bonne chère : chez François d'O. Il s'y fit conduire, trouva le logis illuminé par des centaines de chandelles, une société toute scintillante de joyaux, une table de douze serviettes. Il en fit ajouter une treizième.

Le lendemain, il s'invita chez François de Bassompierre. Le surlendemain, il irait tâter de la cuisine du jeune baron de Biron où l'on trouvait de ces truffes qui font monter la sève dans les parties nobles. Il éviterait de s'inviter chez Turenne : il mangeait à l'allemande, c'est-à-dire sans finesse.

Tandis qu'il passait de table en table, parfois en compagnie de Gabrielle, le plus souvent seul, les tailleurs d'habits s'activaient pour préparer l'apparat du sacre. Sous les pluies de février, escortés par des gentilshommes de haute lignée, les moines de Marmoutier transportaient en cortège l'huile miraculeuse à l'abbaye Saint-Pierre de Chartres. La sainte ampoule était enfermée dans un coffret porté par un religieux monté sur une mule blanche abritée par un dais de satin de même couleur. De temps en temps on l'entendait psalmodier : *O pretiosum munus... O pretiosa gemma...*

Rien de précieux dans la garde-robe de Sa Majesté : une douzaine de chemises, rapiécées pour la plupart, cinq mouchoirs de lin grossier, deux paires de chausses râpées et le reste à l'avenant.

– Rassurez-vous, sire, disait Melchior : le jour du sacre vous ruissellerez d'or et de joyaux...

– ... et je crèverai de chaleur comme le jour de l'abjuration. Je supporte mal ces lourdes étoffes qui me donnent l'impression d'être prisonnier d'un carcan. J'étais plus à l'aise à Coarraze, souviens-toi, lorsque nous jouions au sacre. C'est toujours toi qui tenais le rôle du roi.

– C'est que j'étais votre aîné et le plus fort de la bande. J'aurais mal toléré que l'on contestât ma couronne.

– Nous vivions comme des paysans et nous étions les maîtres du monde. On va chercher le bonheur très loin, au prix de mille épreuves, alors qu'il est à notre porte. J'aurais été plus heureux roi de Coarraze que je ne le serai roi de France...

– ... et de Navarre, sire !

Catherine prit la main de Corisande, la trouva fiévreuse.

– Ne nous quittons pas, dit-elle. Je tiens à ce que Sa Majesté nous voie ensemble. Nous allons nous dérober au protocole et choisir un endroit de la cathédrale d'où nous pourrons le mieux assister à la cérémonie.

– Pourquoi tenez-vous tant à ce que votre frère nous voie ensemble ? dit Corisande. Quand il longera la nef il n'aura d'yeux que pour sa maîtresse. Elle occupe déjà sa place. Il faut convenir qu'elle a une allure royale. Moi, à côté d'elle...

Corisande avait passé la matinée à sa toilette. Implacable, son miroir lui renvoyait l'image d'une matrone de quarante ans, au visage lourd, couleur de cire, fibrillé de couperose. Une apparence qui n'eût pas suscité chez le roi la moindre nostalgie.

L'idée de Catherine était absurde.

– Je VEUX qu'il nous remarque, répéta-t-elle, qu'il sache que notre amitié est toujours aussi vivace, parce que vous m'avez soutenue contre lui dans mon projet de mariage avec le comte de Soissons, dont il ne veut pas.

Son amant serait-il présent ? Elle en doutait. Cette cérémonie faisait perdre au prétendant tout espoir de monter sur le trône au titre de prince du sang, comme on le lui avait fait miroiter. Il ne se faisait plus d'illusions et ne croyait plus qu'à l'honneur de devenir le beau-frère du roi.

Il était présent. Catherine parvint à le situer au milieu d'un groupe de six pairs laïcs. Il portait un bandeau d'or autour de la tête et avait revêtu une tunique de toile d'argent damasquinée, à feuillage rouge, un manteau à parements d'hermine ouvert sur l'épaule. Lorsqu'il aperçut Catherine et sa compagne il leur fit un signe de la main.

Les trompettes à l'extérieur, les orgues à l'intérieur, préludaient à l'arrivée du roi qu'on était allé chercher à l'hôtel de l'Évêché. Sur les gradins dressés de part et d'autre de la nef les assistants se levèrent dans un grondement de planches foulées.

– Je lui trouve belle allure, observa Corisande. Il a vieilli mais son regard est toujours aussi fascinant.

– Beaucoup auraient vieilli à moins, ajouta Catherine. C'est miracle qu'il ait pu survivre à tant d'épreuves et qu'il ait échappé à tant de dangers.

Encadré de deux évêques, Henri s'avançait lentement dans la nef, foulant un tapis semé de pétales de lumière multicolores Il était vêtu d'une tunique de toile d'argent damassée de violet sous laquelle transparaissait une camisole de satin cramoisi. Ses traits semblaient sereins comme si, au moment de se présenter devant l'autel, derrière le connétable portant l'épée, la pointe en haut, il avait effectué une longue retraite, mais ils pouvaient aussi paraître inexpressifs, comme si cette parade ne le concernait pas directement.

En passant devant le siège occupé par Gabrielle, il eut un sourire et inclina la tête. Observant sur l'autre côté de l'allée sa sœur en compagnie de son ancienne maîtresse, ses lèvres esquissèrent un sourire de surprise plus que d'affection, qui pouvait passer pour une grimace.

– Il semble, dit Corisande à voix haute, que ma présence n'ait pas eu le don de réjouir Sa Majesté.

– Parlez plus bas, dit Catherine. Mon frère va prononcer le serment.

Ses mains entre celles de l'évêque, le roi murmura le serment par lequel il s'engageait à « défendre le clergé, les églises, leurs biens, droits et privilèges ». L'évêque le présenta ensuite à l'assistance et aux fidèles, leur demandant s'ils l'acceptaient comme leur souverain, puis, de nouveau, il se tourna vers le roi, le conjura de s'engager à « chasser de sa jurisprudence et des terres de sa sujétion tous les hérétiques qui lui seraient dénoncés par la Sainte Église ».

– Qui m'aurait dit, murmura Corisande, qu'il pourrait un jour donner son accord à de tels engagements ?

– Mon frère n'est pas au bout de ses épreuves, souffla Catherine. Rien ne lui sera épargné.

Prosterné au pied de l'autel, le roi reçut sans broncher, à travers les ouvertures pratiquées dans sa chemise, les onctions du saint chrême : sur la tête, la poitrine, entre les épaules, aux plis des bras, sur les mains, puis il tendit ses gants afin qu'ils fussent bénis. On lui ôta ses vêtements pour le recouvrir d'une tunique de sous-diacre, d'une dalmatique de diacre, du manteau royal qui avait l'apparence d'une chasuble. On lui tendit l'anneau, le sceptre, la main de justice. L'évêque, tenant la couronne au-dessus de la tête du roi, prononça l'oraison *Coroner te Deus corona gloriae*, avant de la lui poser sur le chef. Tandis que le chœur entonnait versets, oraisons et antiphones, les douze pairs se groupèrent autour du roi, bras tendus, comme pour soutenir la couronne.

Catherine suivait la cérémonie d'un regard froid et sec ; Corisande pleurait dans son mouchoir.

– Reprenez-vous, ma chère ! lui dit Catherine. L'heure n'est pas aux larmes.

– Je ne pourrai jamais l'oublier ! gémit Corisande. Je l'appelais mon « petiot ». Il était tout pour moi. Nous étions...

Les clameurs de la foule couvrirent sa voix. Elles reprenaient l'exclamation de l'évêque : « Vive le roi éternellement ! », tandis qu'Henri prenait place sur le trône et qu'à l'extérieur, dans le soleil de février, roulaient les tambours, grondaient les mousquetades, hurlait la populace à laquelle on jetait des pièces d'or et d'argent.

Un repas au palais épiscopal suivait la cérémonie. Gabrielle n'y fut pas admise. Entre le roi et Catherine un siège demeurait vide : celui de Margot.

Réconcilié avec l'Église, Henri allait devoir solliciter les bonnes grâces de la capitale : une deuxième marche à franchir...

Le lendemain le roi quittait Chartres pour Saint-Denis où il comptait renouer avec l'existence bourgeoise qui lui convenait, en attendant d'être emporté par les événements, Mayenne n'ayant pas désarmé.

Inquiet de la tournure que prenait la situation, le gros duc avait quitté Paris après le sacre pour se porter au-devant d'une petite armée que lui amenait le comte de Mansfeld, composée principalement de mercenaires allemands. Blessée à mort, l'hydre de la Ligue se débattait dans ses derniers soubresauts. Henri profita de ces dispositions favorables pour adresser à ses *bons serviteurs de Paris* un message dans lequel il déclarait sa volonté de ramener la paix dans le royaume. Il terminait en ces termes : *J'aime mieux mourir que de vivre dans une défiance qui, tout considéré, nuit plus aux rois qu'elle ne les sert.*

Le gouverneur de la capitale, M. de Cossé-Brissac, vit dans ces propos la volonté d'une négociation qu'il fallait saisir au vol et monnayer à son heure. Il offrit ses services au roi et exigea qu'on y mît le prix. Le roi lui promit une forte somme, le titre de maréchal et quelques avantages annexes. Henri l'attendait à Senlis, à la tête de son armée, assez éloigné de Paris pour ne pas paraître agressif et impatient. Cossé-Brissac, de son côté, avait dispersé hors de Paris les meilleures troupes qui en assuraient la défense et fait distribuer des placards annonçant que la paix entre le roi et le duc de Mayenne pouvait être considérée comme affaire conclue.

La bonne affaire, c'est lui qui la faisait.

Personnage singulier qu'Arthur de Cossé-Brissac : une nature de philosophe égaré dans la politique, avec de vagues idées utopiques et un solide fond d'amoralité. Des qualités et des défauts qui le mettaient à même de tourner à son profit les situations les plus délicates.

Le duc de Mayenne l'avait poussé au poste de gouverneur où il avait trouvé son empyrée, avec le concours des Seize, alors maîtres de Paris. Les méthodes de cette pieuvre qu'était la Ligue n'avaient pas pour autant son agrément. Il rêvait d'autres perspectives dont il comptait bien profiter si l'occasion s'en présentait. Grand lecteur de Platon, de Cicéron, de Xénophon, il avait acquis la certitude qu'on pouvait trouver dans leurs œuvres des modèles pour la France.

Il était confortable d'évoluer dans l'utopie mais dangereux d'en faire état. Il eut la maladresse d'en parler, se heurta d'emblée aux ultras et, peu courageux de nature, se replia dans le lit douillet de la philosophie en attendant des jours plus sereins et en se gardant de compromettre son poste de gouverneur.

Jugeant prochaine la reddition de Paris, il décida d'y jouer son rôle. Il envoyait vers le roi des émissaires secrets, affirmant qu'il ferait son affaire de cette opération et, dans le même temps, mûrissait un plan diabolique.

Paris se divisait en trois éléments. La population tenait dans son ensemble pour le roi ; la Ligue s'accrochait à son pouvoir malgré le départ de son chef ; quelques troupes étrangères, des soldats espagnols principalement, commandées par le duc de Feria, tenaient encore la ville.

Pour échapper à la vigilance de Feria, Cossé-Brissac joua les naïfs. Au cours des conseils qui se tenaient chez le chef espagnol, il faisait l'absent et jouait à attraper les mouches. Auprès des Seize, il se montrait âpre à interdire au roi l'entrée dans la capitale. Quant au peuple et aux bourgeois, il les encourageait en sous-main à se déclarer pour le roi. Il prenait pour du génie ce qui n'était en apparence que confusion.

Il dit au duc de Feria, au lendemain du sacre :

– Excellence, au cas où il entrerait dans les plans du roi d'attaquer de nouveau Paris, nous aurions à affronter une insurrection populaire qui se déclarerait en premier lieu contre vous. Pour protéger votre personne et vos biens, je vous conseille de ne pas bouger de votre domicile devant lequel je ferai bonne garde.

Il fit de même pour deux autres gentilshommes espagnols, les señors Ibarra et Taxis. Ainsi, privées de leurs chefs, les troupes espagnoles seraient neutralisées. Cossé-Brissac se frotta les mains.

Restait à dresser un plan pour que l'entrée du roi se fît sans incidents graves. Le gouverneur s'y attacha sans négliger le moindre détail. Il fit condamner les portes de Paris par de la maçonnerie ou des terrassements, pour préserver les apparences, ne laissant accessible ou aisément franchissable que la porte Neuve proche des Tuileries, par où le roi pourrait faire son entrée. Il signalerait aux troupes royales, par une fusée, le moment favorable.

Armagnac déposa la moitié d'un poulet étique devant le roi. Avec une tranche de pain, du fromage et le vin restant du dîner, cela ferait un souper maigre mais convenable étant donné les circonstances.

– Est-ce tout ? s'exclama le roi. *Dioubiban !* je vais encore me coucher avec le ventre vide. J'envie Mlle d'Estrées : au moins elle ne souffre pas de cet inconvénient.

La plaisanterie fit éclater de rire Armagnac et Melchior. Gabrielle ne risquait pas de se coucher le ventre vide : elle était enceinte de quelques mois, à la suite d'un séjour à Fontainebleau où Henri était allé passer quelques jours pour surveiller les travaux de rénovation, le château ayant été pillé et ravagé par des bandes armées.

Enceinte de cinq mois, Gabrielle, mais pas de M. de Liancourt dont elle avait divorcé sans histoire. De Bellegarde peut-être. Le roi faisait surveiller par une dame à sa dévotion la porte de sa maîtresse mais la fenêtre restait ouverte et l'on avait découvert une échelle au pied du mur.

– Patience, sire, dit Melchior. Dans quelques jours, si Dieu le veut, vous dînerez au Louvre.

– Nous n'en sommes pas encore là, dit le roi d'une voix maussade en attaquant son poulet. J'ai le temps de mourir de faim...

Les négociations traînaient en longueur. Henri résistait aux sirènes qui lui conseillaient de prendre le taureau par les cornes et de lancer son armée sur Paris en l'absence de Mayenne. Il se refusait à employer la force contre SA capitale, à provoquer de nouvelles effusions de sang qui marqueraient le début de son règne d'une tache indélébile. Il tenait à ce que les Parisiens eux-mêmes lui ouvrissent leurs portes.

Dans son entourage, les va-t-en-guerre protestaient : les Parisiens y étaient sans doute disposés, mais les troupes étrangères ne l'entendaient pas de cette oreille. Ce n'était que par un nouveau siège que l'on mettrait cette ville à la raison. Henri ne partageait pas cet avis ; il avait mis sa confiance dans le gouverneur; Cossé-Brissac s'était fait fort de les neutraliser.

– Cossé-Brissac est un fourbe! s'écriait Rosny.

– ... et un malhonnête homme, ajoutait le roi. Il ne m'offre pas Paris : il me le vend, et fort cher. C'est justement ce qui me rassure. Je me méfierais d'un homme qui interrogerait sa conscience pour prendre la moindre décision. Lui n'en a pas, ou du moins elle bâille comme une escarcelle qui attend qu'on la remplisse.

Le roi se coucha de bonne heure et la faim au ventre. Avant de s'endormir il entendit sonner minuit au clocher de la basilique. Il lui en coûtait de dormir seul. De temps en temps, il caressait d'une main fiévreuse la place vide et froide à son côté et sentait son ventre en proie à un désir inassouvi.

La veille, Melchior lui avait amené une garce bien en chair. Il avait couru sans fatigue trois postes dans la nuit. Jadis, c'est Aubigné qui se chargeait de recruter ces mercenaires, mais le poète répugnait à ce rôle de maquereau et y avait renoncé.

Aubigné... Il manquait à Henri qui appréciait sa franchise un peu rude de huguenot. Devenu depuis peu veuf de Suzanne de Lezay, dame de Vivonne, il jouait les époux inconsolables, mais sans une plainte, sans une larme. Comme le roi s'étonnait de cette sécheresse qui semblait contredire à son chagrin, le poète répliquait :

– J'ai horreur d'exposer mes sentiments autre part que dans ma poésie. Vous savez pourtant que je ne triche jamais avec mes affaires de cœur. J'ai versé à la mort de ma pauvre Suzanne plus de larmes que n'en contiendraient les bouteilles que vous avez bues aujourd'hui. En public, j'ai une recette infaillible pour réprimer mon chagrin : je presse à deux mains ma rate qui est le siège des larmes, bien que cette opération provoque à la longue une formation de sang recuit. Je m'en décharge par le fondement...

Pauvre Agrippa ! Il avait trouvé en Vendée, dans l'abbaye de Maillezay, son arche de salut, comme Margot à Usson. Mais ce huguenot au milieu des moines, quelle dérision ! Il vivait sur cette terre en forme de presqu'île, en compagnie de son fils Constant, une jeune brute dont il n'avait pu maîtriser les mauvais penchants. Depuis la conversion du roi, il n'était pas reparu dans son entourage.

Un vertige prenait le roi lorsqu'il songeait que, dans près d'une semaine, il tendrait la main au peuple de Paris, à moins qu'il ne doive la porter à la garde de son épée. Il prenait difficilement conscience de cette chance qui lui souriait après des dizaines d'années de lutte. Le chemin périlleux qu'il avait suivi depuis le jour où il avait pris les armes contre les catholiques en compagnie de Coligny et de son cousin Condé s'était aplani après son retour des campagnes de Normandie et de Chartres, mais avec une telle facilité qu'il reniflait le piège.

Il n'avait jamais aimé Paris. Depuis le premier jour du siège, plus de dix ans auparavant, alors qu'il chevauchait botte à botte avec son beau-frère le roi Henri III, il détestait cette ville, toujours prête à adorer ce qu'elle avait rejeté et à rejeter ce qu'elle avait adoré, mais il ne pouvait se défendre de la fascination qu'elle exerçait sur lui. Il savait qu'aucune consécration ne pouvait se faire sans elle et que la posséder, c'était posséder la France.

Le souvenir de sa mère revenait souvent le harceler.

Comment la reine huguenote eût-elle pris ses reniements successifs ? La réponse semblait évidente : elle l'eût rejeté comme apostat, renégat, relaps. Indifférente aux mouvements de l'histoire, soumise à la seule foi huguenote, elle se serait figée davantage dans ses convictions, se serait retirée dans son petit royaume de Navarre dont elle aurait fait une nouvelle Jérusalem, un nouveau bastion des Évangiles, comme jadis La Rochelle.

Entre veille et sommeil, sur le coup de minuit, Henri eut une autre pensée pour Gabrielle. Elle devait se trouver à Noyon, dans le gynécée de la tribu, couvant son fruit sous l'œil attendri de la tante Sourdis qui devait se dire qu'avec la naissance de cet enfant, quel que pût être son géniteur, sa nièce serait portée au pinacle et que l'amant royal devrait honorer sa promesse et n'aurait rien à refuser à la famille.

Elle sentait lui pousser des dents de fauve.

VI

LE CHAR DU TRIOMPHE

1594

Melchior se pencha sur le roi, lui toucha l'épaule. Un grognement lui répondit.

– Il est trois heures, sire. Il faut vous lever. Nous devons nous mettre en mouvement sans tarder, de manière à être à quatre heures devant la porte Neuve. M. de Cossé-Brissac a fait partir sa fusée.

Henri n'avait guère dormi plus de trois heures. Ni plus ni moins que les nuits précédentes. Il se leva pourtant sans hésitation. Une heure après, il était en selle et, par nuit noire, dans un épais brouillard de pluie, prenait à la tête de son armée la route de Paris.

Lorsqu'il arriva devant la porte Neuve, il constata que des ouvriers achevaient son dégagement dans la lumière des quinquets à huile. Cossé-Brissac avait fait mine de l'obstruer afin de tromper les opposants.

Melchior connaissait les coins et les recoins de ce quartier pour y avoir longtemps eu son logis dans la demeure de maître Amanieu. Flanqué de Saint-Luc qui commandait ce petit corps d'armée, il se proposa d'y guider le roi.

– Nous te suivrons les yeux fermés, dit Henri, mais j'aimerais voir l'un de nos complices.

Il attendit quelques instants avant de donner le signal de la marche. Un homme s'avança vers lui, encadré par deux valets porteurs de torches fumant dans la brouillasse qui dégageait une odeur d'eau croupie et de chien crevé. L'homme dit en rejetant sa capuche dans son dos :

– Comte de Cossé-Brissac pour vous servir, sire. Soyez le bienvenu dans votre ville. Elle est calme. Nous ne sommes qu'une poignée à connaître votre présence. Quatre heures viennent de sonner aux Capucins. Vous pouvez faire avancer votre troupe.

– Pourrons-nous, dit le roi, méfiant, franchir aussi aisément la porte suivante, celle de Saint-Honoré ?

– J'ai acheté la vigilance des gardes. Ils ne broncheront pas. Nous suivrons la rue Saint-Honoré jusqu'à Sainte-Catherine. Là, nous aviserons.

– Les Espagnols ?

– Ils dorment sur leurs deux oreilles.

Tandis que François d'O prenait la tête de la colonne, un détachement commandé par d'Humières et Matignon se dirigeait vers le Louvre en longeant la Seine. Parvenus quai de l'École, surprise ! Une vingtaine de lansquenets leur barraient la route, lance au poing. Après un bref engagement à travers l'épais brouillard, ils furent massacrés et jetés à la Seine.

Un deuxième corps de troupe commandé par Vitry se présentait au même moment devant les remparts du nord, face à la porte Saint-Denis. Il put franchir le pont-levis mais, à peine avait-il pris pied dans la ville, il était assailli par un groupe d'Espagnols qui, apparemment, ne dormaient pas mais qui disparurent après une tentative de résistance. Vitry prit la direction du Châtelet où il devait faire sa jonction avec Saint-Luc. Sous les murs de la forteresse tenue par une poignée de ligueurs, il essuya quelques arquebusades mais parvint à lâcher ses hommes dans la bâtisse qu'ils occupèrent presque sans coup férir.

Tôt le matin, le gouverneur avait fait lever les chaînes qui entravaient le cours de la Seine, pour donner le passage aux garnisons campées à Corbeil et Melun.

Dans l'attente des nouvelles, le roi avait fait halte à la porte Saint-Honoré où les gardes lui servirent du vin chaud. De temps à autre, il sursautait : ces bruits lointains de mousquetades ne lui disaient rien qui vaille.

– Il n'y a pas de quoi vous alarmer, lui dit Cossé-Brissac. Nous nous attendions à quelque résistance, mais cela ne risque pas de compromettre notre opération.

Sept heures sonnaient aux Capucins et le jour commençait à percer la grisaille lorsqu'un émissaire vint annoncer au roi que la colonne de Vitry et celles de Matignon et d'Humières venaient de rejoindre la petite troupe de Saint-Luc au Châtelet. L'heure était venue des grandes décisions. Le roi fit appeler Saint-Pol.

– Vous allez vous rendre, lui dit-il, auprès du comte de Feria pour lui remettre un message. Nous n'attendons de lui qu'une décision et une seule : qu'il fasse évacuer ses troupes hors de Paris. Nous les laisserons partir sans dommage. Précisez que nous avons déjà quatre mille hommes dans Paris. Non : dites plutôt dix mille.

Il se tourna vers Melchior.

– Toi, dit-il, tu vas te rendre chez les chanoines de Notre-Dame pour leur annoncer ma venue. Fais-toi accompagner de quelques arquebusiers. Ce ne sera pas une simple promenade.

Le roi attendit que le jour fût à son plein pour s'avancer en direction du Châtelet par la rue Saint-Honoré. Il avait ôté sa salade pour coiffer le feutre à plumes blanches comparable au casque qu'il portait à Ivry.

Il n'avait pas fait trente pas que la foule se pressait autour de lui. Des vivats en jaillissaient, des centaines de mains se tendaient vers lui pour toucher ses vêtements et son cheval. À plusieurs reprises, il fut contraint d'arrêter sa progression, face à cette masse humaine qui allait grossissant de minute en minute sous le regard inquiet de ses gentilshommes, et qu'il fallait écarter pour lui permettre d'avancer.

Peu avant les Innocents, un tumulte le fit sursauter. On criait au voleur. Un soldat venait d'entrer dans une boulangerie pour y dérober une miche. Le roi descendit de cheval et, sous la menace de son pistolet, força le maraud à restituer son larcin. Des acclamations accueillirent son geste.

Quelques pas plus tard, nouvelle halte. Un officier de sa suite ayant aperçu à une fenêtre un homme qui, son chapeau sur la tête, semblait narguer Sa Majesté, se proposait de le défenestrer. Le roi ordonna qu'on laissât en paix le bonhomme. Les vivats, autour de lui, redoublèrent d'intensité.

À l'extrémité de la rue des Lombards, face à l'église Saint-Merry, la foule était si dense qu'il fut impossible au roi de s'y aventurer. Un officier se proposa de faire intervenir un peloton de cavalerie, sabre au clair, afin d'ouvrir la voie. Henri se contenta de donner de la voix, s'écriant :

– Mes amis, laissez-moi passer ! Je dois aller à Notre-Dame rendre grâces à Dieu.

La foule s'écarta pour lui faire une haie d'honneur. Il fut rejoint par Rosny, apeuré, qui scrutait d'un regard inquiet les façades d'où aurait pu partir un coup de pistolet ou d'arquebuse comme celui qui avait blessé Coligny la veille de la Saint-Barthélemy.

– Nous n'avons rien à redouter, lui dit-il. Regardez... Écoutez... Pour que mon peuple me fasse un tel accueil, il faut qu'il ait subi une longue tyrannie. Il est plus à plaindre qu'à blâmer.

Les tours de Notre-Dame se dessinaient à travers le brouillard lorsque, aux abords du Châtelet envahi par une mer humaine, le roi aborda la Seine et, par le pont Notre-Dame hérissé de boutiques et de maisons de bois, fit son entrée dans l'île de la Cité, porté par l'élan de la foule qui déferlait vers lui de toutes les artères irriguant le parvis de la cathédrale.

Henri enleva son écharpe blanche pour en orner le torse du gouverneur en le saluant du titre de maréchal. Il se pencha et lui dit en soulevant son chapeau :

– Je vous fais compliment pour cette réception. Elle est telle que je la souhaitais et elle dépasse même mes espérances. On devine que tous ces gens étaient impatients de voir enfin un roi.

Il devait crier pour se faire entendre tant ses oreilles crépitaient des clameurs qui montaient de dizaines de milliers de poitrines. Il souriait, ôtait son chapeau, baisait les marmots que lui tendaient des mères en passant au travers du service d'ordre.

Melchior avait fait diligence. En abordant le parvis, Henri constata que les prélats l'attendaient devant le porche central pour le mener à l'autel afin d'y célébrer un service improvisé. M. de Dreux, l'archidiacre, entouré de quelques chanoines, se porta au-devant du roi tandis que se déchaînait le carillon. La cérémonie fut abrégée : agenouillement du souverain devant le maître-autel, prières, messe et, pour finir, un *Te Deum* retentissant repris en chœur par la foule qui avait envahi la nef et débordait jusqu'à la Seine et jusqu'au palais.

Sur ordre de son maître, le comte de Saint-Pol s'était rendu au domicile du comte de Feria pour lui demander de retirer de Paris les troupes espagnoles. Il fit de même auprès d'Ibarra et de Taxis. Sa mission accomplie, il ramena des nouvelles au roi : après un moment de stupeur les chefs étrangers avaient accepté d'obtempérer. À la prévôté, on n'avait recensé que de petits groupes de rebelles qui faisaient la bravade et dont le populaire ne faisait que rire.

Au sortir de la cathédrale, Cossé-Brissac dit au roi :

– Sire, vous êtes attendu au Louvre pour dîner.

– Dîner ! s'exclama le roi. Que voilà une bonne nouvelle !

Il s'y rendit par les quais, en traversant la Vallée de Misère et en longeant l'École Saint-Germain, des quartiers moins encombrés que ceux de la Cité. La foule, néanmoins, suivit le mouvement. Des femmes se ruaient sur les vieilles gardes huguenotes pour les prendre à pleins bras et les embrasser. Turenne avait hissé sur sa selle une radieuse adolescente dont il serrait la taille et qu'il embrassait dans le cou. On s'arrachait à prix d'or, comme des reliques, les écharpes et les insignes des officiers.

Le bruit ayant couru que le roi se rendait au Louvre, il trouva rue d'Autriche, entre l'hôtel de Bourbon et la grande entrée, une affluence qui tournait à la cohue, ce qui risquait de provoquer des émeutes.

Le roi dîna de bon appétit, entouré d'un nombre restreint de convives, mais dans une salle envahie par la foule qu'il avait autorisée à venir le voir à table. À la fin du repas, il griffonna un mot pour Gabrielle et le confia à Melchior. Elle était demeurée à l'hôtel abbatial de Saint-Denis pour ne pas risquer de provoquer par sa présence des remous qui auraient pu mal tourner, car elle connaissait l'hostilité de la population à son égard. Elle ne pouvait oublier que la véhémence des prédicateurs l'assimilait à une garce impudique, à une putain, qu'elle était la proie des libellistes et des auteurs de chansons qui la traînaient dans la boue. De plus elle ne voulait pas, en pénétrant dans la foule, risquer un accident qui lui eût fait perdre son enfant.

Le Louvre... Henri ne le reconnaissait plus.

– Monsieur le maréchal, dit-il à Cossé-Brissac, on dirait que ces lieux ont été ravagés par un ouragan.

– Vous ne croyez pas si bien dire, répondit l'ancien gouverneur. Veuillez me suivre...

Il précéda le roi pour une rapide inspection. Seule la salle où s'étaient récemment tenus les États généraux avait encore bonne apparence. Le reste du château n'était qu'une suite de coquilles vides. La garde des bâtiments avait été confiée à un certain Olivier qui, ayant bradé tout ce qui avait valeur marchande, avait disparu, fortune faite. Où étaient passés les tapisseries des Flandres, les meubles précieux de Venise, les lits à colonnes ornés de courtines de velours, les tapis d'Orient dont raffolaient les Valois ? Envolés ! Ne restaient que les murs nus.

– J'ai l'intention, dit Henri, de prendre possession des lieux d'ici une semaine au plus tard. Je compte sur vous, monsieur le maréchal, pour rendre cette demeure habitable. Tâchez de récupérer le plus possible des biens qui ont été volés. Je veux que le Louvre redevienne rapidement ce qu'il était au temps de la reine Catherine.

Il avait reçu au cours du repas des nouvelles rassurantes : ses troupes venaient d'occuper le Châtelet, l'Arsenal, l'Hôtel de Ville, les portes principales, ainsi que le domicile du duc de Feria qui, ayant fait ses paquets, s'apprêtait à prendre la direction des Flandres.

– Je vais me rendre à la porte Saint-Denis, dit le roi en se levant de table. Pour rien au monde, je ne voudrais manquer le spectacle des troupes étrangères sortant de Paris.

M. de Cossé-Brissac le précéda jusqu'à l'extrémité de cette grande artère et l'installa dans une demeure située en face de la fontaine du Ponceau et du couvent des Filles-Dieu.

– Sire, dit-il, de cette fenêtre vous pourrez assister au défilé de long en large.

La pluie avait succédé au brouillard matinal : un temps de circonstance pour des adieux.

Encadrées par des piquiers de l'armée royale, les compagnies napolitaines défilèrent en tête, suivies par les colonnes espagnoles conduites par le duc de Feria, encadré par Ibarra et Taxis qui chevauchaient en tête, la mine rogue sous la salade. Le défilé s'achevait avec les puissantes compagnies wallonnes. Il avait duré deux heures.

Saluant d'un sourire et d'une brève inclinaison de la tête, le roi avait lancé à l'ambassadeur Feria :

– Dites bien des choses de ma part à votre maître, le roi Philippe, mais n'y revenez pas !

Derrière leurs chefs, les soldats avançaient par rangs de quatre, mousquet à l'épaule et s'appuyant à leur fourquine. Suivant la consigne qu'ils avaient reçue, ils dirigeaient leurs regards vers le roi avant de s'engager sous la voûte du Châtelet et, mettant bas leur couvre-chef, effectuaient une génuflexion, sans pour autant abaisser leurs étendards.

Le défilé terminé, le roi dit au maréchal :

– Je craignais des batailles de rues qui nous auraient occasionné beaucoup de pertes, et voilà que l'ennemi met genou à terre pour me saluer. Je n'en attendais pas tant ! Et maintenant, retournons au Louvre !

En moins de trois heures, des équipes de tâcherons amenées sur place par Cossé-Brissac avaient remis de l'ordre dans la salle des États, apporté quelques meubles, accroché quelques tapisseries empruntées aux Capucins et aux Feuillants et, pour chasser l'humidité et le froid, fait un grand feu dans la cheminée.

De retour de la porte Saint-Denis, le roi trouva la salle prête pour ses premières audiences.

Elles débutèrent sous des auspices déplaisants : de coriaces tenants de la Ligue vinrent lui présenter leurs civilités avec un brin d'arrogance ; il fit mine de les écouter et les renvoya sans un mot ; ils lui avaient créé trop de difficultés pour espérer sa clémence ; ce qu'ils pouvaient attendre de mieux était le bannissement. Il reçut avec courtoisie mais sans chaleur une délégation du clergé, puis celle des messieurs de la ville qui le prièrent d'excuser la modestie de leurs présents : chandelles, dragées, hypocras, par lesquels ils comptaient témoigner de leur pauvreté.

La disette n'était pas telle dans Paris qu'on ne pût lui faire l'honneur d'un repas plantureux. Cela le changeait des brouets qu'Armagnac lui servait pour son ordinaire.

On avait dressé à son intention un lit sommaire mais confortable. Melchior et Rosny dormiraient à côté sur de simples paillasses. Le sommeil fut long à venir. Le roi gardait les yeux ouverts sur le mouvement des flammes qui balayaient une grande tapisserie représentant le triomphe d'Assuérus, roi des Perses, debout sur son char de parade, entouré de courtisans et de femmes demi-nues prosternées à ses pieds. Rumeurs, clameurs, acclamations bourdonnaient encore à ses oreilles. Il avait l'impression que cette journée qu'il venait de vivre avait duré une semaine, tant elle était chargée d'événements. Le tenait aussi éveillé cette douleur au bas-ventre : la vérole, cadeau de Mme de La Raverie, dont il avait du mal à guérir.

Dans les premières vagues du sommeil, il se souvint avec un petit rire de ce que Melchior lui avait raconté au retour de sa visite aux chanoines de la cathédrale : lorsqu'il était entré dans la nef son regard avait été attiré par une banderole de grandes dimensions qui représentait le roi sous l'apparence d'un diable rouge doté d'une queue en forme de serpent et qui crachait des flammes...

Henri avait réservé une partie de sa journée du lendemain à une visite de courtoisie aux dames de Guise.

Il ne tarda pas à comprendre que sa présence était indésirable. En le voyant paraître, Mme de Montpensier, sœur de Mayenne, âme damnée de la Ligue, la belle boiteuse qui s'était promis de tondre le roi Henri III, perdit connaissance. On se précipita pour lui faire respirer des sels. Quand elle revint à elle le roi lui tapotait la main. Il l'embrassa en riant.

– Madame, dit-il, ce n'est pas l'effet que je produis d'ordinaire aux dames. Reprenez-vous, je vous prie. Je suis venu pour tenter de faire la paix avec vous.

– Mais, sire, s'écria joyeusement Mme de Nemours, mère du duc de Mayenne, la paix est faite puisque telle est votre volonté. Je n'ai qu'un regret...

– Lequel, madame ?

– C'est que mon fils n'ait pas été là pour vous ouvrir lui-même les portes de Paris.

Le roi répondit en souriant :

– Si j'avais attendu qu'il s'y décide, je ne serais pas ici aujourd'hui. Mais rassurez-vous : il a encore bien des portes à m'ouvrir, à condition qu'il le veuille.

Il s'attendait à ce que les dames de Guise lui exposent un projet dont Cossé-Brissac l'avait déjà entretenu : le mariage du jeune duc de Guise avec l'infante de Navarre. Il n'en fut pas question. Il est vrai que ce n'était pour l'heure qu'une visite de courtoisie ; il y en aurait d'autres. Le vent avait tourné ; ces dames avaient tourné avec le vent, mais sans perdre le nord.

En repartant le roi faillit demander à Mme de Montpensier ce qu'elle avait fait des ciseaux dont elle pensait se servir pour tonsurer le dernier des Valois avant de le jeter dans un monastère. Il y renonça mais se promit de lui servir ce souvenir à la première occasion favorable.

La vieille duchesse de Nemours le raccompagna jusque sur le seuil et lui dit :

– Quoi que vous pensiez, sire, nous sommes satisfaites que Paris vous ait été rendu.

– Vous faites erreur, madame, répondit-il : on me l'a *vendu*...

À quelques jours de son entrée dans la capitale, le roi reçut dans l'enceinte du Louvre, qui commençait à reprendre une bonne apparence, les corps constitués : officiers et conseillers du Parlement, membres de la Chambre des aides et des monnaies, Université, le recteur en tête, accompagné de la cohorte des théologiens penauds et fébriles, les représentants du clergé, jésuites et franciscains exceptés.

Ils attendaient une grande colère et un flot de griefs ; ils ne reçurent que des paroles de paix et s'en retournèrent en proclamant les louanges du souverain. Après leur départ, il s'écria avec un grand rire :

– J'en connais, parmi ces chats fourrés, qui ont dû, avant de se présenter, souiller leurs chausses...

Une procession eut lieu le lendemain pour faire plaisir aux Parisiens qui raffolaient de ce genre d'exhibition. Elle n'eut rien de commun avec la chienlit qui accompagnait les défilés de la Ligue. On procéda à une monstrance solennelle des saintes reliques extraites de diverses églises. Entouré d'une foule recueillie, le roi s'agenouilla devant elles. Pas la moindre arquebusade ne troubla la cérémonie, les moines ayant laissé dans leur cellule leur attirail guerrier et leur cagoule pour se contenter d'arborer la croix.

La pluie qui tombait depuis plusieurs jours avait cessé. Le souffle du printemps passait sur Paris.

VII

FONTAINE-FRANÇAISE

1595

Il laissa Gabrielle s'asseoir sur son genou. Elle était lourde de deux vies ; ses mamelles gonflées sentaient le lait. De petits soubresauts agitaient son ventre.

– Mon ange, dit-il, avez-vous été sage ?

– Comme doit l'être un ange, sire. En douteriez-vous ?

Pourquoi se serait-il permis d'en douter ? Gabrielle, depuis quelque temps, lui manifestait une affection sans faille. Elle avait oublié et il avait fait semblant d'oublier que, deux ans auparavant, d'accord avec l'entourage huguenot de son amant, elle avait émis des doutes sur sa conversion, persuadée au demeurant que cette décision ne suffirait pas à le mener au trône et que le pape refuserait son absolution. Aujourd'hui elle était toute au roi. Au roi et à cet enfant qu'elle allait lui donner.

– Faites-moi un gros garçon, dit Henri. Nous le ferons duc de Vendôme et nous le légitimerons.

– Si cela ne tenait qu'à moi... J'ai consulté les mages. Ils sont d'accord pour affirmer que je porte un mâle.

– S'ils se trompent nous ne nous laisserons pas décourager. Nous nous remettrons à la tâche.

Il avait souci de lui éviter les dangers de promenades dans Paris et l'inconfort du Louvre dont le réaménagement se poursuivait sans relâche. Elle demeurait à Saint-Germain et s'y ennuyait un peu malgré les visites du roi, la présence de la sœur du roi, Catherine, et de la tante Sourdis qui ne cessait de la harceler : le roi avait-il fait le nécessaire pour obtenir l'accord de Margot à son divorce ? avait-il relevé sa pension comme il l'avait promis ? pouvait-on espérer de Sa Majesté quelque autre libéralité ? Ces sempiternelles réclamations finissaient par excéder Gabrielle, mais elle se gardait de s'en ouvrir au roi pour ne pas l'indisposer contre sa famille.

L'affection qu'elle témoignait au roi n'était pas de l'amour, un sentiment qu'elle réservait à d'autres : Longueville mais surtout Bellegarde, dont elle n'avait plus de nouvelles depuis le début de sa grossesse. Parfois un doute venait la harceler : cet enfant qu'elle portait était-il de lui ou du roi ? Sûrement pas de ce pauvre Liancourt qui ne l'avait pas touchée et dont elle n'était pas encore divorcée. Les dates de la conception se brouillaient dans sa tête. Son médecin ayant maladroitement mis la puce à l'oreille du roi quant à sa paternité, ce pauvre homme était mort peu après, du poison affirmaient certains. Pour résoudre ce dilemme, il faudrait attendre la naissance, chercher des certitudes dans les ressemblances. Elle comptait sur la naïveté de son amant pour, éventuellement, lui faire avaler la couleuvre.

– Au début du printemps, lui dit Henri, je quitterai le Louvre pour Saint-Germain. Nous y passerons un mois plein, ensemble...

La reddition de Paris avait fait tache d'huile.

Chaque jour apportait de bonnes nouvelles de la province. Une à une, les villes faisaient leur soumission. Ce mouvement avait débuté avec Rouen, qui avait remis au roi la forteresse de Sainte-Catherine. Suivirent Honfleur, Verneuil, Pont-Audemer, puis, en d'autres contrées, Péronne, Troyes, Sens d'où les derniers ligueurs s'enfuirent comme des rats. Poitiers suivait peu après le mouvement, puis des villes de l'importance de Périgueux, Agen, Marmande, Amiens, Beauvais, Toulouse qu'il fallut acheter au duc de Joyeuse... On attendait avec impatience la reddition de Reims : c'est le jeune duc de Guise qui la livra au roi après avoir tué de ses mains les rebelles de la garnison.

La plupart de ces redditions n'avaient rien de spontané : il ne convenait plus de se présenter avec une armée mais avec une bourse bien garnie, alors que les finances royales étaient au plus bas. Le roi s'en plaignait amèrement à Rosny qui lui répondait :

– Si nous avions dû mettre le siège devant chacune de ces villes cela nous eût coûté bien davantage et il eût fallu faire couler le sang !

Ces soucis financiers altéraient la santé du roi. Il traînait encore des séquelles de la grande vérole héritée de Mme de La Raverie ; il souffrait de fréquents accès de fièvre qui le mettaient sur le flanc durant des jours, et d'un tenace érysipèle qui lui faisait un masque de carnaval.

Puissamment fortifiée, la ville de Laon restait comme une épine plantée dans son talon. Un parti de rebelles opiniâtres la tenait encore, forts de la présence dans les parages des reîtres et des lansquenets du comte de Mansfeld venus prêter main-forte à Mayenne.

À son grand déplaisir, le roi, bien qu'encore souffrant, dut remonter en selle, coiffer la salade et se livrer à une interminable chevauchée. Le siège dura trois mois. Lorsque le jeune baron de Biron, devenu maréchal de France à la mort de son père, parvint à disperser les troupes étrangères, alors seulement cette maudite cité ouvrit ses portes.

Henri retrouvait peu à peu sa sérénité.

Certes, on se battait encore en divers endroits : en Bretagne, où Crozon, défendu par les Espagnols, faisait de la résistance ; en Limousin, où les croquants livraient une guerre ouverte au gouverneur... En revanche, à Paris et dans l'ensemble du royaume se manifestaient les premiers signes du redressement.

– Je ne veux être, disait Henri, qu'un bon père de famille qui, rentrant le soir, après sa journée de travail, prend plaisir à embrasser ses enfants. Cela lui fait oublier bien des offenses et des soucis. Il nous faudra du temps avant de recueillir les fruits de la paix mais il suffira de faire de la bonne ouvrage et de nous armer de patience.

Il respirait enfin mais se trouvait dans une situation voisine de la gêne. Il dut se séparer d'une partie de son écurie qui était sa fierté parce que ses chevaux coûtaient trop cher en avoine.

– Pourquoi, disait-il à l'un de ses proches, François d'O, faut-il qu'un roi soit contraint de vivre quasiment comme un petit-bourgeois ? Devrais-je donc renoncer à la bonne chère et aller quasiment nu comme un vagabond ?

Tandis que le roi tirait le diable par la queue, ces messieurs de la Ligue, soudoyés à prix d'or pour obtenir leur soumission, roulaient carrosse et se gobergeaient à la santé de leur bienfaiteur. Le jour où il reçut les chats fourrés du Parlement, vêtus de velours et d'hermine, il ne put contenir sa colère. Après qu'ils lui eurent présenté des remontrances contre les décrets limitant leurs avantages, il leur lança :

– Regardez-vous et regardez-moi ! Vous avez des mines de potentats alors que je n'ai pas l'apparence d'un souverain ! J'en viens parfois à souhaiter qu'on me traite comme un simple moine et qu'on me permette de manger chaque jour à ma faim !

Lorsqu'il se livrait à une partie de jeu de paume dans la salle de la Sphère, devant un parterre de belles dames venues admirer son agilité et son adresse, il se sentait observé par des regards stupéfaits : cette chemise déchirée, au col douteux, ces chausses râpées et démodées, dites « à jambes-de-chien », cette toque décolorée... Il se réjouissait de gagner quelque argent à ce jeu : ses trésoriers ne viendraient pas le lui voler...

Un jour qu'il rendait visite à son secrétaire d'État, M. de Villeroy, il décida de lui jouer un tour de sa façon. Le moment de la traite venu, il demanda à une femme de service de faire apporter à la table de son hôte une jarre de lait. Il y avait là, autour de Villeroy, une poignée de gentilshommes huppés. Il leur fit servir à chacun une écuelle de lait pour tout festin en leur disant :

– Messieurs, bon appétit ! Faisons bonne chère avec cette nourriture. Je l'ai payée de ma bourse car M. de Villeroy nous fait payer trop cher notre écot...

La Ligue, en dépit des multiples redditions qui avaient suivi la paix, n'avait pas désarmé.

En décembre, après une campagne en Picardie, le roi se rendit auprès de Gabrielle qui, enfin décidée à s'installer à Paris, avait élu domicile près du Louvre, rue du Coq, à l'hôtel de Bouchage, réquisitionné par le roi au détriment du duc de Joyeuse. Il pénétrait dans la demeure accompagné d'un groupe de gentilshommes quand il chancela, frappé à la mâchoire par un choc violent. Croyant à un tour de sa folle, la Mathurine, il porta la main à son visage, la retira sanglante : sa joue avait été transpercée et plusieurs dents brisées.

– Maudite sois-tu ! s'écria-t-il. Quelle mouche t'a piquée.

La Mathurine n'était pour rien dans ce qui était un attentat. On arrêta sur-le-champ le coupable : un garçon bien mis qui s'était faufilé dans la compagnie sans attirer l'attention.

Jean Chastel, fils d'un marchand drapier du quartier du Palais, avoua son intention de tuer le roi, « persécuteur de l'Église et soutien de l'hérésie ». Il visait la gorge mais la lame du poignard avait dévié.

Il révéla qu'il avait été l'élève des jésuites et qu'ils avaient armé son bras.

Le roi apprit avec stupéfaction que ce misérable avait voulu, par son crime, non seulement assassiner un suppôt de Satan, mais expier les mœurs contre nature qui pesaient à sa conscience. Mis à la question, torturé de mille façons, il fut livré au bourreau pour être tiré à quatre chevaux en place publique. Il avait dix-huit ans.

L'attentat précédent, perpétré par Barrière, avait décidé le Parlement à intenter une action en justice contre les jésuites. Le roi, quant à lui, prêt à pardonner au régicide, demanda que l'on mît une sourdine à cet acte. Après l'attentat de Chastel, il fut d'avis de sévir par un blâme contre cette compagnie que l'on trouvait derrière la plupart des tentatives de régicide depuis l'assassinat du dernier Valois.

Un arrêt du Parlement prononça la mise hors la loi de l'ordre et l'expulsion de ses membres hors du royaume. Les attendus du jugement les proclamaient « corrupteurs de la jeunesse, perturbateurs de la paix civile, ennemis du roi et de l'État ». Ils devaient quitter la France dans la quinzaine.

Ce décret sévère n'avait pas l'agrément du roi. Il avait trouvé dans l'illustre Compagnie de Jésus des avocats auprès du pape pour la reconnaissance de ses droits à la couronne, mais il lui était impossible de s'opposer à cette mesure d'éviction. Il était aisé de deviner que, pour les irréductibles, il ne serait vraiment maître de son royaume que lorsque le pape l'aurait accueilli, lui, l'excommunié, dans le sein de la communauté. Le roi avait à Rome des défenseurs de sa cause qui faisaient en permanence le siège de la curie. Les négociations traînaient en longueur, certes, mais elles finiraient par aboutir. Il ne pouvait en être autrement, le Saint-Père ne pouvant courir le risque de voir se créer en France une Église gallicane, et la pression que le roi Philippe faisait peser sur sa décision commençait à l'indisposer.

Sur la fin du mois de mai, lorsque le roi avait décidé d'aller porter ses armes sous les remparts de Laon, Gabrielle, bien qu'à un mois de son terme, avait refusé de se séparer de son amant. Idée absurde. Décision dangereuse. Elle insista ; il finit par céder.

Gabrielle suivit l'armée en litière par une chaleur de fin de printemps qui l'incommodait mais qu'elle supportait avec courage. En arrivant à Coucy, à quatre lieues environ de Laon, Henri lui dit :

– Nous allons entrer dans la zone dangereuse. Le pays est truffé de bandes et de troupes ennemies. Dans l'état où vous êtes, il serait de la dernière imprudence de pousser plus avant. Votre cousin, M. de Longueval, qui tient cette citadelle, vous donnera asile le temps de vos couches.

Ils trouvèrent porte close, le triste sire refusant l'entrée de sa demeure à une garce qui déshonorait sa famille. Le couple trouva refuge dans la maison du gouverneur qui ne put refuser d'héberger la favorite du roi.

L'enfant naquit le 7 juin. C'était un gros garçon. D'accord avec le père, Gabrielle décida de le prénommer César. Le roi y ajouta le titre de Monsieur qui anticipait sur une promesse de légitimation. Il aurait un autre titre : duc de Vendôme et sa mère deviendrait duchesse de Beaufort.

Une quinzaine plus tard, lorsque le roi put s'absenter du siège pour visiter sa maîtresse et leur fils, il semblait ivre de bonheur : il arrachait l'enfant des bras de la nourrice, allait le promener dans le jardin, lui murmurait à l'oreille de doux chants du Béarn, lui faisait sucer un coin de sa serviette trempé dans du vin et goûter de l'ail ; il se réveillait en pleine nuit et, à la chandelle, le regardait dormir.

Gabrielle avait craint que le roi ne s'interrogeât sur sa paternité en comparant ses traits à ceux de l'enfant. Il n'en fut rien : toute comparaison était prématurée.

Problème ardu : officiellement César-Monsieur était né de Liancourt. Redoutant que le père légitime vînt le réclamer, le roi décida de hâter la procédure de divorce de Gabrielle. Elle ne devait être prononcée qu'à la fin de l'année; les juges conclurent à l'impuissance du mari.

Physiquement et moralement, le siège de Laon avait fort éprouvé le roi. Deux pertes lui avaient été sensibles : celle de Louis, frère aîné de Gabrielle, et celle du duc de Givry qui s'était laissé tuer volontairement dans les fossés à la suite d'un chagrin d'amour : il aimait sans espoir la même femme que Bellegarde.

Le roi avait décidé de se remettre de ses fatigues à Fontainebleau. Il en fut empêché par la tournure que prenaient les événements. La paix qu'il avait tant souhaitée pour lui et pour son royaume n'était qu'illusion. Paris était calme mais on assistait en province à quelques prises d'armes de ligueurs acharnés et les Espagnols de Mansfeld, alliés aux forces de Mayenne, accentuaient leur pression sur les confins de la Picardie.

Il décida un matin, en se levant après une nuit agitée, qu'il était temps d'en finir.

Il n'y avait que deux moyens de mettre fin aux troubles qui agitaient le royaume : obtenir l'absolution du pape qui lui rallierait les forces vives de la religion et expulser les Espagnols.

S'il fallait en croire les messages que lui adressait de Rome le duc de Nemours, l'affaire était en bonne voie et le pape ne tarderait guère à accorder son absolution. Avec les Espagnols, le roi se trouvait en présence d'un véritable nœud gordien. Il décida d'y porter la hache en déclarant la guerre à l'Espagne.

C'est l'attitude de Mayenne qui le décida à prendre ce parti audacieux.

Ce gros poussah ne savait plus sur quel pied danser et pratiquait vis-à-vis du souverain une résistance élastique. Il avait appelé les Espagnols à la rescousse mais s'entendait mal avec eux, au point qu'il faillit se battre en duel avec le duc de Feria auquel il reprochait d'avoir livré Paris à l'hérétique. Il croyait pouvoir compter sur les derniers ligueurs irréductibles qui tenaient encore quelques villes, mais, les uns après les autres, ils bradaient leurs places fortes. Il était partagé entre ses obligations de lieutenant général et l'envie qui le harcelait de tout planter là pour jouir dans son apanage d'un repos mérité.

Pour quelques ligueurs qui refusaient de désarmer, combien, parmi les plus fidèles, s'étaient vendus au Béarnais ? À commencer par ses frères : Elbeuf et Mercœur !

Au début de l'année, Mayenne fut presque soulagé en apprenant que le Béarnais venait de déclarer la guerre à Philippe. Peut-être allait-on en finir avec cette situation qui pourrissait lentement et le forçait, gros et malade qu'il était, à remettre chaque matin le cul en selle pour battre la campagne. Quelle fut sa déception en apprenant que le roi Philippe ne donnait pas plus d'importance à la décision du Béarnais qu'à un pet de lapin ! Mayenne se refusait à penser qu'il était en guerre avec la France. Les provocations du roi Henri le laissaient indifférent ; une guerre ouverte l'aurait contraint à se battre contre les catholiques ralliés, alors que sa seule ambition était d'en finir à la fois avec le renégat et les huguenots.

Il tenait tant à cette idée qu'il fit passer les Alpes à une armée commandée par don Velasco, connétable de Castille. Cette fois-ci, les dés étaient jetés.

Lorsque Gabrielle apprit la décision d'Henri d'entrer en campagne elle protesta et pleura.

– C'est de la démence ! gémit-elle. Quelle est cette guerre dont vous me parlez ? Êtes-vous devenu fou ?

– Il s'agit d'une guerre nationale, ma mie, répondit le roi. Cela signifie qu'elle intéresse le pays tout entier. Si Dieu le veut, ce sera la dernière de mon règne. Si je ne m'y engageais pas, il ne me resterait qu'à me retirer dans mon royaume de Navarre.

– Vous n'avez pas une armée de force à s'opposer à celles de Philippe et de Mayenne ! Et ce Velasco qui vient de passer les Alpes pour se joindre à eux...

– J'en conviens.

– Votre armée ne vous suivra pas. Elle ne veut plus se battre.

– Il fallait en finir. Je suis excédé d'entendre Philippe se proclamer le seul protecteur de la religion et des catholiques français. Je sais qu'il va tenter un assaut général mais je l'attends de pied ferme. Ce n'est pas vous, madame la duchesse de Beaufort, qui pourrez me retenir !

Ils se séparèrent en mauvais termes.

Quoi qu'il eût dit, il devait convenir que les arguments de Gabrielle ne manquaient pas de bon sens. Elle n'était pas la seule, d'ailleurs, à marquer des réticences pour ce que certains, dans son entourage, considéraient comme une folie, à tout le moins comme une imprudence, d'autant que la plupart de ses capitaines se trouvaient en province.

Le jeune maréchal de Biron avait pris position en Bourgogne et l'attendait en guerroyant avec vigueur. Après avoir enlevé plusieurs villes il s'était attaqué à Dijon. Harcelé en Franche-Comté, territoire d'obédience espagnole, le connétable perdait un temps précieux, bien que ses avant-gardes eussent déjà pris pied en Bourgogne.

Le roi arriva devant Dijon alors que Biron, après avoir occupé la ville, s'acharnait sur la forteresse.

– Votre armée, sire, dit le maréchal, où est-elle ? Je n'en vois que l'avant-garde.

– Ce n'est pas une avant-garde, répondit le roi. C'est bien mon armée.

– Vous n'avez pas deux mille hommes !

– Exactement, un millier de cavaliers et cinq cents arquebusiers montés. C'est peu, je vous le concède, mais ce n'est pas la première fois que je livrerai bataille en état d'infériorité numérique.

On venait de lui signaler l'approche de l'ennemi : il venait du nord-est et devait se trouver à l'estime à deux journées de marche de Dijon.

– Nous allons l'attendre ici, dit le roi.

Il pointa l'index sur la carte, désignant une modeste localité : Fontaine-Française, située en marge de l'immense forêt de Velours. Il n'y avait pas une minute à perdre. Aussitôt dit, aussitôt fait ! En route, et Dieu garde !

Henri monta en selle à quatre heures du matin.

Dans le courant de la journée, des éclaireurs l'avaient alerté : les avant-gardes espagnoles se trouvaient déjà dans les parages de Fontaine-Française. Il fit forcer l'allure à sa troupe. S'il pouvait bousculer cette avant-garde cela donnerait à réfléchir au reste de l'armée espagnole.

Il dut vite déchanter : c'est une armée qui venait d'occuper le village et non quelques pelotons de cavalerie. Les éclaireurs venaient de reconnaître les enseignes des Espagnols et celles de Mayenne. Par chance, ce n'était pas une armée considérable : elle pouvait se composer, lui dit-on, de deux mille cavaliers, le reste traînant sur les arrières. En revanche, il n'avait avec lui qu'une avant-garde ; le reste de ses troupes, qu'il avait laissé se reposer à Bourberain, à trois lieues environ, ne se présenterait pas avant deux heures sur le champ de bataille.

– De combien d'hommes disposons-nous ? demanda-t-il à Melchior.

– De trois cents cavaliers.

– En bon état de combattre ?

– Il semble que oui. Qu'allez-vous décider ?

Henri réfléchit, se gratta la barbe sous la salade empanachée de blanc.

– C'est risqué, dit-il, mais nous allons tenter le tout pour le tout et attaquer. Rejoins le gros de la troupe. Dis-lui de hâter le mouvement.

Le roi groupa autour de lui ses gentilshommes, catholiques et huguenots réunis dans une même fraternité d'armes, évoqua leurs exploits avec un mot pour chacun. Il leur demanda de ne pas hésiter à faire le sacrifice de leur vie s'ils ne voulaient pas voir les Espagnols maître de la France et lui dictant sa loi.

Il se porta vers une petite butte d'où l'on découvrait au loin les contreforts de la forêt de Velours qui limitait la vallée vers le nord-ouest. Son cœur bondit de joie : il venait de distinguer à la lunette, à une lieue environ, les premiers éléments de son armée dont les étendards blancs crépitaient sous le soleil comme l'écume de la mer.

– Mes amis, dit-il, en selle ! Dieu est avec nous.

Des clameurs lui répondirent :

– Pour la France ! Vive le roi !

Prenant la tête de ses escadrons, il dévala à bride abattue la pente de la colline et fonça sur les premiers groupes de cavaliers espagnols qui eurent à peine le temps de se former en bataille. Le coup de boutoir fit éclater leurs lignes et déclencha un mouvement de panique.

– Ils sont à nous ! s'écria le roi.

Il donna l'ordre de retraiter à faible distance pour ne pas risquer un encerclement. Ses pertes, dans ce premier engagement, étaient minimes. Il regroupa ses éléments et donna le signal d'une nouvelle charge. Une autre mêlée venait de s'engager. Le roi payait de sa personne sans crainte de risquer sa vie, quand il constata avec bonheur que les troupes adverses reculaient en désordre. Il se crut un moment l'objet d'une illusion mais la vérité s'imposa vite à lui : les cavaliers de Mansfeld et de Mayenne amorçaient leur retraite. Les deux chefs avaient dû apercevoir au loin l'avancée de l'armée royale.

Avec quelque trois cents hommes décidés le roi avait mis en déroute une armée près de dix fois supérieure en nombre. Cette victoire inespérée lui causait une ivresse comparable à celle du vin : il y retrouvait l'alacrité merveilleuse des victoires passées, ce sentiment brutal et roboratif que le monde était à sa portée, que nul obstacle ne pouvait s'opposer à l'énergie et à l'enthousiasme qui le transportaient dans de telles situations. Il songea à Gabrielle qui l'attendait, à cet enfant à la mamelle, son fils, à qui il souhaitait dédier cette victoire fulgurante.

Melchior fut le premier à le rejoindre. Le feu aux joues, hurlant sa joie, brandissant son écharpe blanche au-dessus de sa tête, il tournoyait avec son cheval autour du vainqueur. Il criait :

– Une heure, sire ! Il ne vous a pas fallu une heure pour vaincre. Vous êtes le dieu de la guerre !

Une ombre traversa le tumulte joyeux qui agitait l'armée royale. Henri l'exprima en termes amers alors que l'on faisait le compte des victimes et que l'on alignait sur un coin de prairie les cadavres, en petit nombre.

– Peut-être, dit-il, cette victoire a-t-elle été trop rapide. J'aurais aimé... j'aurais aimé écraser l'ennemi pour lui ôter à tout jamais l'envie de revenir.

– Il ne reviendra pas, dit Melchior. La leçon a été trop rude. Philippe va en crever de dépit !

– Dieu t'entende..., dit le roi.

Il semblait que Melchior, suivi dans cette idée par l'entourage du roi, eût vu juste. L'armée royale suivit les Espagnols à la trace, mais ils allaient d'un train si rapide qu'on ne put reprendre le contact qu'aux alentours de leur camp de base, à Gray, à quatre lieues de Fontaine-Française. Ils s'y terraient comme des sangliers dans leur bauge, sans oser tenter la moindre sortie.

L'armée royale put traverser sans coup férir les limites de la Franche-Comté et pénétrer en terre espagnole. Durant deux mois, elle y vécut sur l'habitant, mettant cette riche province en coupe réglée avec l'assentiment du roi.

Le 4 septembre, Henri faisait son entrée à Lyon que le comte de Montmorency venait d'arracher à la Ligue. Excédée par les exactions de la soldatesque et la tyrannie que les ligueurs faisaient peser sur elle, la population fit au roi un accueil triomphal.

Blessé d'une balle d'espingole à la tête, le maréchal de Biron voulut néanmoins accompagner le roi qui lui rendait visite plusieurs fois par jour et lui disait :

– Ah ! compagnon, quelle bataille !... Nous étions comme enragés. Jusqu'ici j'avais combattu pour vaincre. À Fontaine-Française c'était pour défendre ma vie. Guérissez vite. Peut-être aurai-je encore besoin de vos services.

Un soir le roi écrivit à Catherine :

Ma chère sœur, plus j'avance et plus j'admire la grâce que Dieu me fit lors du combat de lundi. Je comptais avoir défait douze cents chevaux, mais c'est plus de deux mille que nous en avons compté... Quant à moi je vous ai vue bien près d'être mon héritière...

Il avait eu la sagesse de ne pas se laisser griser par cette victoire : elle n'avait pas découragé les Espagnols ni dissipé la menace d'une nouvelle invasion.

Dans les semaines qui suivirent la bataille de Fontaine-Française les Espagnols reprenaient l'offensive, mais sans Mayenne : déçu par cette défaite humiliante, il projetait d'aller lui-même plaider sa cause auprès du roi Philippe pour qu'il consentît à l'appuyer plus énergiquement. Il dut renoncer : son état de santé ne lui permettait pas d'entreprendre l'interminable voyage jusqu'à l'Escurial.

En juillet, après de rudes affrontements avec un fort détachement de l'armée royale, le général Fuentes s'attaquait à la ville de Doullens, proche d'Amiens, que défendait M. de Villars. La ville prise, Fuentes fit décapiter le capitaine français devant ses hommes. Poursuivant sa campagne victorieuse, il se jeta sur Cambrai que défendait le maréchal de Balagny qui rendit la ville sans tirer un coup de feu. En voyant les Espagnols franchir les portes de la ville, Mme de Balagny se passa une épée à travers le corps.

Il fallait bien en convenir : après la victoire un peu trop facile de Fontaine-Française, les royaux allaient de désastre en désastre. Ils avaient laissé plus de trois mille cadavres dans les campagnes de Picardie. Dans les provinces de l'intérieur les choses ne se présentaient guère mieux.

Pour comble, le roi venait de se brouiller une nouvelle fois avec sa sœur qui maintenait son intention d'épouser le comte de Soissons. Henri ne voulait rien entendre : il était le roi ; il dictait sa loi. En bonne huguenote qu'elle était, Catherine ne versa pas une larme mais se raidit dans sa détermination.

Gabrielle avait mal réagi à l'annonce de l'affaire de Cambrai et de la prise sans coup férir de cette ville tenue par Balagny, qui était son parent. Elle poussa le roi à tenter une manœuvre de grande envergure pour porter un coup d'arrêt aux progrès des Espagnols dans cette région. Il regimbait :

– J'ai perdu plus de trois mille hommes en quelques mois dans cette campagne, dit-il. Je ne veux pas hasarder plus. D'ailleurs je n'ai plus les moyens de tenter de nouvelles opérations. Demandez donc à M. de Rosny où en sont nos finances...

Gabrielle dut s'incliner.

On ne l'appelait plus que Mme la duchesse de Beaufort, ce qui sonnait bien et lui plaisait. La tribu Estrées-Sourdis-Villeroy campait en permanence dans l'entourage du roi, en quête, à défaut d'argent, de quelque faveur.

Le roi avait enfin obtenu le divorce de Gabrielle ; elle lui rappela qu'il lui restait à honorer sa promesse de l'épouser. Il protestait :

– Ce ne sera possible que lorsque mon épouse aura accepté l'annulation de notre mariage ! Savez-vous, mon bel ange, à combien elle estime cette acceptation ? Une pension de cinquante mille livres, le paiement de deux cent cinquante mille livres de dettes, sans compter le maintien de ses privilèges. Où trouverais-je de telles sommes ?

Au milieu de ces revers et de ces querelles ménagères, une nouvelle lui arracha un cri de joie : à l'issue d'interminables pourparlers le pape Clément VIII venait d'accorder son absolution.

Henri apprit la nouvelle alors qu'il se trouvait à Lyon. Il brandit le document qui l'en informait en s'écriant :

– Le Saint-Père a fait droit à ma requête. *Ribenedizione !* Dieu soit loué !

Les désastres subis par ses armées, en Picardie et ailleurs, décidèrent le roi à négocier la reddition de Mayenne. Une tentative hasardeuse et qui risquait de coûter fort cher au Trésor, mais ils étaient l'un et l'autre si las de cette guerre que, pour y mettre fin, il ne se trouvait pas d'autre solution.

Le duc accepta le principe d'une rencontre. Elle fut fixée à Follembray, dans la forêt de Coucy, pour la fin du mois de janvier. Les pourparlers se dérouleraient dans le pavillon de chasse du roi François Ier.

Le roi avait redouté les exigences de Mayenne, elles dépassaient l'entendement : il réclamait quatre millions de livres et des avantages en argent pour les chefs ligueurs qui lui restaient attachés.

Il fallait en passer par là ou reprendre les hostilités, ce qui eût coûté bien davantage.

Le traité signé, la Ligue enfin désarmée, Henri proposa à Mayenne un autre rendez-vous, moins officiel, au château de Montceaux, qui avait été le domaine de prédilection de la reine Catherine et dont il avait fait présent à Gabrielle.

Arrivée la veille de l'entrevue en compagnie de sa sœur Diane et d'une cohorte de cuisiniers, de musiciens et de comédiens, Gabrielle faillit pouffer de rire en entendant le duc pester au milieu de la cour contre le peu d'empressement de ses valets pour l'aider à descendre de cheval. Il était si pesant qu'ils durent s'y mettre à quatre pour y parvenir. Gabrielle lui tendit galamment la main pour le mener au roi.

– Il fait un temps agréable pour la saison, dit Henri. Une promenade dans le parc nous fera le plus grand bien.

– Ma foi, gémit le poussah, si vous y tenez...

Plutôt que de prendre l'air, le roi semblait disposé à se divertir aux dépens de son visiteur, et à en tirer une aimable vengeance.

Diane se pencha à l'oreille de Melchior et lui dit :

– Sa Majesté a l'œil qui pétille de malice. Cela n'augure rien de bon pour notre visiteur.

Henri avait l'habitude, dans ses promenades, en toutes occasions et en tous lieux, de marcher d'une allure rapide.

– Mayenne sera incapable de suivre ce train d'enfer, dit Diane. Regardez-le : il traîne les pieds comme si on le menait à la roue.

Le duc avait ôté son chapeau et tiré son mouchoir dont il s'épongeait le visage et le col, s'arrêtant tous les dix pas pour souffler, appuyé sur sa canne. Excédé par cette allure d'escargot, le roi se retournait de temps à autre pour lancer :

– Eh bien, monsieur le duc, qu'avez-vous ? On dirait que vous traînez un boulet...

– Pitié, sire, gémissait Mayenne. Vous avez des jambes de cigogne et moi, avec mon embonpoint, ma sciatique et cette galanterie au pied droit qui me fait souffrir le martyre, je peine vraiment trop à vous suivre.

– Encore un petit effort, monsieur le duc ! répondait le roi. Nous aurons bientôt fait le tour du parc. N'est-il pas superbe ? La reine mère aimait s'y promener avec ses femmes, ses naines et ses chiens. Cet oratoire, c'est elle qui l'a fait édifier. Elle veillait à ce qu'il soit toujours fleuri en sa présence, même en hiver. Je vous montrerai l'arbre qu'on lui a rapporté d'Amérique et qui a pris racine.

– Ah, sire ! je crois que je vais rendre l'âme.

– Vous arrivez au terme de vos épreuves, Mayenne. Un peu de courage, que diable ! Faudra-t-il que je fasse amener une brouette pour le retour ?

Mayenne trouva la plaisanterie saumâtre. Il piqua sa canne dans l'allée, bien décidé à ne pas faire un pas de plus.

– Je me rends ! dit-il d'une voix blanche. Épargnez-moi la fin de cette promenade si vous ne voulez pas avoir ma mort sur la conscience.

Le roi éclata de rire, tendit la main au duc en lui disant :

– Touchez là ! mon cousin ! Vous ne recevrez jamais d'autre déplaisir de moi. Diable ! vous êtes rouge et tout en eau. J'ai fait mettre au frais quelques bouteilles de vin d'Arbois. Elles seront les bienvenues.

Mayenne sursauta.

– Voilà qu'on donne du canon ! s'écria-t-il. Que signifie...

– Cela signifie, dit le roi, que la fête va commencer et que la table est mise. Ne craignez rien : il s'agissait d'un pétard.

Il fit signe à Melchior, lui ordonna de faire avancer le cheval de Mayenne afin qu'il ne souffrît pas trop du retour.

On avait dressé la table sur le perron, au soleil, avec une toile pour protéger les convives. Henri leva son verre et s'écria :

– Je bois à l'amitié que mon cousin et moi nous portons mutuellement. Je bois à la paix. Je bois à la prospérité du royaume et à la vôtre, monsieur le duc, mais je sais que, d'ores et déjà, vous n'êtes pas à plaindre.

Installés dans une loge de feuilles, les musiciens ouvrirent le concert avec une tendre barcarole de Venise. À la fin du repas, alors que l'on avait fait honneur au vin d'Arbois, les comédiens donnèrent une farce si plaisante que M. de Mayenne faillit en crever de rire. Après le souper, on tira dans le parc un feu d'artifice.

– Sire, dit Gabrielle, je suis fort inquiète.

– Qu'est-ce donc qui vous tourmente, mon ange ?

– Il semble que ma sœur Diane et votre écuyer, M. de Lagos, aient renoué. Certes, ma sœur n'est pas heureuse en ménage, mais de là à tromper son époux avec... avec ce piètre personnage qui sent son Béarnais mal dégrossi...

– Il sent encore son Béarnais, c'est vrai, mais, mon ange, n'est-ce pas ce que l'on disait de moi dans votre famille, lorsque nous nous sommes rencontrés, à Cœuvres ? Auriez-vous oublié ? Quoi qu'il en soit, je ne puis intervenir. Melchior est un vieux compagnon et un excellent serviteur. Lorsque je le sens heureux je le suis aussi.

La guerre qui se poursuivait dans le nord de la France n'empêcha pas le roi de faire dans Rouen une entrée triomphale. Cette ville exerçait sur lui une sorte de fascination : son père était mort, tué par une balle d'arquebuse, devant le fort Sainte-Catherine, il s'était battu devant ses remparts, humilié par l'arrogance de Villars. Il défila, Gabrielle à son côté, sous une débauche d'arcs de triomphe, de montagnes artificielles, de statues mythologiques géantes et d'obélisques. La nuit qui suivit, les rues livrées à la fête furent éclairées *a giorno* par des pots à feu, des lanternes d'étamine et des torchères. Le lendemain, on se livra à des joutes sur la Seine. Il semblait que toute la Normandie eût voulu être présente.

Assistant à une assemblée du parlement de la province, le roi déclara avec sa modestie habituelle qui semblait souvent confiner à l'humilité :

– Je ne vous ai point convoqués, comme le faisaient les rois qui m'ont précédé, pour vous faire approuver mes volontés. Je souhaite recevoir vos conseils et, si possible, leur accorder crédit et les suivre. Je me mets en tutelle entre vos mains...

Gabrielle prit très mal cette déclaration.

– Quel est ce langage ? dit-elle. À quoi rime cette histoire de tutelle ? Ne pouvez-vous point gouverner seul ?

Le roi ne regrettait pas ses propos.

– J'ai simplement oublié d'ajouter, dit-il, que je garderai toujours l'épée au côté.

Il laissa Gabrielle, de nouveau enceinte et de huit mois, au palais épiscopal de Rouen pour s'en aller visiter quelques châteaux et retrouver des souvenirs épars du côté d'Arques et de Dieppe. Lorsqu'il la retrouva à Rouen, Gabrielle était sur le point d'accoucher. Le 11 novembre, elle donna naissance à une fille qu'elle prénomma Catherine-Henriette.

Sollicitée d'être la marraine, Catherine assista au baptême, mais par personne interposée du fait de sa religion. Elle redoutait plus que jamais que le comte de Soissons, las des tergiversations qui retardaient leur mariage, ne renonçât. L'entêtement mis par son frère n'avait d'égal que sa propre volonté de vaincre cette opposition. Proche de la quarantaine elle voyait venir le temps où, vieille, stérile, ridée, elle devrait renoncer à toute union.

Au cours de ce bel automne, le roi se plaisait à Rouen au point qu'il envisagea d'y acquérir une résidence. La campagne sentait la pomme mûre et l'étable. Les forêts regorgeaient de gibier ; il y menait la chasse chaque jour ou presque en compagnie de Gabrielle remise de ses couches. Il ne s'était jamais senti plus gaillard. Quand il n'était pas à la chasse ou à table, on le trouvait jouant à la longue et à la courte paume, courant la bague ou disputant des parties de palle-mail en toute simplicité sur les places publiques ou dans les jardins de l'évêché.

Le roi ne revint dans sa capitale qu'en février, au temps de carnaval qui correspondait à l'une des grandes foires : celle de Saint-Germain.

Il s'y rendit avec Gabrielle. Ensemble, main dans la main, ils coururent les étalages, marchandant, se mêlant sans crainte à la foule qui s'écartait sur leur passage, séduite par la beauté rayonnante de la concubine royale.

Ils traversèrent de folles journées et des nuits qui ne l'étaient pas moins. Avec quelques-uns de ses proches Henri organisa une mascarade. Musiciens en tête, ils visitèrent leurs amis à travers une ville possédée par la folie de carnaval qui menait le branle dans toutes les rues et sur toutes les places. De temps en temps ils faisaient arrêter leur carrosse, ôtaient leur masque et se délectaient des vivats qui montaient vers eux. Au milieu de la journée, épuisés par leur périple extravagant, ils s'invitaient à une collation chez le banquier Bastien Zamet chez qui ils avaient table ouverte, un accueil dont ils ne se privaient pas car les meilleurs cuisiniers de Paris exerçaient dans cette demeure hantée par les plus belles femmes galantes de la capitale.

Ils passèrent plusieurs nuits à errer dans Paris et à rendre visite à des connaissances et à des amis. Gavés, ivres de fatigue, ils ne retournaient au Louvre que peu avant le lever du jour et faisaient longuement l'amour, fenêtres ouvertes sur la rumeur matinale du port au Foin.

Diane et Melchior se mêlaient volontiers à leur folie. Ils paraissaient si fort épris qu'ils étaient devenus inséparables. Le roi rappelait parfois son écuyer aux devoirs de sa charge, mais sans acrimonie ; Gabrielle tançait son aînée, mais sans colère. Diane semblait avoir oublié ses devoirs conjugaux : on l'avait mariée à Balagny, veuf et inconsolable de la mort de son épouse.

Le soir du 12 mars, on donnait un ballet aux Tuileries lorsque Melchior, essoufflé d'avoir galopé comme un lièvre, déboula dans l'assemblée et fit signe au roi qui, délaissant une danse béarnaise, le rejoignit.

– Sire, dit Melchior, une mauvaise nouvelle : les Espagnols sont dans Amiens.

Figé de stupeur, le roi dit à Gabrielle, après lui avoir annoncé la nouvelle :

– Nous n'en aurons donc jamais fini avec cette guerre ! Ma mie, je vais devoir vous quitter. C'est assez de faire le roi de France. Il est temps pour moi de faire le roi de Navarre.

– Je ne vous quitterai pas, dit Gabrielle. Souffrez que je vous accompagne. Je ne veux pas que le peuple de Paris puisse me reprocher de ne pas vous soutenir dans vos épreuves.

Elle réunit à la hâte cinquante mille livres, les lui offrit. Quelques jours plus tard, allongée dans sa litière, elle prit avec Henri les devants de la troupe.

Jamais siège n'avait paru si hasardeux et plus éprouvant. Dans les parages de Beauvais, le roi souffrit d'une crise de gravelle qui le maintint plusieurs jours à la chambre. Le siège traînait en longueur dans la chaleur d'un printemps précoce. L'armée pâtissait d'un manque notoire d'effectifs, de conviction et de subsistances. Les huguenots manquaient d'allant, se montraient arrogants ou se retiraient sans combattre, en dépit des injonctions de Gabrielle qui jouait non sans talent les chefs de guerre. Malgré les efforts de Rosny, les fonds manquaient, et un siège de cette importance coûtait fort cher. Le Parlement se faisait tirer l'oreille à chaque demande de subsides.

Le roi apprit avec effroi que les Espagnols s'étaient décidés à envoyer à Amiens une armée de secours. Certains dans son entourage lui conseillaient de se replier sagement sur Paris. Mayenne n'était pas de cet avis.

– Sire, dit-il, n'abandonnez pas. Bien retranché dans votre camp comme vous l'êtes, mieux vaut attendre l'ennemi de pied ferme. Je connais bien le général qui conduit cette armée. Il se nomme Albert. Il est archiduc d'Autriche et cardinal. Ce n'est pas un foudre de guerre.

L'armée espagnole fit un brin de bravade dans les environs avant de se porter vers la ville. L'archiduc-cardinal trouva une résistance tellement opiniâtre qu'il se hâta de rebrousser chemin en direction des Flandres, sans avoir livré de vraie bataille.

Amiens capitulait quelques jours plus tard.

Cette victoire dissipait pour un temps le spectre de la guerre. Elle était due à l'allant, à la ténacité, au courage du roi mais aussi à des méthodes nouvelles de siège : les troupes étaient logées dans des baraques, régulièrement approvisionnées, dotées d'un hôpital de campagne et d'ambulances ; selon des procédés hérités des guerres d'Italie, le roi avait élaboré un réseau de retranchements et, avec le concours de Rosny, expert en la matière, appliqué des techniques efficaces de minage.

– Je n'ai jamais moins qu'aujourd'hui, lui dit Mayenne, regretté d'avoir choisi de me soumettre. Je n'aurais pu tenir tête bien longtemps à un grand capitaine tel que vous. Sire, vous êtes habité par le génie...

Le roi s'était fort amusé d'une petite aventure qui avait failli lui coûter la vie.

Un jour qu'il s'était approché de trop près d'une courtine une voix l'interpella du haut des remparts. Un soldat lui lançait en langue gasconne :

– Oh, le moulinier de Barbaste, prends garde : la *chatte* (la mine) va faire ses petits !

Le roi s'éloigna prestement. Quelques instants plus tard, une mine emportait, à l'endroit qu'il venait de quitter, quelques brasses de tranchées.

– Pourquoi, lui demanda Mayenne, ce surnom qu'on vous donnait jadis à la cour : le meunier de Barbaste ?

– Barbaste, répondit Henri, est un gros moulin en forme de forteresse auquel il ne faisait pas bon se frotter. Si je m'y suis frotté, c'est parce que j'étais amoureux d'une fille du meunier. Si je l'avais épousée, elle serait reine de Navarre et moi je n'aurais pas à faire la guerre...

La guerre... Elle semblait sur le point de laisser s'éteindre ses feux d'enfer.

Vieux, malade, grabataire, l'ermite de l'Escurial semblait se lasser de ce travail de Pénélope qui ne lui apportait que des déconvenues et des désillusions. Il songeait de plus en plus à faire la paix, mais il devait mourir quelques mois après le siège d'Amiens, le corps exsangue, corrompu, rongé par les vers et les poux.

Au printemps de l'année suivante, le duc de Mercœur, frère de Mayenne, abandonnait sa dernière place forte, Dinan, et proposait la paix. Le roi accepta sa soumission et promit de marier César-Monsieur à sa fille. L'odeur de fleur d'oranger se substituait à celle de la poudre.

La prise d'Amiens et de Dinan entraîna la soumission de la Savoie et la signature du traité de Vervins qui mettait fin à la guerre entre l'Espagne et la France. Une paix ? Plutôt une trêve. Les Habsbourg ne désarmaient pas ; leur ambition était de régner sur l'Europe mais la France leur faisait obstacle. L'initiateur de ce traité était un Italien : Alexandre de Médicis.

VIII

FRUITS VERTS ET FEUILLES MORTES

1597-1598

Trente ans de guerre religieuse et dix ans de conflit avec l'Espagne avaient laissé la France abattue. Un cadavre, disait-on. On n'était pas loin du compte. Il n'avait pas suffi qu'un nouveau roi épris de paix montât sur le trône pour que, comme d'un coup de baguette magique, le pays retrouvât sa prospérité.

Cette misère, Henri n'avait eu ni le pouvoir ni le temps de la juguler. Dès qu'il quittait Paris par les faubourgs qui, rasés aux temps du siège, présentaient un spectacle de désolation, il lui semblait s'enfoncer dans un désert. Les routes n'étaient que fondrières, les champs que friches et halliers. Mal entretenus, les ponts s'effondraient. Autour des églises abandonnées, les demeures n'étaient que ruine. Il ne faisait pas bon traverser ces immensités désolées : des bandes de brigands, des hordes de loups y semaient la terreur. Des industries, des artisanats, des commerces jadis florissants, ne restaient que des reliquats hantés par des maîtres désespérés et des ouvriers somnolents.

La misère morale était pire peut-être.

Les gouverneurs des provinces se comportaient en potentats, en brigands, et narguaient l'autorité royale encore instable. Les officiers ne considéraient leur charge que comme une vache à lait. Du clergé catholique ne subsistait qu'une structure délabrée, prêtres ignares et amoraux se conduisant en satrapes dans leur paroisse qu'ils considéraient comme un apanage inamovible ; hiérarchie plus préoccupée de ses intérêts matériels que de ses devoirs spirituels ; papauté liée aux problèmes du siècle et reniant les préceptes des Évangiles...

Où qu'il tournât ses regards, le roi ne voyait autour de lui que désolation et chaos.

Passé la quarantaine il portait encore beau : la chevelure et la barbe grisonnaient mais l'œil était vif, la parole déliée, volontiers narquoise ou acerbe. La simplicité de ses mœurs et de sa toilette faisait contraste avec ceux de la cour. Il y mit bon ordre, décréta des mesures destinées à limiter la richesse et l'excentricité des vêtements et suggéra que l'on se souciât de retenue pour ce qui était des mœurs.

Il considérait Rosny comme son *alter ego* : une sorte de vice-roi. Ce n'est pas sans mal qu'il était parvenu à imposer ce huguenot coriace au Conseil des Finances, avant d'en faire son surintendant. Ils étaient devenus inséparables, depuis le jour où Rosny avait ramené au roi cinq cent mille écus entassés en caques sur soixante-dix chariots, fruit d'un grappillage dans certains offices de province. Le roi avait compris qu'il ne pourrait plus se passer de ce serviteur irréprochable qui administrait les finances royales avec autant de soin et de sagesse que s'il se fût agi des siennes.

Un tel comportement ne pouvait que conforter le roi dans l'amitié et la confiance qu'il vouait à son ministre. En revanche, quand il se hasardait à lui demander quelque argent pour ses besoins ou ses caprices, il se heurtait à un mur.

– Rosny, mon très cher ami, comment se comportent nos finances ?

– Au mieux, sire, compte tenu des circonstances.

– Fort bien ! Alors faites en sorte de me faire délivrer cinquante mille écus.

– Et pourquoi cela, je vous prie ?
– Pour mettre ordre à mes affaires.
Le ministre se contentait mal de cette formule évasive. Il bougonnait :
– Je ne puis disposer de cette somme. Demandez donc à votre ami Bastien Zamet. Pour lui c'est une bagatelle. Ou bien au duc de Toscane : il est cousu d'or.
– Je leur dois déjà beaucoup d'argent, par votre faute ! Alors donnez-moi ce que je demande ou nous nous brouillerons. Vous semblez parfois oublier que je suis votre roi !
– Je ne l'oublie pas, sire, mais je ne fais qu'appliquer vos consignes : restreindre les dépenses inutiles.
– Désobéir au roi, cela peut mener à la Bastille.
– Je ne vous laisserai pas ce plaisir. Insistez et je me retire sur mes terres !
Les motifs de ces requêtes demeuraient obscurs, ce qui ne faisait qu'irriter encore davantage le surintendant. À qui ces sommes étaient-elles destinées ? À la duchesse de Beaufort ? À un membre de sa famille dans le besoin ? À quelque hétaïre de passage dans la vie du roi ? Rosny penchait plutôt pour des dettes de jeu.
Pris d'une soudaine passion pour les cartes, Henri s'y livrait presque chaque jour, ou plutôt chaque nuit. Il jouait non seulement dans ses appartements, mais chez Zamet et dans certains tripots de la capitale hantés par des malfrats de haute volée, où l'on ne se hasardait qu'armé. Il avait au cours de ces rencontres interlopes fait la connaissance d'un Portugais : Pimantel, qui s'entendait à plumer ses victimes. Gagnait-il ? le roi gardait le magot par-devers lui. Perdait-il ? il allait présenter le montant de sa dette à Rosny.
– Dette de jeu, dette d'honneur ! disait-il. Rosny, sauvez votre roi !
Ce n'étaient souvent que de petites sommes, mais cinquante mille écus, diantre ! Rosny dut régler la

note pour éviter un scandale que n'eussent pas manqué de rapporter les gazettes.

Lorsqu'il était prié d'amputer le trésor royal de libéralités envers quelque membre de la tribu Estrées-Sourdis-Villeroy, Rosny se montrait plus réticent. Dès que la bourse du roi commençait à prendre des formes avantageuses il voyait autour de lui briller des regards d'envie. C'est en général Gabrielle qui se faisait l'interprète des sollicitations de la meute.

– Sire, disait-elle, cajoleuse, il arrive bien des malheurs à ma tante Sourdis. Son carrosse vient de verser et il est irréparable.

– Eh bien, qu'elle en achète un autre ou qu'elle aille à cheval !

– Il lui manque la somme nécessaire.

– Qu'elle fasse comme moi : qu'elle emprunte !

– Tant d'affaire pour quelques milliers d'écus... Vous avez donc le cœur sec ? Oubliez-vous que ma famille est la vôtre ? Je ne puis souffrir que vous la laissiez dans le besoin !

« Dans le besoin ! » Le bon ange exagérait. Le membre le plus démuni du clan vivait dans l'opulence alors que lui, le roi, tirait le diable par la queue ! Il finissait le plus souvent par céder. L'habitude des sièges lui avait appris qu'il vaut mieux négocier que se battre. Il ne voulait pas se battre contre le « cher ange ».

Gabrielle venait de lui donner un troisième enfant : un garçon prénommé Alexandre.

– César... Alexandre..., marmonnait Rosny. Voilà qu'on donne furieusement dans l'antique.

Les guerres religieuses auxquelles le roi avait été mêlé au prix du sang laissaient dans sa mémoire une plaie vive.

Sa conversion avait laissé chez ses anciens compagnons huguenots moins de trouble qu'il ne l'avait redouté, mais, de même qu'une fraction d'ultras catholiques, ils gardaient l'arme au pied. La moindre étincelle risquait de mettre de nouveau le feu aux poudres.

À Sainte-Foy, à Saumur, à Loudun, des assemblées réformées avaient demandé aux parlements de Paris et des provinces confirmation de la relative liberté religieuse qui, jadis, leur avait été accordée par les édits de Poitiers et de Bergerac notamment. Le vicomte de Turenne [1], La Trémoille, Duplessis-Mornay et quelques autres huguenots s'étaient plaints au roi et à leur coreligionnaire Rosny d'être tenus à l'écart des faveurs dont bénéficiaient d'anciens ligueurs qui continuaient à les traiter publiquement de « chiens hérétiques ». À diverses reprises, des chefs d'armée huguenots avaient abandonné le siège ou la bataille, laissant le roi désemparé.

La population persistait à accabler les huguenots de son mépris, voire de sa haine. Lorsque les réformés de Paris se rendaient hors des murs pour assister aux prêches dans les temples d'Ablon ou de Charenton, des marauds gouaillaient sur leur passage et les lapidaient. On contrariait le déroulement de leurs obsèques, on enlevait des enfants à leurs parents sous prétexte de sauver leur âme de l'hérésie, on fermait arbitrairement leurs collèges, on profanait leurs sépultures... Les séquelles laissées par la Saint-Barthélemy étaient vivaces.

De passage à Nantes après la soumission du duc de Mercœur, gouverneur de la Bretagne, le roi décida d'y proclamer un édit qui devait engendrer une véritable paix religieuse. La base en était l'édit de Poitiers.

Cette décision fit l'effet d'un coup de tonnerre.

Le texte signé par Sa Majesté proclamait la liberté de conscience sur tout le territoire, en excluant toute notion de contrainte. Une ville par

1. Il est devenu duc de Bouillon par son mariage avec Mlle de La Marck, et prince de Sedan.

baillage était ouverte au culte réformé qui restait autorisé chez les particuliers et notamment dans la demeure des huguenots exerçant un droit de justice, avec une assistance limitée à trente participants pour éviter toute idée de provocation. Des tribunaux mixtes étaient institués. De nombreuses villes, les anciennes places de sûreté, étaient confiées à la Réforme et défendues par des garnisons entretenues aux frais du roi.

Dressé comme un seul homme contre cet édit qui instaurait un État dans l'État, le Parlement s'entendit répondre par le roi :

– J'ai vécu la Saint-Barthélemy. Dieu me préserve de voir renaître cette monstruosité ! Enfermé au Louvre cette nuit-là, j'ai vu des gouttes de sang tomber du plafond sur ma table. Aujourd'hui, vous me voyez prêt à couper court à toutes les factions et décidé à faire trancher la tête à tout prêcheur de sédition. J'ai escaladé les murailles des villes rebelles, je puis aussi bien franchir de nouvelles barricades. Catholique, je le suis autant sinon plus que vous. Je suis le fils aîné de l'Église, ce qu'aucun de vous n'est et ne sera !

Il ajouta devant ces visages de marbre, figés dans leur morgue imbécile :

– Si vous comptez avoir le soutien de Sa Sainteté, vous vous trompez. Je suis plus près d'elle que vous ne l'êtes. Je pourrais vous faire déclarer par elle hérétiques en raison du refus que vous opposez à ma volonté !

Une semaine plus tard, le Parlement consentait à enregistrer l'édit de Nantes. Les principaux parlements de province suivirent son exemple pour ne pas risquer les foudres royales.

Un soir, à Saint-Germain, alors que le roi, pour jouer avec ses enfants, se promenait à quatre pattes, on lui annonça la visite de parlementaires bordelais. Il poursuivit sa promenade, César-Monsieur sur son dos, quand on les fit entrer. Les voyant arborer des mines scandalisées, il leur lança :

– Vous semblez surpris de me voir batifoler avec mes enfants. Je fais le fou avec eux mais je saurai me montrer sage avec vous.

Il ajouta avec un clin d'œil à Gabrielle :

– Messieurs, je connais vos griefs. Alors épargnons-nous une discussion stérile et déplaisante. Le mal qui a mené mon royaume à la misère, je le connais mieux que vous, mais j'ai trouvé le remède et, quoi que vous en pensiez, je l'appliquerai. L'édit que j'ai signé à Nantes sera respecté.

Il se montra plus sévère encore avec les parlementaires de Toulouse. Il leur jeta :

– Je constate que vous n'avez pas cessé d'avoir le cœur espagnol ! Je refuse d'expulser les huguenots, de les tenir à l'écart des offices publics car ils ont risqué leur vie et leurs biens pour la défense du royaume. Quoi que vous en pensiez, je les tiens pour d'excellents Français !

Le roi reçut avec la même rigueur des représentants du clergé venus lui présenter leurs remontrances.

– Vous connaissiez les souverains qui m'ont précédé, leur dit-il. Ils faisaient entendre leur parole avec un grand déploiement de pompe. Moi, en dépit de mon pourpoint gris et de mes manières de Béarnais, je vous montrerai que mes actes suivent mes paroles. Je suis peut-être terne au-dehors, mais l'intérieur est tout en or...

Ce soir, le roi est dans de mauvaises dispositions. Il suffit pour s'en rendre compte de le voir heurter violemment la porte du pied, se gratter frénétiquement la poitrine par l'ouverture du pourpoint auquel il manque des boutons, tourner comme un dogue hargneux autour du chevalet avec des regards hostiles au tableau.

– Pas fameux, Luigi, pas fameux ! Vous avez fait mieux.

– Pas Luigi, sire : Paoli, rectifie Gabrielle. Je ne partage pas votre avis. Cette scène est pleine de charme et j'y suis à mon avantage.

– Ah, vraiment ! Vous trouvez...

Il brandit sa canne comme pour se mettre en garde, écarte d'une chiquenaude le pinceau qui portait un pétale de vermillon destiné au tétin gauche de la grande femme nue. Il résiste mal à l'envie de porter sa griffe de vandale sur cette œuvre d'art ratée. Ainsi c'est l'image de cette Junon que Gabrielle prétend léguer à la postérité !

– Qu'avez-vous fait, Paoli, du double menton de votre modèle ? Escamoté ! Et la partie la plus charnue et la plus attrayante de sa personne : sa croupe, où est-elle ?

Protestation de Gabrielle :

– Sire, vous déraisonnez ! Il fallait bien que Paoli me représentât ou de face ou de dos !

Il n'en démord pas : cette œuvre lui déplaît. Pourquoi représenter le modèle dans une baignoire, assise, tenant à la main un œillet, cette fleur qu'il déteste ? Pourquoi avoir donné à la nourrice d'Alexandre les traits d'une vieille sorcière au sourire de maquerelle ? L'enfant qui tend la main vers le compotier n'a pas les traits de César-Monsieur : il ne ressemble en rien au roi tel qu'il était au même âge, en Béarn. On retrouve sur son visage poupin les traits de... mais de qui donc ? de Bellegarde ! Il ne lui manque que la roupie au nez. Seule réussite, peut-être, les fruits du compotier et la silhouette de Gratienne esquissée dans le fond, près de la cheminée...

Lorsque le roi retire la canne qu'il vient de promener sur la toile en l'éraflant, le jeune artiste baisse la tête comme s'il allait l'en frapper. L'imbécile ! En se retirant il décoche la flèche du Parthe :

– Savez-vous, mon ange, à quoi vous fait ressembler cette peinture ? Au gouverneur de Saumur, le pape des huguenots : Duplessy-Mornay. La barbe en moins, évidemment...

Il ajoute en brandissant sa canne :

– N'oubliez pas que nous allons chasser demain. Départ à l'aube !

– Par ce temps, sire ?

– J'en ai connu de pires.

Elle l'entend marmonner à la cantonade :

– Cette promenade vous fera du bien. Vous n'avez pas bonne mine ces temps-ci.

Gabrielle n'est enceinte que de quatre mois, ce qui n'a pu lui gâter le teint. En revanche, la mine du roi semble des plus maussades. Soudain elle se dit qu'il a dû apprendre ce qu'elle lui cachait, bien que toutes les précautions eussent été observées.

La veille au soir Bellegarde s'est posé sur sa fenêtre, aussi discret qu'une feuille morte.

« J'aurais dû accepter, songe Henri. Aujourd'hui j'en aurais le cœur net... »

L'avant-veille, il a eu une longue discussion avec le maréchal de Belin, à la suite du sous-entendu exprimé par ce dernier quant à la fidélité des femmes en général et de la maîtresse du roi en particulier. Henri a eu du mal à maîtriser sa colère. Belin est de ces mauvaises têtes prêtes à allumer la mèche pour faire éclater la discorde dans le couple royal et à éviter le mariage. Henri l'a poussé dans ses retranchements, les yeux dans les yeux.

– Sire, lui a dit Belin, il me semblait que la vérité ne vous faisait pas peur. Et voilà que vous jouez à l'autruche...

Le roi l'a sommé de préciser sa pensée. Belin a senti des sueurs froides lui humecter le visage. Il a usé d'une métaphore poétique :

– Le temps des feuilles mortes est passé, sire, et pourtant le moindre vent les fait danser.

– Mais encore ?

– Pour tout vous dire, puisque vous l'exigez, je mettrai les points sur les « i ». Le sieur de Bellegarde n'a pas renoncé à celle qui fut sa maîtresse. J'ai appris qu'il lui rend visite, ici-même...

La pointe de sa canne contre la gorge du bellâtre, Henri a exigé des preuves.

– Vous les aurez, sire, et toutes chaudes. Dès ce soir. Que je sois pendu si je me trompe !

Le roi, le cœur brisé, a pris sa décision : il suivra Belin, il constatera de visu l'infidélité de sa maîtresse, et alors gare ! À l'heure dite, il s'est caché sous les fenêtres de Gabrielle, derrière une haie de fusains. Soudain il a soupiré :

– Belin, pardonnez-moi si je renonce. C'est plus que je n'en puis supporter. À tout prendre, je préfère le doute.

Ce doute le ronge mais la vérité eût fait éclater un scandale et provoqué une rupture avec Gabrielle. À quelques mois de leur mariage, auquel il s'est résolu. Il préfère la brume du doute à l'éclair qui l'eût foudroyé.

À la pique du jour la chasse était sur le départ.

Il faisait un de ces petits froids de printemps qui plaisaient au roi mais que Gabrielle redoutait. Elle avait revêtu une tenue masculine de drap vert, sa couleur favorite, et montait une cavale un peu trop nerveuse à son goût, ce qui ajoutait à sa mauvaise humeur. Le roi, lui, paraissait d'humeur joyeuse : il apostrophait joyeusement ses compagnons, reprenait d'une voix tonitruante l'air de chasse lancé par les cuivres, allait et venait en faisant perdre la tête à sa monture, impatient de s'enfoncer dans l'épaisseur de la forêt de Fontainebleau.

Ils ne rentrèrent qu'à la nuit tombante, trempés de pluie, harassés, avec un superbe dix cors, deux loups et du menu gibier, dont les cuisiniers vinrent prendre livraison.

Gabrielle manquait au retour. Au milieu de la journée, elle était retournée au château et le roi n'avait rien tenté pour la retenir. Ils savaient tous deux pourquoi.

Henri changea de tenue et, d'humeur radieuse, chantonnant, il alla retrouver Gabrielle. Elle venait de se coucher et buvait la tisane que lui avait préparée Gratienne.

– Votre départ a été très remarqué, dit-il. Quelle mouche vous a piquée, mon bel ange ?

L'*ange* laissa éclater sa colère et envoya le bol rebondir contre un fauteuil, aux pieds du roi.

– Cette mouche, dit-elle, est une guêpe. Voulez-vous que je vous la désigne ? Il s'agit de Mme Havard de Senantes.

– Aïe ! fit le roi en se grattant la tête.

Il se laissa tomber dans le fauteuil, battit la chamade avec ses doigts sur son genou, signe chez lui de confusion.

– Vous êtes resté une heure seul avec elle dans le pavillon de chasse ! Sans doute souhaitiez-vous lui apprendre les rudiments de la chasse à courre, à moins que vous n'ayez disputé une partie de reversis ? Mon départ a été remarqué, dites-vous ? De votre absence, on a fait des gorges chaudes à mes dépens ! Vous m'avez ridiculisée une fois de plus !

Il se leva lentement, s'approcha du lit, les traits tirés par une sourde irritation qui confinait à la colère.

– J'en conviens, dit-il, mais ne comptez pas que j'aille à Canossa ! Vous aimez les feuilles mortes et moi les fruits verts.

Gabrielle, figée, fit mine de n'avoir pas entendu cette allusion. Elle gémit :

– Cette garce, me trahir, moi pour qui elle se montrait d'un dévouement à toute épreuve ! Je vais la renvoyer !

Le roi cacha un sourire derrière sa main. Il eût fallu que Gabrielle renvoyât de même Mlle d'Harcourt, Mme des Fossés et quelques autres dames ou demoiselles au service de la favorite, qui avaient eu des faiblesses pour lui. Gabrielle savait bien, pourtant, qu'elle ne suffisait pas à étancher ses ardeurs, que ce diable d'homme était insatiable !

– Nous allons faire un pacte, dit-il en s'asseyant sur le bord du lit. Dès que je vous aurai épousée, que vous serez ma reine, nous renoncerons l'un et l'autre à nos amourettes pour ne songer qu'à notre amour.

Elle haussa les épaules en essuyant ses larmes.

– Notre mariage... Je n'y crois plus. Votre promesse, on sait ce qu'elle vaut.

Il eut un mouvement d'exaspération, s'écria :

– Si cela ne tenait qu'à moi, l'affaire serait dans le sac, mais Sa Sainteté, mais mon épouse Marguerite ?... C'est d'eux que dépend la décision. Je pourrais me passer à la rigueur de la dispense du pape, mais Margot... Vous me voyez marié à deux épouses ? Nous ne sommes pas chez les Barbaresques ! C'est pour le coup que les gazetiers, les chansonniers, les prédicateurs s'en donneraient à cœur joie ! Lorsque, devenu libre, je pourrai enfin vous mener devant l'autel, je ne tolérerai pas que l'on vous traite de « décriée bagasse », de « putain du roi », de « garce en quartier », de « duchesse d'ordure » ! La Bastille n'est pas faite pour les chiens...

Il ajouta :

– Ventre-Saint-Gris ! faisons ce pacte d'honneur et nous n'aurons plus à nous reprocher nos grandes et nos petites infidélités.

Depuis son entrée au Louvre il avait peu à peu renoncé, sur le conseil de Melchior, à jurer en langue béarnaise : ces *capdediou* et *dioubiban* détonnaient sur ses lèvres et dans ces lieux.

– J'accepte..., soupira Gabrielle.

À peine avait-il tourné les talons pour aller disputer une partie de cartes en bonne compagnie, Mme de Sourdis lui succédait dans la chambre de Gabrielle. Elle était en toilette de nuit, la tête serrée dans son bonnet, ce qui lui faisait une figure de courge mûre.

– Alors, dit la tante, tu lui as parlé ?

– Nous avons parlé.

– Sa promesse de mariage tient-elle toujours ?

– Elle tient, semble-t-il.

– Tu aurais dû lui rappeler cette autre promesse concernant mon frère. Cette abbaye du Poitou dont ils ont parlé ferait bien son affaire. Il faudrait bien aussi qu'il se décide à augmenter votre pension. Quant à moi, je...

– Tout cela viendra à son heure. Une fois mariée et reine je n'aurai rien à refuser à ma famille.

– Il faut hâter ce projet de mariage. Je connais bien Henri : qu'il trouve une autre maîtresse à son goût et c'en est fait de nous tous...

La succession au trône devenait la clé d'une ère nouvelle de l'histoire. Henri aimait ses enfants, jouait avec eux, s'informait chaque jour de leur santé auprès du médecin Heroard, se conduisait en toutes circonstances comme leur véritable père, mais c'étaient des enfants illégitimes et, de surcroît, à la paternité douteuse.

Rosny, à qui il se confiait volontiers, lui disait :

– Sire, une dynastie ne se construit pas sur des sables mouvants. Vous devez vous marier, et pas avec qui je pense. Cela ferait une révolution ! L'avenir du royaume vous impose de choisir une épouse issue d'une grande famille et de lui donner des enfants dont nul ne puisse contester la légitimité. À votre âge, cette décision devient urgente.

Henri se repliait sur lui-même, hésitant entre deux attitudes face à cette avalanche de vérités : prier son ministre de s'occuper de ses propres affaires ou convenir qu'il avait raison et agir en conséquence. Ce saint Jean-Bouche-d'or avait fichtrement raison.

Cette situation en porte à faux n'était pas le seul motif de son trouble : sa propre santé l'inquiétait. L'année précédente, une nouvelle fois, la maladie l'avait conduit aux portes des ténèbres. Trop d'épreuves, de fatigue, d'amour... Ses médecins l'avaient prévenu : ces rétentions fréquentes d'urine, ces carnosités, ces émissions de sperme gâté ne leur disaient rien qui vaille. Le jour semblait proche où il ne pourrait assurer sa succession. Et alors... Et alors le pays entrerait dans une nouvelle ère de troubles, de guerres, de misère, de ruine.

Il convenait avec Rosny qu'il eût dû s'enquérir, dès son accession au trône, d'une épouse digne de lui. Mais où la trouver ?

– En Allemagne, peut-être, proposait Rosny. Ces contrées ne manquent pas de jeunes princesses fort avenantes.

– Épouser une Allemande huguenote ! protestait le roi. J'aurais l'impression de coucher avec un baril de bière.

– Alors pourquoi pas une Italienne ? Par exemple Marie, la fille du grand-duc de Toscane. Elle est fraîche, jolie, un peu grasse comme vous les aimez, et cousue d'or, ce qui arrangerait bien nos affaires. Bastien Zamet et Albert de Gondi me l'ont chaleureusement recommandée.

– Une Médicis ! s'exclamait le roi, vous n'y pensez pas ! Noblesse trop récente, et puis... et puis j'aurais l'impression de faire l'amour à ma bellemère Catherine. Merci bien !

Rosny avançait le nom de l'infante d'Espagne, Isabelle. Le roi pouffait : ce vieux laideron ne pourrait lui donner des héritiers. Une fille du duc de Mayenne ? Trop jeune. Alors, pourquoi pas Catherine de Rohan ? Trop huguenote.

– Il y a bien, suggérait le ministre, Mlle de Guise.

– Celle-là serait à ma convenance. Elle est jeune, jolie, intelligente. Cependant...

– Quoi encore, sire ?

– ... on dit qu'elle est fort éprise de M. de Bellegarde. D'ailleurs le souvenir de son père, le Balafré, et la présence de cette ligueuse invétérée, Mme de Nemours, cela ferait bien des ombres entre nous.

Ils en restaient là.

L'année passée, Henri avait marié sa sœur.

Contrainte de renoncer au comte de Soissons, son cousin germain, Catherine avait repoussé l'union que son frère lui proposait avec le duc de Montpensier, autant par rancœur que parce qu'il ne lui convenait pas. En revanche, de guerre lasse, elle avait fini par accepter d'unir sa destinée à celle d'Henri de Lorraine, duc de Bar et d'entrer, elle, farouche huguenote, dans cette famille catholique.

Appelé à une destinée nationale, Henri lui avait confié la gestion du petit royaume de Navarre. Elle s'était acquittée de cette mission avec compétence et autorité jusqu'au jour où, confiant le gouvernement au duc de La Force, capitaine de sa garde, avec des fonctions de vice-roi, Henri avait appelé sa sœur à la cour. Il n'attendait pas qu'elle l'aidât dans les tâches de son règne, qu'elle assumât une partie de ses épreuves : il souhaitait simplement qu'elle l'assurât de son affection et fût le témoin de son ascension.

Il lui avait fait don d'un cœur de diamant entouré de perles fines et lui avait abandonné l'hôtel de la rue des Deux-Écus que la reine mère avait fait édifier trente ans plus tôt. Elle s'y plaisait et Soissons venait parfois l'y rejoindre discrètement, mais elle logeait souvent au Louvre où la vie était plus intense et où elle pouvait plus aisément s'intéresser aux affaires de la politique et de la religion. Le roi lui avait fait installer un appartement proche du sien et la laissait libre d'aller et venir à sa guise. Elle tenait des prêches dans sa chambre ou, parfois, dans celle des Cariatides, au grand dam des catholiques. Ils en informèrent le pape qui manifesta son indignation, ce qui laissa le roi indifférent.

Il lui rendait visite chaque jour. Installé dans un fauteuil, il lui demandait de se mettre à son épinette ramenée du château de Pau. Elle jouait et chantait fort convenablement des ritournelles de Navarre. Ils s'entretenaient volontiers en langue du pays et sentaient alors se resserrer autour d'eux cette chaleur d'affection que les événements et une longue absence avaient estompée.

Un matin que Catherine était à sa toilette, il trouva sur l'épinette un sonnet qu'elle avait dû rédiger la veille, de son écriture longue et un peu sèche. Ses yeux se mouillèrent en lisant le premier quatrain :

Père doux et bénin qui connais toute chose
À mes yeux pleins de pleurs ne ferme pas tes yeux
Regarde mes ennuis du plus haut de tes cieux
Et à mes tristes cris n'aie pas l'oreille close...

Ces « tristes cris » émurent le roi. Il se demanda de quel droit il pouvait faire obstacle au bonheur de cette sœur qu'il aimait et qui était sa seule famille véritable.

Dans la perspective du mariage lorrain il avait tenté de la faire instruire dans la religion de sa belle-famille, comme il y avait consenti lui-même en d'autres temps, mais Catherine se montrait plus rétive. À trop insister pour qu'elle abjurât il risquait de la voir reprendre la route de Navarre, et il n'avait pas le cœur assez sec pour la retenir prisonnière. Il y renonça. À la grâce de Dieu...

À quarante ans Catherine avait encore quelque charme dont on sentait pourtant qu'il se gâterait vite. Elle était, sous la sévérité huguenote, une bonne nature qui savait sourire de son infirmité (elle boitait depuis l'enfance) et de ses maux (elle souffrait du même mal de poitrine qui avait emporté sa mère). Le duc de Bar ne devait pas attendre d'elle une fécondité comparable à celle de Gabrielle.

C'est au château de Montceaux que fut passé le contrat de mariage daté du 5 août 1598. Restait à célébrer ce mariage honni du pape et réprouvé par les catholiques intransigeants. Il eut lieu au début de l'année suivante, dans le cabinet du roi, avec la complicité de Charles, évêque de Bourbon, demi-frère du roi, qu'Antoine avait eu d'une célèbre courtisane de l'époque, la Belle Rouet.

Le duc de Bar assista à la messe et Catherine au prêche. Ils se retrouvèrent au bal accompagnant le dîner et que Catherine ouvrit avec son frère.

Épuisée par ces fêtes, Catherine garda le lit quelques jours, ce qui retarda son départ pour la Lorraine. Le cœur serré, le roi la regarda monter dans sa litière en se faisant aider de ses dames. Elle était affligée d'une toux tenace. Lorsqu'il l'embrassa, mêlant ses larmes aux siennes, il lui essuya avec son mouchoir la commissure des lèvres où la toux avait laissé une trace de sang.

IX

MORT D'UN ANGE

1599

La tante Sourdis s'occupait de tout. Lorsqu'un couturier proposait un modèle de robe, elle s'écriait :

– Laissez ! vous n'y entendez rien. Il n'y aura pas de rubans ici, et là non plus. Je veux en revanche des perles, beaucoup de perles. Ce rouge irait bien pour une maquerelle. Ma nièce préfère le vert, faut-il vous le répéter !

Le mariage avait été fixé à la semaine de Quasimodo, passé les fêtes de Pâques, et toute la cour s'y préparait, en dépit des murmures de réprobation qui s'amplifiaient avec l'approche de la date fatidique. La dispense que des cardinaux français souhaitaient obtenir du pape tardait à venir ? Eh bien, on s'en passerait, comme on l'avait fait pour le mariage de Catherine ! Quant à l'annulation du mariage avec Margot, la procuration ne tarderait guère.

Le jour du Mardi gras, le roi ôta de son doigt l'anneau qu'il avait reçu à Chartres lors du sacre, pour le passer au doigt de Gabrielle.

– Ah ! sire, dit-elle en fondant en larmes, je vois par ce geste combien vous êtes sincère. Il n'y a que Dieu ou la mort qui pourraient nous séparer.

Au début de la semaine sainte, alors que Sa Majesté se trouvait à Fontainebleau, son confesseur, l'abbé Benoist, curé de Saint-Eustache, lui dit :

– Sire, il est temps de faire pénitence.

– J'y suis prêt. Que dois-je faire ?

– Premièrement, dire vos prières sans en oublier. Deuxièmement, assister à trois messes par jour. Troisièmement... vous séparer de Mme la duchesse de Beaufort une semaine entière afin de vous éviter tous les pièges du démon.

Henri prit très mal ces exigences et Gabrielle en fut outrée. Ce curé était un tortionnaire, un suppôt de la Ligue ! Le roi la trouvait irritable, nerveuse, alors qu'elle aurait dû se préparer dans la joie à leur union.

– Je suis inquiète, disait-elle, et je ne sais pourquoi. Chaque nuit amène des cauchemars qui me poursuivent durant des heures quand je suis éveillée.

Elle avait rêvé une nuit qu'elle se trouvait au milieu d'une forêt embrasée par un sinistre et dont elle ne parvenait pas à s'échapper. Ses cris avaient réveillé le roi. Elle lui avait confié son cauchemar ; il lui avait raconté le sien mais en évitant de préciser qu'il l'avait vue blessée à mort, afin de ne pas l'inquiéter inutilement.

Elle lui dit en s'accrochant à lui :

– Il faut me garder près de vous ! J'ai le pressentiment qu'un malheur va s'abattre sur nous si nous nous séparons.

– Rassurez-vous, mon ange ! C'est sur nos adversaires et nos ennemis que le malheur s'abattra : ils ne peuvent plus rien pour empêcher notre union. Rendormez-vous et oubliez vos mauvais rêves. Ce ne sont que des enfantillages.

Le lundi de la semaine sainte, le roi accompagna Gabrielle jusqu'au port de Melun où elle devait prendre le coche de Paris. En descendant de sa litière pour embarquer elle tomba à genoux, entoura les jambes du roi, le suppliant de revenir sur sa décision et de la garder près de lui. Bouleversé, il faillit renoncer à se séparer d'elle, mais il craignait de susciter un nouveau scandale, à une quinzaine du mariage.

– Partez sans crainte, dit-il. Je prendrai chaque jour de vos nouvelles. Jusqu'à ce jour votre grossesse s'est bien passée. Il n'y a pas de raison de s'inquiéter.

Il dit à La Varenne, l'un de ses capitaines des gardes, et à Montbazon, un autre officier, qu'il avait chargés d'escorter la duchesse :

– Je vous confie l'être qui m'est le plus cher. Vous en répondrez sur votre tête.

Réprimant ses larmes, il regarda la lourde embarcation s'éloigner sur le fleuve. Elle ne répondit pas à l'adieu qu'il lui fit mais elle garda les yeux fixés sur lui jusqu'à ce qu'un bouquet de saules le lui dérobât, comme s'ils ne devaient jamais se revoir.

Gabrielle entra dans Paris avec au cœur une sinistre appréhension.

En abordant la semaine sainte la ville semblait prise d'une frénésie religieuse attisée par le supplice de deux moines accusés de complicité dans l'attentat perpétré contre le roi. Elle fit arrêter son coche près de l'Arsenal et, en rasant les murs, se fit conduire en litière chez son ami, le financier Bastien Zamet, rue de la Cerisaie [1], après une rapide visite à sa sœur Diane qui habitait à proximité.

– Vous êtes ici chez vous, madame, lui dit le banquier. Votre chambre est telle que vous l'avez laissée il y a peu.

Elle retrouva la fenêtre donnant sur le jardin que le printemps avait inondé de fleurs, la grande tapisserie représentant le bain des nymphes, le lit de modestes dimensions, tendu de rideaux rouges, où Bellegarde aimait se prélasser après l'amour, le petit meuble sur lequel il posait sa pipe en terre, à côté de la bourse de cuir contenant son tabac et son briquet.

1. Quartier des Tournelles, aujourd'hui place des Vosges.

Elle était arrivée dans l'après-midi de lundi. Le mercredi suivant, elle se confessa en l'église Saint-Antoine. Le lendemain, Mlle de Guise l'accompagna pour faire sa communion aux ténèbres du Petit Saint-Antoine. Durant l'office auquel elle assista d'une chapelle latérale, elle déclara à Mlle de Guise qu'elle avait eu comme un éblouissement et se sentait d'une extrême faiblesse.

– Ramenez-moi chez Zamet, dit-elle. C'est peut-être cette musique et cette odeur d'encens qui m'incommodent.

– Peut-être aussi votre grossesse, après tout, dit Mlle de Guise, sans compter votre appétit. Ma chère, vous dévorez !

– Il faut bien que je mange pour deux, répliqua Gabrielle avec un rire.

– Une petite promenade dans le jardin vous fera du bien.

Elle prit le bras de Gabrielle. Parvenue au bassin dominé par un groupe de nymphes, Gabrielle porta la main à son ventre en poussant un cri sourd. Sa compagne la fit asseoir sur un banc, alerta La Varenne et Montbazon qui les suivaient à quelques pas.

– Elle a perdu connaissance ! dit La Varenne. Nous allons la transporter dans sa chambre.

Aidés de Montbazon et d'un jardinier, ils parvinrent à la hisser à l'étage, non sans mal car elle était lourde, puis ils l'allongèrent sur le lit. En reprenant ses esprits, elle demanda ce qu'elle faisait là.

– Vous avez perdu connaissance, dit Mlle de Guise. Comment vous sentez-vous à présent ?

La bouche tordue de douleur, Gabrielle parvint à articuler quelques mots pour demander qu'on la fît conduire sur-le-champ au domicile de Mme de Sourdis, au doyenné de Saint-Germain-l'Auxerrois. La tante était absente lorsqu'on l'y amena.

– Vous allez, dit-elle à La Varenne, écrire un mot pour le roi et le lui faire porter. Il doit être encore à Fontainebleau. Il faut qu'il vienne me rejoindre sur-le-champ. Ma tante doit se trouver à Chartres. Faites-la prévenir de même.

Au cours d'une rémission qui dura quelques heures, Gabrielle chercha ce qui avait bien pu occasionner une telle indisposition. L'ambiance de la messe ? elle n'y croyait guère. Des repas trop abondants ? pas davantage : elle avait toujours eu bon appétit. Sa grossesse ? peut-être, mais elle ne se souvenait pas avoir souffert de maux aussi violents lors des précédentes.

Une idée fulgurante lui traversa l'esprit : et si l'on avait voulu l'empoisonner ? Elle n'avait pris chez sa sœur Diane qu'un verre d'eau pour étancher sa soif. Bastien Zamet lui avait fait servir un sirop de citron qu'on appelait *poncire* ou *poire de Médie* ; elle l'avait bu sans plaisir.

Elle écarta cette idée en se disant que, si l'on avait voulu l'empoisonner, elle serait déjà morte. Or les douleurs s'étaient apaisées et même elle sentait l'appétit lui revenir.

Dans la journée elle reçut des visites : Rosny et son épouse Rachel, la princesse de Conti, Mme de Nemours, Mme de Mayneville, ainsi que ses dames de compagnie. Elle prit avec elles une collation de fruits et de confitures et leur annonça d'un air enjoué que, le lendemain, elle irait faire ses Pâques à Saint-Germain-l'Auxerrois où elle les invita à la rejoindre.

Prise de nouveaux malaises au début de l'après-midi, elle dut s'aliter. Les médecins conclurent aux prémices d'un accouchement prématuré. Que faire ? administrer à la malade des saignées, des clystères ? Aucun n'osa s'y risquer en raison de son état de faiblesse. Entre deux crises, elle s'interrogeait sur l'absence du roi qu'elle avait pourtant fait prévenir.

– Sa Majesté ne va plus tarder, lui disait Mlle de Guise. La Varenne est allé le prévenir.

Le messager avait remis le billet au roi. Henri avait chancelé en le lisant. Il avait fait seller son cheval et avait foncé vers la capitale. Arrivé à proximité d'Évry, il fut arrêté par un courrier de Paris.

– Je suis pressé, dit-il. Que me veut-on ?

– Vous annoncer une triste nouvelle, sire : Mme la duchesse est morte...

Mme de Sourdis avait fait diligence. Une journée lui avait suffi pour aller de Chartres à Paris. Affolée, en larmes, elle trouva les médecins dans la cour du doyenné, en train de discuter gravement. Elle leur demanda leur diagnostic.

– Madame, dit Marescot, je crains que notre science demeure impuissante. Nous ignorons le mal dont souffre la duchesse mais tout semble indiquer qu'il pourrait s'agir d'un accouchement prématuré.

– Quels remèdes avez-vous employés ?

– Aucun pour le moment, madame, mais nous envisageons de la libérer de son fruit.

– L'enfant importe peu. Ce qu'il faut c'est sauver ma nièce. Cessez vos parlotes et faites ce qui doit être fait !

Elle trouva Gabrielle dans un état voisin de l'agonie. Son visage tordu par la douleur était méconnaissable. Elle hurlait en se démenant, l'écume aux lèvres, les yeux révulsés.

À huit heures du soir, à la faveur d'une rémission, Mme de Sourdis tendit à la malade une feuille de papier et une plume en lui disant :

– Écrivez au roi. Dites-lui qu'il doit vous épouser sur-le-champ pour ne pas laisser vos enfants à l'abandon. Voulez-vous que je rédige moi-même ce billet ? Vous n'aurez plus qu'à le signer.

La lettre rédigée et signée elle la confia à M. de Pechpeyroux, un des fidèles de Bastien Zamet. La Varenne, qui avait assisté à la scène, alerta le prince de Conti, le maréchal d'Ornano et Bellièvre : ils se réunirent et convinrent d'empêcher à tout prix le roi de céder à cette requête. Un bâtard sur le trône de France pour succéder à Henri, c'eût été inconcevable. La Varenne fut chargé de partir à son tour, d'empêcher Pechpeyroux d'arriver jusqu'au roi, de le neutraliser le cas échéant. Il échoua dans sa mission. À l'annonce de la mort de sa maîtresse le roi était revenu à Fontainebleau pour y préparer son retour à Paris et son deuil, quand Pechpeyroux lui avait remis le message de Gabrielle. L'espoir qui le submergea s'effaça lorsque La Varenne, survenant peu après, lui révéla que Mme la duchesse était à l'agonie, pour ainsi dire morte, et qu'il était préférable qu'il ne la vît pas.

– Qui donc pourrait m'empêcher de me rendre auprès d'elle ? hurla-t-il. Je partirai demain, à l'aube. Mon premier écuyer, Beringhem, me précédera dès ce soir. Vous, Pechpeyroux, faites en sorte que, demain, à cinq heures, un coche m'attende sur la Seine.

La Varenne partit un court moment après Pechpeyroux et arriva assez tôt pour le prévenir de ne pas exécuter l'ordre du roi : il y allait de la survie du royaume...

Gabrielle passa la nuit dans des douleurs atroces. Le lendemain les médecins étaient de nouveau à son chevet avec leur panoplie de bistouris et de pinces. Ils parvinrent, morceau par morceau, à extraire le fœtus des entrailles mais ne purent évacuer le placenta. Gabrielle, l'opération terminée, entra dans un coma profond. En désespoir de cause, on administra à la moribonde trois saignées et trois clystères. En émergeant de sa torpeur elle gesticulait, hurlait, grimaçait, la tête déjetée au point de paraître se détacher du corps.

– En vérité, chers collègues, dit Marescot d'un air méditatif, voilà un phénomène bien étrange.

– Je dirai même diabolique, ajouta Rosset. Je n'ai jamais rien vu de tel...

Bellièvre intercepta le roi alors qu'il arrivait à Juvisy dans l'intention d'y prendre le coche des Tuileries qu'il avait fait retenir la veille et qui n'était pas encore arrivé.

– Sire, dit le ministre, il est inutile d'aller plus loin. Il vaut mieux que vous ne voyiez pas Mme de Beaufort. Elle a cessé de vivre.

– Ah ! s'écria le roi, encore un coup du Ciel ! Je veux la voir une dernière fois !

– Je vous le déconseille, sire. Mieux vaut garder de Mme de Beaufort la dernière image qu'elle vous a laissée. La douleur l'a rendue méconnaissable. Le mieux est de retourner à Fontainebleau auprès de vos enfants.

Le visage baigné de larmes, penché sur l'encolure de son cheval, chancelant sur sa selle, Henri se laissa reconduire jusqu'au château. Il prit le petit César par la main, l'emmena dans le parc, le fit asseoir sur un banc près de lui, au soleil.

– Mon fils, dit-il, il va falloir être courageux. Votre maman vient de rejoindre le Seigneur.

La samedi matin Gabrielle entra dans la phase ultime de l'agonie.

Lorsque le médecin en troisième, La Rivière, vint la visiter, il ne put retenir un mouvement de recul : la moribonde était cambrée sur sa couche, la tête pour ainsi dire tournée devant-derrière, la bouche tordue, distendue par un rictus. Il partit en s'écriant :

– *Hic est manu Domini !*

– Notre pauvre malade, dit Rosset, a dû se donner au diable pour avoir une telle apparence. On dirait qu'il lui a tordu le cou...

À peine Gabrielle eut-elle poussé son dernier soupir, on assista à un étrange ballet : des mains fouilleuses, des ongles crochus s'étaient mis en mouvement, avant même que l'on eût procédé à la toilette de la morte. Mme de Sourdis cherchait fiévreusement la cassette et le coffret à bijoux ; son frère Antoine balayait d'un regard de convoitise les quelques meubles et les deux tapisseries apportés du doyenné. On surprit la princesse de Martigues en train de faire glisser dans son chapelet les bagues de la morte. On chassa Mme de Mayneville qui fouillait dans la garde-robe et une servante, la Rousse, qui faisait de même sous le lit.

Le corps était encore chaud que les corbeaux s'acharnaient sur lui.

Après la toilette mortuaire, Gabrielle fut revêtue de la robe préparée pour ses noces. On lui avait ôté les rares joyaux qu'elle portait encore pour exposer sa dépouille à la curiosité publique. Durant quatre jours des archers en grande tenue montèrent la garde et présentèrent l'eau bénite aux visiteurs.

Côte à côte avec celui de l'enfant de sept mois qu'on lui avait arraché, le corps de la « presque reine », comme on disait, fut allongé dans un cercueil que l'on fit glisser sous le lit en ne laissant apparaître sur la courtepointe qu'une effigie de cire ornée de la couronne ducale. Aux heures des repas, on déposait à l'intention de la défunte, sur un guéridon placé au pied du lit, un couvert, une serviette et quelques aliments qu'un prélat venait bénir.

L'évêque-soldat de Valence, M. de Balagny, beau-frère de Gabrielle, expédia la cérémonie funèbre à Saint-Germain-l'Auxerrois, en présence de la coterie familiale, Mme de Sourdis en tête. Tous paraissaient profondément affligés, mais non pour les raisons que l'on aurait pu supposer. Ils distribuèrent quelques libéralités aux pauvres hères que l'on avait vêtus de deuil et qui mimèrent très convenablement le chagrin de circonstance.

Transportée dans la basilique de Saint-Denis, la dépouille n'y resta que le temps d'un deuxième service funèbre. On n'allait pas pousser l'inconvenance jusqu'à prétendre donner à la « presque reine » une place parmi des rois et des reines qui se fussent retournés dans leur tombe !

C'est à l'abbaye de Maubuisson, proche de Pontoise, dont l'abbesse était une sœur de Gabrielle, que Mme la duchesse de Beaufort reçut sa dernière demeure. À plusieurs reprises, durant le dernier office, les rires des moniales interrompirent l'office.

Paris exultait. La putain royale disparue, écarté le scandale du mariage avec le roi, aucune larme, aucune prière ne l'accompagna. Par décence et pour ne pas irriter le roi, on renonça à allumer des feux de joie et à célébrer des *Te Deum* d'action de grâces, mais ce n'est pas l'envie qui faisait défaut.

En revanche les gazetiers s'en donnèrent à cœur joie et firent éclater quelques pétards qui sonnèrent désagréablement aux oreilles de Sa Majesté. On pouvait lire sur les placards des poèmes outranciers :

J'ai vu passer sous ma fenêtre
Les six péchés mortels vivants
Conduits par le bâtard d'un prêtre
Qui tous ensemble allaient chantant
Un requiescat in pace
Pour le septième trépassé...

On tressait à Gabrielle des épitaphes infamantes :

Ci-gît la peste des humains
Nourrice des gémeaux romains...

En dépit des conclusions des médecins qui avaient pratiqué l'autopsie, l'idée d'une mort par le poison faisait son chemin. Ils avaient trouvé « le poumon et le foie gâtés, une pierre en pointe dans le rognon, le cerveau offensé ». À défaut d'en savoir davantage on parla d'apoplexie. Du poison, aucune trace, mais Gabrielle avait eu à affronter une telle kyrielle d'ennemis acharnés contre son accession au trône que les ragots allaient bon train.

Le premier à être soupçonné fut Bastien Zamet : le verre de jus de citron qu'il avait offert à Gabrielle parut suspect. Mais, outre qu'il avait d'excellents rapports avec elle, comment aurait-il pu songer à sacrifier une débitrice qui lui devait des sommes importantes ?

Une semaine avant la mort de Gabrielle, le pape Clément s'était retiré dans son oratoire pour méditer sur la dispense qu'on lui demandait en faveur du remariage du roi avec celle qu'il appelait sa Bethsabée.

Soudain on le vit sortir de son oratoire, l'air inspiré, les yeux et les bras levés vers le ciel, s'écriant :

– Dieu y a pourvu !

X

L'ÉTOILE FIXE

1599-1600

C'était un printemps un peu fou. Les éléments semblaient jouer entre eux, tantôt à se confondre et tantôt se contrariant. Au cours de la même journée la forêt de Fontainebleau changeait trois ou quatre fois de robe, la pluie et le soleil succédant à une petite neige nocturne. Les matinées étaient glaciales et les après-midi ardents.

Henri, mettant à son lever le nez à la fenêtre, constatait :

– Le temps ne va pas tarder à se lever. S'il fait beau cet après-midi, nous irons faire une longue promenade dans le parc.

Il prenait César par la main et soulevait Catherine-Henriette pour la porter dans ses bras. Il venait d'avoir cinq ans, elle en avait trois. À pas lents ils s'engageaient dans l'allée qui traversait le parc, en marge de la grande forêt où le vent balayait les derniers bourrelets de neige sur les branches qui commençaient à reverdir. César s'intéressait aux oiseaux et aux plantes ; la forêt dans laquelle il hasardait quelques pas sous l'œil vigilant de son père lui proposait de nombreux sujets d'intérêt et de curiosité que le roi s'attachait à satisfaire et dont il encourageait la découverte. Catherine-Henriette avait d'autres penchants : les fleurs et les pierres que le roi, amusé par ce manège, l'aidait à cueillir et à ramasser.

Au retour, quelles que fussent l'heure ou les circonstances, le roi s'enfermait dans son oratoire pour ses oraisons quotidiennes. Il s'y conformait sans réticences mais avec des vagues de doute qui venaient ébranler ses convictions.

À la nouvelle du décès de Gabrielle, son premier réflexe avait été d'accuser le Ciel, de reprocher à ce Dieu auquel il s'était abandonné de l'avoir privé de l'être qu'il chérissait le plus et que, lui semblait-il, il ne pourrait remplacer. Un ange lui était tombé du Ciel ; le Ciel le lui enlevait.

Il avait écrit à sa sœur pour lui annoncer la nouvelle : « *La racine de mon cœur est morte et ne rejettera plus...* » Il se voyait tel un arbre foudroyé jusqu'aux tréfonds, impuissant à donner de nouveaux fruits, occupant seulement avec ses ramures dénudées la place qui lui était impartie. Il se disait parfois que ce malheur ne pouvait être le fait du hasard mais l'aboutissement d'une longue suite de contrariétés qui, en même temps qu'elle le poussait en avant sur la voie royale, semait obstacles et tragédies sous ses pas. Il ne pouvait éviter, d'autres fois, de se dire que des mains humaines – lesquelles ? – avaient aidé le destin à se réaliser.

Henri prit le deuil noir une semaine et trois mois le deuil violet. La cour l'imita servilement.

De retour au Louvre, repris par les affaires du royaume, il recevait parfois les membres de la tribu. La tante Sourdis réclamait la garde des enfants ; Antoine, le père de la défunte, s'était proposé pour déménager le dernier domicile de sa fille, cet hôtel de Schomberg, rue Fromenteau, où elle avait rassemblé un mobilier précieux ; Cheverny ne risquait pas de paraître dans ce trio : il venait de mourir.

Depuis le décès de Gabrielle, le roi vivait en permanence auprès de Rosny.

– Sire, lui disait le ministre, cette disparition me désole. Certes, mes rapports avec la duchesse ne furent pas toujours exempts d'animosité : elle me témoignait de la froideur et moi je lui tenais rigueur de ses dépenses inconsidérées. Pourtant, Jésus-Dieu ! je le jure, nous ne nous sommes jamais heurtés de front et de manière irrémédiable.

– Quand on connaissait la duchesse comme je la connaissais, répondait le roi, on ne pouvait que l'aimer. C'était un ange, Rosny...

– Certes, mais cependant... Souvenez-vous, sire, des mauvais moments qu'elle vous a fait subir. Combien de fois vous ai-je entendu maudire le hasard qui l'avait placée sur votre chemin, elle et sa famille ? Vous envisagiez à contrecœur la perspective d'un mariage. Vous regrettiez la promesse que vous lui aviez faite étourdiment...

Le roi fronçait les sourcils mais n'osait riposter à ces impertinences de son surintendant, tant il était convaincu qu'il avait raison, mais il détestait cette attitude provocante, ces arguments que lui-même n'osait invoquer.

De nouveau il fallait parler mariage.

Rosny sortait de ses tiroirs des messages d'ambassades, des portraits en miniature, passait avec son maître des heures à examiner des candidatures avec la gravité d'orfèvres expertisant l'aloi des monnaies ou des joyaux. Leurs prospections les ramenaient invariablement à la nièce du grand-duc de Toscane, Marie de Médicis : le parti le plus conforme à l'intérêt du royaume et aux goûts de Sa Majesté.

Discrètement, Rosny avait engagé des contacts officieux avec l'ambassade de Toscane. La porte restait ouverte : il suffisait de la pousser. Il se disait qu'il n'y avait pas urgence ; il avait tort.

Revenu au Louvre, drapé dans son deuil violet, le roi errait comme une âme en peine dans ses appartements.

Il ne trouvait de dérivatif, en dehors de la chasse et de la paume, que sur le chantier de la galerie dont on avait commencé la construction de long de la Seine, jusqu'aux Tuileries. Malgré les efforts de Rosny pour acccentuer les rentrées des impôts, les travaux n'avançaient que lentement.

Le roi prenait de temps à autre quelque distraction avec les comédies de la troupe d'Arlequin qui s'était installée à l'hôtel de Bourgogne après quelques spectacles au Louvre. Elle avait obtenu l'autorisation de porter le nom de Comédiens ordinaires du Roi, ce qui la propulsa vers les sommets de la renommée. Elle se produisait sur la même scène, alternativement, avec une troupe d'Italiens. On donnait dans ce théâtre des farces à l'impromptu aussi bien que des tragédies.

Pour la première fois dans une comédie, on vit sur la scène de l'hôtel de Bourgogne un rôle tenu par une femme. Elle s'appelait Marie Vernier. Son succès fut tel que l'on dut installer des barrières devant le théâtre pour éviter bousculades et émeutes.

À la suite de la représentation d'une tragédie de Montchrétien : *L'Écossaise*, évoquant le tragique destin de la reine Marie Stuart, le roi demanda à rencontrer cette comédienne. On la lui amena à la fin du spectacle. Elle s'agenouilla, comme le faisaient ordinairement les visiteurs, sur le coussin de velours vert. Le roi la fit relever et garda sa main dans la sienne pour lui dire :

– Madame, vous jouez à merveille et ce rôle semble fait pour vous.

Elle eut un sourire indulgent pour ces banalités mais son visage rayonna lorsque le roi ajouta :

– J'ai rencontré Marie Stuart à la cour de France, jadis. Vous lui ressemblez. Je possède au Louvre quelques portraits de cette reine. J'aimerais vous les montrer.

Lorsqu'il lui fixa un rendez-vous elle parut plus surprise que flattée. Melchior, qui assistait à la scène, dit à Bassompierre dans le creux de l'oreille :

– Pauvre fille ! Si elle savait ce qui l'attend...

– Le roi n'osera pas l'entreprendre, dit Bassompierre. N'oublie pas qu'il est encore dans le deuil.

– Crois-tu que cela l'arrêtera ? On a surpris Mme de Senantes sortant de sa chambre au petit matin, pas plus tard qu'hier. Il semble que ses démons l'aient repris. Pour notre maître le deuil n'est qu'une tenue comme une autre : il la prend et la quitte quand bon lui semble. Peut-être vaut-il mieux qu'il en soit ainsi. L'ambiance de la cour est sinistre ces temps-ci...

Vêtue avec une décence bourgeoise, Marie Vernier se présenta au jour et à l'heure dits. Ses cheveux plats sous un affiquet de velours brun mettaient en valeur la carnation délicate de son visage. Le roi l'attendait pour souper avec quelques compagnons et des dames. Après le dessert, la comédienne régala les convives de quelques poèmes de Desportes, le poète à la mode, et d'un sonnet d'Agrippa d'Aubigné dédié à d'anciennes amours : elle y mit tant de cœur que des larmes mouillèrent les joues des dames.

Sur le coup de minuit, le roi la pria de rester.

– J'adore les comédiens, dit-il. Tous ces sentiments qu'ils brassent et semblent épouser... Arlequin me fait rire, même lorsqu'il se moque de moi, ce que je lui pardonne volontiers. Vous avez failli me tirer les larmes. Ce sonnet d'Agrippa... Il m'a rappelé des souvenirs récents. En avez-vous d'autres en mémoire ? J'aimerais les entendre.

Informée de la réputation du roi, Marie Vernier sentit venir le vent mais ne sut comment s'en protéger sans risquer d'offenser Sa Majesté. Elle resta. Ils prirent place dans des fauteuils, de part et d'autre de la fenêtre donnant sur le port au Foin. L'air frais de cette fin d'avril leur apportait des odeurs de prairies et des chœurs de grenouilles. Lorsqu'il posa sa main sur le genou de la comédienne, elle frémit et se contracta.

– J'aimerais entendre par votre voix, dit-il, un autre poème d'Agrippa.

Elle ne pouvait lui refuser ce plaisir et lui annonça les *Larmes pour Suzanne de Lezay*.

– Vous ne pouviez mieux choisir, dit-il. Suzanne était sa femme. Il m'en parlait souvent et l'idolâtrait. Lorsqu'elle est morte il a failli la suivre dans sa tombe.

Il ferma les yeux, s'enfonça dans le fauteuil. Elle commença à voix basse :

Plus mes yeux asséchés ne pleurent
Taris sans humeur ils se meurent
L'âme la pleure et non point l'œil...

Il essuya une larme et déclara qu'elle l'avait bouleversé. Il attendait d'elle d'autres poèmes qu'elle ne put lui refuser. Elle se prêtait d'autant plus volontiers à la volonté du roi que l'heure était propice à la poésie et qu'elle prenait à ce tête-à-tête dans la pénombre autant de plaisir que le souverain.

Quand elle eut égrené les derniers vers d'un troisième sonnet, Marie constata que le roi dormait, un sourire sous sa moustache grise, la tête inclinée, une trace de larme sur sa joue.

Elle se levait pour se retirer sur la pointe des pieds lorsqu'elle sentit la main du roi lui accrocher le poignet.

– Restez ! dit-il. Nous allons terminer ensemble cette nuit qui a si bien commencé.

– Pardonnez-moi, dit-elle d'une voix tremblante, mais je dois partir. On m'attend.

– Votre mari ?

– C'est l'un des directeurs de la troupe : Mathieu Le Fèvre, mieux connu sous le nom de La Porte. Il est fort jaloux. Si je ne rentrais pas...

– ... il viendrait faire du scandale au Louvre ? J'en fais mon affaire. Vous lui direz qu'il était trop tard, que je me suis opposé à vous laisser affronter les dangers de la nuit.

Pour être une comédienne, Marie Vernier n'en

était pas moins vertueuse, ce qui ne laissait pas de surprendre le roi. Elle finit pourtant par céder. Pouvait-elle faire autrement ? Il lui fit don de quelques écus et d'un mouchoir brodé que Gabrielle, dit-il, avait mouillé de ses larmes avant de mourir.

Elle quitta le Louvre au petit matin, humiliée, en larmes. Quelques jours plus tard, lorsque le roi revint se distraire à l'hôtel de Bourgogne pour assister à la représentation de la *Cornélie*, de Garnier, il constata que le rôle principal était tenu par une autre comédienne que Marie. Comme il s'en étonnait et s'en montrait déçu, on lui répondit que celle qu'il attendait était repartie pour sa province.

Une passade comme tant d'autres ? Rien de moins certain.

Depuis la mort de Gabrielle le roi avait pour ainsi dire les aiguillettes nouées. Mme de Senantes, bien qu'elle y eût mis beaucoup d'ardeur, n'était pas parvenue à les dénouer. Il avait fallu ce moment privilégié, cette heure de nuit où les poèmes palpitaient dans la pénombre, le charme envoûtant de la comédienne, pour le convaincre qu'il était prêt à de nouvelles conquêtes. Marie Vernier oubliée, il puisa de nouveau dans le vivier des courtisanes et se donna du bon temps.

Un matin, Rosny vint réveiller le roi. Il était porteur d'une nouvelle qui ne pouvait attendre : les pourparlers avec la cour de Toscane avaient abouti ; on n'attendait plus que le bon vouloir de Sa Majesté pour signer le contrat de mariage. Une heure plus tard Bassompierre vint lui annoncer une autre nouvelle : une demoiselle Henriette d'Entragues souhaitait lui être présentée. Il lui glissa à l'oreille :

– Cette garce a dix-huit ans et sa famille est honorablement connue. C'est, dit-on, une des plus belles femmes du royaume. Son père est gouverneur d'Orléans.

– Si je connais cette famille... dit le roi. Cette Henriette est la fille de Marie Touchet qui fut la maîtresse du roi Charles, mon beau-frère. Quant à la famille elle-même...

Bassompierre ne broncha pas. Il ne pouvait décemment présenter les Balzac d'Entragues comme des parangons des vertus de la noblesse : ils étaient, comme le clan des Cœuvres, toujours en train de tirer le diable par la queue, au point d'avoir transformé leurs châteaux de Malesherbes et de Marcoussis en maisons de rendez-vous (en *bordel*, selon Rosny).

– J'ai bien connu Marie Touchet, ajouta le roi. Charles était fort épris d'elle. Elle était douce et soumise. On dit qu'elle s'est transformée en harpie.

– On exagère ! protesta Bassompierre. Elle se soucie des intérêts de sa famille, ce qui est bien naturel.

Les intérêts de sa famille... Ce refrain-là le roi l'avait déjà entendu et savait ce qu'il comportait de dangers pour lui.

– Cette fille, dit-il, je ne l'ai jamais rencontrée. Comment est-elle ? Blonde comme sa Flamande de mère, un peu grasse, peut-être ?

– Hélas, non, sire : elle a hérité de son père une chevelure brune et une taille mince. En revanche elle déborde de vivacité et d'esprit. Du vif-argent...

– N'en aurais-tu pas un peu tâté ?

– Non, sire ! Pour tout vous dire j'aurais plutôt quelque tendresse pour une de ses parentes : Julienne-Hippolyte d'Estrées.

Que ce bellâtre aux fines moustaches, à la barbe en pointe, qui tenait le négligé dans sa tenue pour une forme d'élégance, eût épousé les intérêts de la famille des Balzac d'Entragues, voilà qui avait de quoi surprendre Sa Majesté. Il ne l'imaginait pas dans un rôle d'entremetteur. Il demanda où l'on pouvait rencontrer cette perle rare.

– Au château de Malesherbes, sire. C'est à peu de distance de Fontainebleau, sur l'Essonne. Puis-je annoncer votre visite ?

– Tu le peux, dit le roi.

« Ainsi, songeait Rosny, à quelques semaines de la mort de Gabrielle, on met une autre garce sur le montoir ! »

Il avait pleinement conscience de la situation dans laquelle se trouvait le roi : en attendant une épouse digne de son rang, il lui fallait un grand amour qui fît diversion à ses coucheries de hasard. Au milieu de ces comètes il lui fallait une étoile fixe. Il se promit de veiller à ce que cette nouvelle passion ne risquât pas de contrarier le mariage annoncé avec la fille des banquiers de Florence. Cela lui laissait entrevoir bien des tracas. Il ne connaissait que trop bien la rapacité de cette famille qui n'avait rien à envier à celle du clan de Cœuvres.

Le ministre voyait, pour ainsi dire au jour le jour, se succéder les étoiles filantes et recevait du roi des confidences souvent graveleuses.

Henri avait dédaigné les avances de Julienne-Hippolyte d'Estrées, moins parce qu'il se refusait à porter ombrage à son jeune compagnon dans ses visées sur cette femme que parce qu'elle était la sœur de Gabrielle et l'épouse de M. de Villars, l'ancien défenseur de Rouen, que l'on disait « vieux et cassé » et qui ne méritait pas d'être cocu. En revanche, il avait été sensible aux charmes de Claude, autre sœur de Gabrielle, une garce sans scrupules qu'il avait rencontrée dans la demeure hospitalière de Zamet et qui lui avait cédé dans la chambre même où Gabrielle avait ressenti les premières atteintes du mal qui allait l'emporter. Il avait tant de remords de cette faiblesse qu'il avait renoncé à la revoir.

Dans les premiers jours de l'automne, il avait rendu visite à la reine Louise, veuve d'Henri III, qui achevait une existence discrète et maussade dans les splendeurs de Chenonceaux. Il y avait rencontré la belle Catherine de Rohan et, lors d'une promenade sur la retenue, dans une barque pavoisée de verdure, lui avait fait la cour. La réponse de la dame l'avait découragé :

– Sire, je suis d'une condition trop modeste pour devenir votre femme et trop bien née pour être votre maîtresse.

C'est de même à Chenonceaux qu'il avait rencontré Mme Babou de La Bourdaisière, fille du duc Louis de Lorraine. Elle était déjà *sur l'âge*, au point extrême de son épanouissement. Le roi avait savouré ce fruit blet mais chaleureux puis lui avait préféré l'épouse d'un conseiller du Parlement, Mme Quelin. Après l'avoir culbutée sans façon en plusieurs occasions il avait confié à Rosny :

– C'est une chaude garce trop longtemps délaissée par son mari. L'ennui, c'est qu'elle sent l'épaule de mouton.

Isabelle Potier, quant à elle, dispensait dans son sillage les senteurs les plus suaves de Venise, ce qui importunait le roi, persuadé, comme son ami Montaigne, que « sentir bon c'est puer ». Il la faisait baigner, savonner, brosser au point que, lorsqu'elle le rejoignait, elle était rouge comme une langouste. Il dut se séparer de cette hétaïre le jour où il apprit que son mari prenait ombrage des trop fréquentes visites que sa femme faisait chez Zamet, la nuit surtout.

Sous prétexte d'une affaire qu'il prétendait avoir à régler à Orléans – comme s'il avait besoin de se justifier ! – le roi fit un crochet par Malesherbes, accompagné par Bassompierre, La Varenne et Melchior qui comptait y retrouver son amie Diane d'Estrées. L'été humide faisait au château une couronne de forêt brumeuse de part et d'autre de l'Essonne.

Dans l'attente de la visite de Sa Majesté, Mme de Balzac avait battu le ban et l'arrière-ban de ce que le pays comptait de bonne noblesse.

Une telle affluence indisposa le roi. Il venait présenter ses hommages à Henriette et non tenir un lit de justice.

La beauté d'Henriette, que Bassompierre lui avait tant vantée, était aux antipodes de la vénusté éclatante de Gabrielle. Sa chevelure brune et plate amincissait le visage aux traits délicats, au menton en triangle, où la moindre impression trahissait une discrète asymétrie. Dès qu'elle s'animait dans la conversation, toute sa petite personne semblait participer à ses élans et ce qui pouvait paraître banal dans sa beauté cédait le pas à une étrange séduction. Elle bougeait beaucoup, parlait d'abondance, non sans esprit et à-propos. Là encore elle différait de Gabrielle à qui l'on devait arracher le moindre jugement et qui ne bougeait que sous la contrainte.

Henri passa à Malesherbes deux journées à chasser, à banqueter, à danser, à jouer aux cartes et à se promener dans le parc. Il ne lui fallut que quelques heures pour se trouver sous le charme de ce feu follet et pas plus d'une journée pour deviner quels agréments Henriette pourrait apporter à sa vie. Au soir du deuxième jour, il était conquis.

De retour à Paris, persuadé qu'Henriette était cette étoile fixe dont parlait son ministre, il composa un poème qu'il fit corriger par Destouches et le lui fit porter par Melchior qui, lui-même, ayant retrouvé Diane d'Estrées, était au comble du bonheur.

Rosny intercepta le messager alors qu'il s'apprêtait à prendre la route de Malesherbes et, redoutant un nouveau faux pas de Sa Majesté, le pria de lui montrer le courrier qu'il transportait. Il se sentir blêmir en lisant la première strophe et laissa libre cours à sa colère en lisant la seconde. Passe encore d'écrire ces vers de mirliton :

Le cœur blessé, les yeux en larmes
Ce cœur ne songe qu'à vos charmes...

... mais que dire de ces autres vers qui l'engageaient au-delà d'une simple passade ?

Je vous offre sceptre et couronne
Mon sincère amour vous les donne
À qui puis-je mieux les donner?
Roi trop heureux sous votre emprise
Je croirai doublement régner
Si j'obtiens ce que je désire...

– M. de Lagos, dit le ministre d'un ton autoritaire, je vous somme de renoncer à remettre ce poulet à sa destinataire, ou alors je le détruirai moi-même sur-le-champ !

Melchior le lui arracha des mains, le replaça dans la sacoche de cuir consacrée au courrier, remonta en selle et partit sans ajouter un mot. Il entendit Rosny crier si fort que sa voix retentit à tous les échos dans la cour du Louvre :

– S'il arrive malheur au roi je vous tiendrai pour complice de cette infamie !

« *Si j'obtiens ce que je désire...* »

Ce que désirait Henri, Mlle d'Entragues ne tarda pas à le comprendre, de même qu'elle avait perçu à des sous-entendus ce qui avait transpiré d'un conseil de famille : là où le clan de Cœuvres avait échoué celui de Malesherbes réussirait.

Henriette s'esclaffa en lisant le mauvais poème que le roi lui adressait. Sa naïveté n'était pas une légende. Les d'Estrées, ces brigands, l'avaient bien compris. Alors pourquoi sa famille à elle laisserait-elle la semence royale en féconder d'autres ?

Diane avait tenu à prévenir Melchior :

– Si tu as quelque pouvoir sur ton maître, mets-le en garde contre ces sangsues. Cette famille est plus retorse et plus habile que la mienne, et ce n'est pas peu dire !

– Lorsque le roi est pris, répondit Melchior, nul ne peut faire qu'il veuille se déprendre. Je ne m'y hasarderai pas et laisserai ce soin à M. de Rosny. Je lui souhaite bonne chance...

Diane craignait le pire.

– Le roi a offert à Henriette « sceptre et couronne ». Est-il fou ou inconscient ? En tout cas ces propos ne sont pas tombés dans l'oreille d'un sourd...

La réaction à l'envoi du poulet ne se fit pas attendre.

Avant même que la belle eût fait connaître sa réponse au roi, il recevait la visite de Charles, son demi-frère. Le fils du roi Charles IX et de Marie Touchet avait l'arrogance et le verbe haut des bâtards. C'était un petit monsieur mis avec affectation et vulgarité, ce qui faisait dire à Melchior qu'il lui rappelait les maquereaux de la rue du Poil-au-cul, une artère malfamée proche du Louvre, derrière le collège des Bons-Enfants.

– Sire, dit-il sans daigner s'agenouiller sur le carreau de velours, je viens d'apprendre vos visées concernant ma sœur Henriette. C'est un être délicat et prompt à s'enflammer. Je vous saurai gré de ne plus la poursuivre de vos assiduités. Henriette est en âge de se marier. Une liaison avec Votre Majesté risquerait de compromettre son avenir. Renoncez tant qu'il est temps.

Le roi se gratta la barbe en se demandant ce que ce « petit monsieur » pouvait bien avoir derrière la tête. Une heure avant, Rosny l'avait mis en garde : ce Valois de la main gauche, comte d'Auvergne, grand prieur de France, colonel général de la cavalerie, était un personnage dangereux qui dissimulait dans ses manches des cartes biseautées. Les épithètes servies par son ministre lui revenaient en grappe à la mémoire : déséquilibré... aigrefin... débauché... faux-monnayeur... Rosny avait ajouté : « Il est toujours bouffonnant et plaisantant. » Ce jour-là M. le comte d'Auvergne n'était pas dans ses humeurs ordinaires.

Le roi écouta avec complaisance la suite de la litanie : la famille des Balzac d'Entragues jouissait d'une honorabilité sans tache, ses vertus ancestrales plaidaient pour elle... Il sentit la moutarde lui monter au nez.

– Si j'ai accepté de rencontrer votre demi-sœur, dit-il, d'un air glacé, c'est qu'on m'y a convié. J'ai de bonnes raisons de croire que vous n'êtes pas étranger à cette initiative. Vous avez quelques amis qui sont aussi les miens et qui ne me cachent rien !

Charles parut ébranlé. Bien que le roi ne l'y eût pas invité il s'assit sur un escabeau.

– Sire, dit-il, il semble qu'on vous ait trompé. Oseriez-vous insinuer que je joue les maquereaux pour mettre ma sœur sur le trottoir ?

Le roi sourit dans sa barbe. C'est la même idée que Rosny avait exprimée, mais il avait dit *montoir*.

– Sire, poursuivit Charles, je vous prie de ne pas oublier que je suis fils d'un roi de France et qu'en mourant mon père m'a recommandé à votre bienveillance. Auriez-vous oublié votre promesse ?

– Ce que je n'ai pas oublié, monsieur, dit sévèrement le roi, c'est la complicité qui vous lie à mon épouse Margot, que vous montez contre moi.

Charles écarta cette accusation d'un revers de main, jugeant qu'elle ne venait pas à propos.

– Puis-je savoir, sire, vos sentiments et vos intentions envers Henriette ?

– Est-ce bien nécessaire ? Je suis convaincu que vous avez eu connaissance du poème que je lui ai adressé.

Charles ne nia pas. Il ajouta, ce qui dissipa tout malentendu :

– S'il y a des promesses plus formelles de votre part, je veillerai à ce qu'elles soient honorées.

Mis au courant par le roi de l'essentiel de cet entretien, Rosny fit grise mine. La manœuvre hypocrite qui caractérisait cette démarche semblait évidente. Le procédé était bien connu et la manœuvre parfaitement exécutée : il s'agissait de tendre un appât au roi en faisant mine de le lui dérober pour l'inciter à le poursuivre et aiguiser son appétit. Le piège était en place et la victime sur le point de se laisser prendre.

– Vous oubliez deux choses, monsieur le raisonneur, dit le roi : primo, que je ne suis pas tombé de la dernière pluie et, secundo, que j'aime cette fille.

– Un clou chasse l'autre, soupira Rosny.

Et la sarabande débuta.

Le conseil de famille des Entragues avait tissé un filet si discret, si serré que la naïveté du roi allait l'y précipiter.

Henri s'invita de nouveau à Malesherbes, au risque de perdre de sa dignité dans cette aventure, ce dont il se moquait. Il fut reçu avec les honneurs dus à son rang mais en évitant de manifester trop de chaleur. Il badinait avec la demoiselle dans les allées du parc, jouait maladroitement les galants, s'attirait des reparties piquantes qui l'amusaient. Il avait lui aussi tendu son filet et ne doutait pas qu'avec un peu de patience cette belle sirène ne vînt s'y prendre.

– Ce poème que je vous ai dédié, dit-il, qu'en pensez-vous ? Parlez franchement.

– Il est fort médiocre. On peut être un bon roi mais pas forcément un poète de talent.

– J'en suis conscient, mais encore ? N'avez-vous pas été sensible aux sentiments qu'il exprime ?

– La promesse contenue dans les derniers vers m'a flattée et émue. Cependant...

– Dites ! Je brûle de vous entendre.

– J'ai ouï dire que vous avez fait les mêmes promesses à beaucoup de femmes et qu'elles n'ont pas été respectées.

– Aucune ne les méritait autant que vous.

– Est-ce à dire que vous êtes sincère ?

– En doutez-vous ? Cela me peine.

– Allons ! je veux bien vous croire, mais ma famille... Elle ne badine pas sur les questions qui engagent son honneur, et elle veille...

La famille veillait.

Au cours des parties de chasse, des fêtes, des repas, on affectait de négliger Sa Majesté mais en veillant à ne pas lui témoigner une hostilité dont elle eût pu prendre ombrage. Charles jouait les grands prêtres des dieux lares : tendresse pour sa sœur, froideur pour le soupirant.

Lorsque la famille se rendait dans son domaine de Marcoussis, à quelques lieues au nord d'Arpajon, elle était certaine que Sa Majesté, informée par Melchior, Bassompierre ou quelqu'un d'autre, ne tarderait pas à rappliquer dare-dare. Chasse... repas... bals... Le roi tournait inlassablement autour du filet et de l'hameçon qui l'amenait là où l'on souhaitait qu'il vînt. Il suivait pour ainsi dire Henriette à la trace. Au moment où il flairait l'appât de trop près, on le lui soustrayait. Il suivait. Malesherbes, Marcoussis, Blois, Paris...

Un jour de juillet, à Malesherbes, Henri se décida à prendre l'initiative.

– Je dois me rendre à Blois, dit-il. J'aimerais que vous m'y accompagniez. Seule, cela va de soi.

Cela n'allait pas comme il l'entendait. Hourvari dans la famille ! Charles prit des mines de père noble : il ne permettrait jamais que sa sœur, fragile comme elle l'était, couchât sous le même toit que le roi, autant dire dans son lit. À moins que...

Il étala ses cartes.

– Sire, dit-il, parlons franc. À supposer que nous cédions à votre désir, dites-vous que toute faveur à sa contrepartie.

– Ce qui veut dire que vous avez l'intention de me proposer un marché ! À combien estimez-vous l'honneur de votre famille et la vertu de votre sœur ?

– Sire, vous m'offensez !

– C'est vous qui me proposez de jouer franc-jeu ! Nous ne sommes ni l'un ni l'autre des jobards. Quelles sont vos prétentions ?

– Vous entreriez dans les bonnes grâces de M. d'Entragues si vous lui accordiez un petit domaine qu'il guigne, près de Beaugency, dans son gouvernement d'Orléans. Il y a là un manoir abandonné où ma famille aimerait s'installer pour les mois d'été. Il va sans dire que vous y seriez le bienvenu...

– Vous êtes trop bon, monsieur le comte ! répondit le roi. J'accepte le marché.

Henri était aux anges. Il partit pour Blois avec sa bien-aimée, l'installa commodément, fit la roue autour d'elle sans succès trois jours durant. Un matin, il constata que le nid était vide. Pour la première fois, il se prit à désespérer puis, repris par ses désirs, s'informa auprès de Bassompierre de l'endroit où le bel oiseau était allé nicher.

– À Paris, dit Bassompierre. À l'hôtel du Lion.

On entrait dans le mois d'août lorsque le roi, la fièvre aux joues, rendit visite à l'inconstante. Elle était à sa toilette et ne parut pas surprise de le voir, et pour cause. Cette fois-ci elle le tenait.

– Quel jeu jouez-vous ? dit-il sévèrement. Cela vous plaît tant de me faire lanterner ?

– Ah, sire ! se lamenta-t-elle. J'ai le doigt entre l'écorce et l'arbre. Ma famille...

– Votre famille ! Nous avons conclu un marché et je me refuse à être dupe. Elle est en train de ronger l'os que je lui ai jeté. Oui ou non voulez-vous être à moi ? Souhaitez-vous que nous passions un nouveau marché ? Eh bien, dites !

Elle se rengorgea. La prenait-il pour une catin ?

Avant de se rendre à l'hôtel du Lion, il avait découvert parmi les bijoux de Gabrielle que les Estrées n'avaient pas pillé un collier de perles fines d'une valeur de vingt mille écus, acheté pour l'anniversaire de la défunte. Il le déposa sur la table de nuit. Elle s'écria :

– Ainsi vous vous proposez de m'acheter contre un collier ! C'est estimer bien bas ma vertu. Vous auriez pu aussi bien m'envoyer un bouquet de marguerites !

Ce n'est pas un bouquet qu'il lui envoya, de retour au Louvre. À la place du collier qu'il avait remporté, il lui fit tenir une corbeille d'abricots. Le présent la laissa perplexe. Pourquoi des abricots ?

Informée de cette humiliation, la famille ramena la belle à Marcoussis. La manœuvre réussit au-delà de ses espérances.

Le roi demanda à rencontrer François d'Entragues à Orléans. « Cette fois, songea le papa, il a mordu à l'hameçon... »

Il ne croyait pas si bien dire. L'amant désespéré et le père noble conclurent un nouveau marché : pour ne pas contrecarrer d'une manière définitive la passion du souverain, François d'Entragues consentit à céder la vertu de sa fille contre des avantages exorbitants : une terre de Verneuil, proche de Créteil-sur-Oise, avec promesse qu'elle serait érigée en marquisat à l'intention de sa fille.

– Si vous y ajoutiez, sire, une somme de cent mille écus, nous n'aurions rien à vous refuser.

– Ventre-Saint-Gris ! s'écria le roi. Cent mille écus... Où trouverai-je une telle somme ?

Il songeait à la mine de son surintendant lorsqu'il apprendrait cette générosité royale.

– Soit..., soupira-t-il. La terre de Verneuil et cent mille écus. Est-ce tout ?

– Pas tout à fait, sire. Il reste un détail à régler. Votre promesse de mariage.

– Elle tient toujours, bougonna le roi.

– Je n'en doute pas, mais un poème, c'est du vent. Une promesse faite par écrit, officielle en quelque sorte, nous rassurerait quant à vos intentions.

Le roi hésita un moment puis finit par accepter ce dernier terme du marché. Quelques jours plus tard, à Fontainebleau, il rédigea le document avec des formules qui n'avaient rien d'un poème.

Alors qu'il se promenait en compagnie de son ministre dans la grande galerie dominant le parc, le roi sortit de son pourpoint une feuille qu'il tendit à Rosny en lui disant :

– Mon ami, je vous prie de lire ceci et de me donner votre sentiment.

Rosny lut la promesse de mariage et fit la grimace.

– Vous souhaitez connaître mon avis, dit-il. Le voici !

Il déchira le billet en jeta les morceaux au vent.

– Ventre-Saint-Gris ! s'écria Henri. Êtes-vous devenu fou ?

– Eh oui, sire. Je suis un fou et un sot ! Si fou et si sot que j'aimerais être le seul dans ce pays. Vous vous êtes laissé berner par cette rusée femelle, par cette famille de coquins de la plus basse espèce. J'ai accepté de fort mauvaise grâce ce don de cent mille écus. J'en aurais donné bien davantage pour vous libérer de ce piège où vous avez donné de la tête étourdiment. Jésus-Dieu ! devons-nous poursuivre les démarches pour vous faire épouser la nièce du grand-duc ou souhaitez-vous vraiment épouser cette catin ?

Henri lui tourna le dos sans ajouter un mot.

Revenu dans son cabinet, il rédigea une nouvelle promesse, dans des termes identiques à la précédente. Cette nuit-là il dormit mal, conscient de s'être fourvoyé dans une aventure où, pour reprendre une expression chère au surintendant, il laisserait les dernières plumes de son croupion. Dans le même temps il constatait son impuissance à maîtriser cette nouvelle passion. Il semblait que les réticences d'Henriette, loin de le décourager, ne fissent que le stimuler. Il avait connu de tels sentiments en d'autres circonstances, lorsqu'il faisait le siège de Paris, de Rouen, de Laon et d'autres villes : la guerre, l'amour, même combat...

Au début d'octobre, sans nouvelles de sa bienaimée, il lui écrivit :

Mes chères amours, j'ai assez montré la force de mes sentiments pour que, du côté des vôtres, il n'y eût plus de difficultés. Je vous supplie à mains jointes de faire en sorte que je n'aie plus affaire à votre père... Son dessein est de faire durer notre attente, d'empêcher votre consentement et le mien...

Il avait rencontré de nouveau François d'Entragues et lui avait fait part de son intention de recevoir le fruit de ses sacrifices.

– Je me rends de ce pas à Malesherbes, dit-il. Je compte y trouver votre fille.

Le bonhomme avait protesté :

– Je vous supplie de n'en rien faire, sire ! Pas à Malesherbes, au vu et au su de notre famille qui prendrait mal la chose. Venez plutôt la rejoindre à Orléans.

Encore une manœuvre dilatoire ! Au moment de monter en selle, le roi entendit le père déclarer à M. de Praslin, l'un de ses familiers :

– Par la mort-Dieu, si le roi se rend à Orléans il n'y trouvera pas ma fille. Elle restera près de moi !

Flairant une nouvelle déconvenue, le roi ne se dirigea pas vers Orléans mais vers Malesherbes. C'était le début de l'automne ; la forêt retentissait de sons de trompes et d'abois de meutes. Il attendit le retour de la chasse en faisant collation aux cuisines.

Henriette faillit tomber de cheval en le voyant, debout sur le perron, souriant, les poings sur les hanches comme s'il posait devant un peintre.

– Vous ! dit-elle.

– Moi ! dit-il.

– Soyez le bienvenu. Cette maison est la vôtre.

– Cette maison, peut-être. Vous sûrement.

Il semblait se divertir de la gêne qu'il provoquait. Si cette donzelle s'imaginait que tous ses sacrifices aboutiraient à une impasse, elle se trompait. Ce n'était pas sur lui que le piège allait se refermer. Il dit à Melchior, qui l'avait accompagné et se pavanait dans les allées en compagnie de Diane d'Estrées :

– J'ai l'impression que ma présence a occasionné un beau charivari, mais je suis venu chercher mon dû et ne repartirai pas sans lui, je veux dire sans elle. Dès ce soir, je veux voir l'oiselle dans mon nid.

On fit une flambée dans la grande salle car la soirée d'octobre était fraîche. Le daguet une fois découpé on en fit griller les meilleurs morceaux. La table de dix serviettes fut animée par la bonne humeur, les bonnes histoires et les plaisanteries du roi. La mère d'Henriette rongeait son frein, piquant du nez dans son assiette lorsque le roi, la prenant à partie, lui rappelait les soirées en compagnie du roi Charles, dans la demeure voisine du Louvre. Son fils se tenait raide dans son fauteuil, œil éteint, visage de marbre. Henriette boudait et ne daignait sourire que lorsque le roi lui faisait compliment de sa bonne mine et de l'accueil qu'il recevait. Iphigénie, au moment du sacrifice, devait faire cette tête.

M. d'Entragues prétexta de la fatigue occasionnée par la chasse pour abréger la soirée à laquelle seul le roi semblait se complaire. Décidé à ne pas se laisser entortiller une nouvelle fois dans des atermoiements, il prit le chandelier que lui tendait un valet, passa son bras libre autour de la taille d'Henriette en lui glissant à l'oreille :

– Mon cœur, voici pour vous le moment de franchir le Rubicon.

– J'ai le sentiment, soupira-t-elle, que nous sommes déjà sur l'autre rive.

Ils passèrent la fin du mois à de petits voyages, allant de Malesherbes à Paris où il avait logé Henriette à l'hôtel de Larchant, de Marcoussis à Fontainebleau où il lui fit visiter les chantiers destinés à faire de ce château l'une des plus somptueuses résidences royales.

Henriette découvrait avec surprise un amant tendre, attentif, passionné, soucieux en toutes circonstances de lui être agréable. Ils dînaient souvent en tête à tête ou avec des intimes et c'était chaque fois une fête. Henriette se révélait une maîtresse ardente et une compagne charmante. Elle le changeait des pesanteurs de ses rapports avec Gabrielle. Malgré les semonces du surintendant que les libéralités du roi mettaient aux abois, il n'eut pas l'occasion de regretter son choix.

Dès qu'ils se trouvaient ensemble au Louvre ou à Fontainebleau, Rosny reprochait au roi ce qu'il appelait la politique de l'autruche. Il lui disait :

– Vous avez beau fuir ma présence, vous ne pouvez faire que les événements, eux, ne vous rattrapent. Dois-je vous rappeler vos engagements envers la cour de Toscane et la proximité de l'échéance ? Parlons chiffres ! J'ai reçu les dernières propositions du grand-duc. Elles sont alléchantes.

La dot de Marie avait été fixée à six cent mille écus. Trois cent cinquante mille seraient versés au roi, le reste étant défalqué du montant des emprunts effectués par le roi auprès du grand-duc. Nanti de ce pécule, il pourrait payer ses dettes et consentir quelque autre libéralité à sa maîtresse et à sa famille.

C'est encore Rosny qui annonça à la fin de l'année une bonne nouvelle à son maître : informée de la volonté du roi d'épouser une Médicis – elle l'était elle-même à moitié par sa mère –, Margot avait donné son consentement pour l'annulation de son mariage. Rome avait sanctionné cette décision sans se faire prier. Rosny exultait :

– Libre, sire ! Vous voilà libre ! Vous allez pouvoir convoler et nous donner de beaux enfants. Il ne faudra plus penser qu'à cela désormais et renoncer à vos fredaines.

Voulait-il dire renoncer à Henriette ? Lorsque le roi poussait son ministre dans ses retranchements, le sommait de s'expliquer, Rosny battait en retraite :

– Sire, c'est à vous de juger.

Pris entre deux promesses de mariage, l'une basée sur la sagesse, l'autre sur la folie, le roi avait choisi de laisser faire le temps. Heureux dans son cœur, satisfait dans son esprit, il donnait aliment à la fois à sa passion et à sa raison en évitant de songer qu'un jour prochain il aurait à faire un choix draconien. En attendant il se disait que sa maîtresse le comblait, que le pays se reprenait à vivre et que ces problèmes de mariage passaient au second plan.

Henriette avait choisi de ne pas harceler le roi en lui rappelant à tout bout de champ sa promesse de mariage sur laquelle M. d'Entragues faisait bonne garde. Elle ne pouvait pourtant feindre longtemps d'oublier ce billet. Le jour où elle le lui rappela, il répliqua :

– Donnez-moi un enfant mâle et nous aviserons.

C'était l'occasion de lui rappeler les termes du document et la réserve qu'il avait formulée : il ne prendrait Henriette pour femme légitime que si elle lui donnait un héritier dans un délai de quinze mois à dater du jour de leurs épousailles officieuses. Il priait le Ciel que sa maîtresse fût stérile. Lorsqu'elle lui annonça, au terme de leur lune de miel, qu'elle était enceinte, il tomba de haut.

Elle leva les yeux de son tricot pour lui dire :

– Sire, le moment est venu de songer à nos noces. Pour ma robe de mariée j'ai décidé de faire venir du tissu de Venise. Je la veux ample, avec un col en dentelle des Flandres, des escarpins de vair et pas de ces *sabatous* que porte votre sœur, comme vous dites en Béarn.

Il éludait toute discussion sur ce sujet, noyait le poisson, protestait qu'il avait d'autres soucis.

Et Dieu sait qu'ils ne lui étaient pas épargnés...

XI

LA ROUTE DES ALPES

1600

Henri avait à juguler les jacqueries que la misère des paysans rallumait à travers le royaume et à faire face à celles qui renaissaient, malgré les mesures prises par Rosny pour alléger les charges qui pesaient sur la paysannerie. Il fallait relever les ruines accumulées par les troubles et les guerres, reconstruire des villages entiers, faire la police sur les routes et les voies fluviales écumées par les bandes, relancer le royaume sur le chemin du progrès.

Il avait trouvé pour cette tâche un allié et un soutien de premier ordre en la personne de Rosny. Le surintendant avait fait de la prospérité du pays son affaire, sans dédaigner les siennes propres : sans franchir les bornes de l'honnêteté il avait fait de ses domaines des bords de Loire, de Sully notamment, un modèle de principauté : il avait sa garde personnelle qu'il passait en revue, une abondante domesticité et une armada de petits navires sur le fleuve.

D'autres soucis harcelaient le roi.

Il avait appris que certains gentilshommes, qu'il considérait comme ses plus fidèles compagnons, complotaient contre lui : le baron de Biron, Turenne-Bouillon, prince de Sedan, le duc Claude de La Trémoille et quelques autres. Il avait du mal à comprendre ce qui motivait cette rébellion. Melchior pensait qu'ils se sentaient grugés dans la distribution des faveurs royales qui avantageaient les catholiques ralliés. Le mouvement avait déjà tenu des assises au château de Turenne, en Bas-Limousin, mais on ignorait ce que les chefs rebelles avaient décidé.

Plus grave encore : les rumeurs de guerre qui venaient des Alpes.

En février le roi avait reçu au Louvre la visite de Charles-Emmanuel, duc de Savoie.

Onze ans auparavant, alors que le roi Henri III était occupé par les états de Blois qui allaient s'achever avec l'assassinat du duc de Guise, ce triste sire avait profité de ces circonstances pour s'emparer du marquisat de Saluces, porte de l'Italie. Sommé de restituer cette conquête abusive, il avait tergiversé et obtenu des délais avant de se décider à traiter avec le nouveau roi. En pure perte : Henri demeura inflexible. Il avait flairé sous ce personnage un esprit retors et instable.

Profitant de son séjour à Paris, Charles-Emmanuel n'avait pas perdu son temps : il avait visité l'Arsenal en compagnie de Rosny, pour juger de l'importance des armements dont le roi pourrait disposer en cas de conflit ; il avait distribué à bon escient des libéralités et des promesses, faisant ainsi entrer dans son jeu quelques fortes têtes animées de rancœur contre le souverain. Parmi elles le trio Biron-Bouillon-La Trémoille. Il s'y ajouta celle à laquelle on pensait le moins mais qui serait la plus efficace : la maîtresse du roi, Henriette d'Entragues.

Les informations que recevait le roi l'inclinaient à penser qu'une guerre avec la Savoie était inéluctable. Elle survenait à un moment difficile pour lui.

Rosny, surintendant des Finances et Grand Maître de l'Artillerie, n'avait pas attendu la visite à Paris de Charles-Emmanuel pour hâter les préparatifs en vue d'une campagne. Il avait transformé l'Arsenal en fonderie de canons et s'y était installé à demeure. L'argent nécessaire à ce conflit latent faisait défaut ? Le mariage florentin pourvoirait, du moins en partie, aux dépenses.

– Encore faut-il hâter cette union, dit-il au roi, et vous ne paraissez guère pressé de conclure.

– Tout est en train : le contrat sera signé sous peu...

– Mais la dot, sire ? Elle ne viendra que plus tard et nous ignorons quand...

Informée des tractations en vue du mariage du roi avec la *banquière florentine* que l'on disait laide et sotte, Henriette fulminait. La tendre maîtresse qui, durant tout un hiver, avait paru soumise corps et âme à son amant sortait ses griffes de harpie et ne lui passait rien.

– Votre promesse, sire ! Croyez-vous que je l'ai oubliée ? Ce serait mal me connaître. La parole d'honneur est sacrée dans ma famille, dois-je vous l'apprendre ? J'attends de vous un renoncement à cet absurde projet de mariage derrière lequel je ne vois que trop bien la main de Rosny !

C'est un langage qu'il n'aimait pas entendre. Pourtant, toujours amoureux de cette garce qui parlait d'honneur sans paraître en mesurer la définition et qui le foulait aux pieds, il filait doux. Elle ajoutait :

– Notre enfant doit naître en mars. Nous aurons d'ici là fixé la date de notre mariage.

Lorsqu'elle eut obtenu confirmation du mariage florentin Henriette entra dans les transes.

– Sire, vous ne vous en tirerez pas à si bon compte ! Épousez cette Médicis et vous aurez un beau scandale sur les bras. Vous serez discrédité dans tout votre royaume.

Les violences d'Henriette lui firent l'effet d'un révulsif. Un jour où elle avait poussé ses remontrances à l'excès, il lui reprocha son avidité, son hypocrisie, ses manœuvres contre Rosny. Avait-elle cru qu'il était dupe à ce point ? Parler de l'honneur de sa famille... Personne n'y croyait. C'était une engeance diabolique, un nœud de vipères, une officine de la rébellion !

Elle avait sorti ses griffes ? Elle montra les dents.

– Vous seriez-vous imaginé que c'est l'amour qui m'a poussée vers vous ? Quelle femme de ma condition, et jeune comme je le suis, pourrait s'éprendre sincèrement de vous ?

Elle avait saisi un miroir, le lui avait brandi sous le nez en criant :

– Osez vous regarder ! Vous êtes vieux, vous êtes laid ! Vous ressemblez à Polichinelle. Votre nez et votre menton sont sur le point de se rejoindre pour cacher cette bouche d'où ne sortent que des mensonges. Et votre odeur, sire, votre odeur... Vous sentez des pieds et du gousset pire qu'une charogne. J'ai pu vous supporter jusqu'à ce jour. Quant à vous aimer...

Blême de fureur, résistant à l'envie de rosser cette garce, le roi encaissa la diatribe sans broncher mais elle lui resta sur le cœur. Il avait prié le Seigneur que sa maîtresse fût stérile ; il faisait brûler des cierges pour que l'enfant fût une fille mort-née.

La Providence vint à son secours pour le délivrer d'une situation inextricable.

Un soir du mois de mars lourd et orageux, alors qu'elle disputait une partie de reversis à Fontainebleau en compagnie de Bassompierre, de Melchior et de Diane d'Estrées, un éclair fulgurant déchira le ciel, libérant une boule de feu qui, suivant le conduit de la cheminée, traversa la pièce. Henriette hurla, perdit connaissance en portant la main à son ventre. Au cours de la nuit, elle accoucha d'un enfant de sexe mâle qui ne vécut que quelques heures. La boule de feu qui avait volatilisé le rêve d'Henriette avait libéré le roi de ses problèmes.

Présent au chevet de l'accouchée quelques heures après le drame, il avait du mal à dissimuler sa satisfaction : la promesse faite à la famille d'Entragues était caduque. Hypocritement il lui fit part de sa désolation ; elle n'en crut rien. Dressée à demi sur sa couche, elle se répandit en invectives d'une telle âpreté qu'il se retira. Il l'entendit clamer dans son dos :

– Eh bien, épousez-la, votre grosse banquière, et qu'elle vous donne de beaux enfants ! Avez-vous au moins fixé la date du mariage ?

Il se retourna, lâcha :

– Pas avant quelques mois : le temps de chasser les putains de la cour...

Le mariage fut célébré par procuration à Florence. Le grand écuyer Bellegarde représentait le roi.

En lui annonçant la nouvelle Rosny dit à Henri :

– Sire, c'est chose faite : *nous* venons de *nous* marier.

Il ne s'attendait pas à un débordement de joie de la part du souverain. Henri hocha gravement la tête, fit plusieurs fois le tour de la table de travail en rongeant ses ongles, en se grattant la barbe, en tapant avec ses lunettes sur l'ongle de son pouce. Il soupira :

– Fort bien, mon ami, fort bien. Après tout, s'il n'y a pas d'autre solution pour assurer la prospérité et la paix, marions-nous ! Je prie Dieu pour que cette union soit moins malheureuse que la précédente.

– Votre fiancée – on peut dire désormais votre épouse ! – prendra la mer à Livourne à la mi-octobre avec dix-sept galères, sept mille soldats et une centaine de dames de compagnie.

– Ventre-Saint-Gris, ce n'est pas rien ! Voilà des gens qui ne font pas les choses à demi...

Éprouvé par une accumulation d'événements tragiques et de préoccupations pressantes, Henri alla prendre les eaux à Pougues, dans le val du Nivernais, sur la route de Lyon. Libéré de la présence d'Henriette, de ses scènes, de ses menaces, il reprenait goût à la vie. Seul l'obsédait le conflit dont il devinait les prémices à l'horizon des Alpes.

Sa santé laissait à désirer. Il souffrait fréquemment de blocages de la verge, de rétention d'urine, de difficultés d'émission de semence gâtée, autant de maux consécutifs à la grande vérole contractée naguère dans ses rapports avec Mme de La Ravenie. À Paris, à plusieurs reprises le bruit de sa mort prochaine avait couru, des émeutes avaient été étouffées dans plusieurs quartiers et Rosny avait fait donner le canon à l'Arsenal et à la Bastille par mesure d'intimidation. Il fallait que le roi se montrât en ville pour que s'apaisent les esprits.

Tandis qu'Henri, sa cure terminée, descendait par petites journées vers la Savoie dans le radieux été du Nivernais qui sentait le blé mûr, Marie de Médicis faisait voile vers la France.

Arrivée à Marseille, elle n'avait trouvé personne pour l'accueillir et aucune disposition pour l'héberger. Elle en conçut de l'amertume malgré les lettres que le roi lui avait adressées et qui l'attendaient au débarquement. Il lui disait son impatience de la serrer dans ses bras, lui promettait d'être « un mari pour elle seule », ce qui la laissa perplexe, souhaitait qu'elle arrivât à Lyon en bonne santé, afin, écrivait-il, « que nous puissions faire un bel enfant qui fasse rire nos amis et pleurer nos ennemis ». Il lui avait envoyé des *poupines* pour lui permettre de se faire une idée des toilettes que portaient les dames de la Cour. Il terminait ses billets par un monogramme représentant un « M » et un « H » confondus. Cela le changeait du monogramme utilisé pour Gabrielle : un « S » traversé d'un trait – Estrées...

Le jour, écrivait-il encore, où elle recevrait une lettre datée de Chambéry, elle pourrait y voir le signe qu'il avait gagné cette guerre. Elle reçut ce message alors qu'elle remontait le cours du Rhône ; elle se dit qu'elle avait épousé un homme à qui rien ni personne ne résistait, et elle avait plus encore hâte de le rencontrer.

Charles-Emmanuel n'avait opposé qu'une faible résistance à l'avance de l'armée royale forte de vingt mille hommes, de vingt canons nouvellement fondus à l'Arsenal et de six mille boulets. Passant par la Bresse, Rosny avait pris la ville de Bourg. M. de Créqui s'était rendu maître de Montmélian, une place forte située sur l'Isère, à quelques lieues au sud de Chambéry, mais il restait à conquérir la citadelle qui flanquait cette cité.

À Chambéry, les dames de la ville donnèrent un bal dans la résidence des ducs en l'honneur des vainqueurs et ne se montrèrent pas farouches avec les Français. Rosny prévoyait que les citadelles qui défendaient les défilés des Alpes céderaient moins facilement que Chambéry dont les portes s'étaient ouvertes à la première volée de canon.

À Conflans, dont le gouverneur jouait les bravaches, le roi demanda à Rosny de lui envoyer ses meilleurs pointeurs, des batteries de fort calibre et deux cents pionniers. Devant un tel théâtre le gouverneur fit hisser le drapeau blanc.

Moutiers... Saint-Jean et Saint-Michel de Maurienne. Miollens... Sous la menace de l'artillerie royale ces villes tombèrent sans qu'on eût à en faire le siège. Dans les brumes glacées d'un automne qui sentait déjà la neige, les ours et les loups, plantés aux lisières des forêts, regardaient l'interminable défilé s'enfoncer dans la montagne en direction de l'Italie.

Tandis que Rosny amenait son artillerie sous la citadelle de Montmélian, Henri avait écrit à Henriette pour la prier de se tenir tranquille. Elle promit, mais « provisoirement ». Une lettre adressée à Marie l'avait informée qu'il ne pourrait venir à sa rencontre comme il l'eût souhaité, « la loi du devoir prévalant sur celle de l'amour ».

Début novembre, la nouvelle reine avait quitté Marseille au bras du grand écuyer. La dot suivait sous bonne escorte. Tout n'était pas rose pour Bellegarde dans cette équipée : les gentilshommes toscans qui accompagnaient Marie menaient grand tapage, prétendaient se goberger gratis dans les auberges ou chez l'habitant, si bien qu'il dut à plusieurs reprises mettre la main à la garde de son épée pour faire régner l'ordre.

Marie était reçue en tous lieux avec les honneurs dus à son rang. Elle couchait chaque soir dans un lit parfumé à la violette ; un jeune poète, Malherbe, s'exerçait à la courtisanerie en lui récitant ses poèmes. Le roi luttait contre des forteresses de montagne, elle contre les éléments : ils s'étaient déchaînés comme pour lui faire obstacle, conjuguant la pluie, la brume, le vent. De fortes eaux faillirent emporter ses bagages et ses serviteurs.

Avant de s'attaquer à Montmélian, une place forte qui le laissait dubitatif, le roi se mit d'accord avec son ministre pour se porter sur Charbonnières, citadelle de la vallée de l'Arc que l'étroitesse du défilé et les intempéries semblaient rendre invulnérable.

Le transport et l'installation de l'artillerie posaient des problèmes. Il fallait, pour faire avancer par des routes qui n'étaient que des pistes de chevriers des pièces de huit mille livres, atteler à chacune une vingtaine de chevaux. Pour investir cette forteresse on devait escalader une éminence dominant les remparts et finir de tracter à bras l'artillerie : un défi que Rosny, provoqué par le roi, eut à cœur de relever. Il avait promis un écu à chacun des hommes participant à cette opération ; ils y laissèrent des plumes mais réussirent en une seule nuit, sous un déluge glacé.

– Vos batteries, dit le roi, sont pointées dans la mauvaise direction.

Protestation du grand maître : le roi avait-il la prétention de lui apprendre son métier ?

– Je vous connais bien ! riposta Henri. Vous voulez faire partout le maître, mais c'est moi qui commande.

– Soit ! soupira Rosny. Nous allons changer l'angle de tir mais ce sera comme si nous tirions aux moineaux.

Comme il l'avait prévu, on gaspilla poudre et boulets sans résultat, si bien que le roi, penaud, fut contraint de reconnaître ses torts et de laisser Rosny maître de sa partie. Le surlendemain, il se présentait au roi, la mine radieuse et narquoise.

– Sire, dit-il, la place est à nous. Je viens de fricasser une vingtaine de soldats de la garnison ainsi que quelques garces. Le gouverneur a battu la chamade et hissé le drapeau blanc.

Charbonnières, comme Montmélian, était réputé inexpugnable. Le grand maître ajouta :

– Donnez-m'en le temps, sire, et je vous livre cette place. À une condition : vous me laisserez opérer à ma guise.

Il commença l'investissement de la place sous un déluge de mitraille crachée par trente pièces de canon et de vulgaires pétoires héritées des guerres d'Italie. Une décharge ayant fait une trouée sanglante dans un groupe de canonniers au milieu duquel se trouvait Rosny, le roi lui envoya un billet sévère :

Ménagez-vous, jarnidieu ! *Vous m'êtes utile dans cette guerre mais plus encore dans les finances. Cessez de faire le fol et le simple soldat !*

Les jours passaient et Rosny se demandait s'il n'avait pas exagéré sa confiance dans l'issue de ce siège. On y perdait beaucoup d'hommes. Au cours d'une inspection, le roi lui-même faillit être déchiqueté par un boulet.

– Nous allons prendre le taureau par les cornes ! décréta Sully. Bombardement général...

Ses canons, couleuvrines et bâtardes s'en donnèrent à cœur joie. Visant principalement le donjon elles crachèrent une telle fournaise durant des heures que l'on vit bientôt voleter aux remparts des étendards blancs. Par l'intermédiaire de son épouse, qui avait entretenu de bons rapports avec Mme de Rosny, le gouverneur, M. de Blandis, fit demander une trêve. On la lui accorda, à condition que si, dans un délai d'un mois, la forteresse n'avait pas été secourue, elle capitulerait.

Il ne restait plus en face de l'armée royale que la place forte de Sainte-Catherine qui, proche de Genève, constituait pour cette ville un défi permanent. Elle s'élevait au milieu d'une plaine, « si rase, disait Rosny, qu'on y pouvait voir courir un rat », mais elle était dotée d'un système de défense archaïque redoutable. Biron alla s'y frotter et revint penaud : les défenses étaient bien pourvues en artillerie ; lui et ses hommes avaient failli y laisser leur peau.

– Jésus-Dieu ! s'indigna Rosny, on ne va pas flâner sous les murs de l'ennemi comme à la parade, avec un pourpoint de drap blanc et un panache. Monsieur le maréchal, vous faisiez une cible idéale. Il ne vous manquait que la musique !

Fatigué par ces chevauchées, las de ces stations interminables sous des murailles rébarbatives, le roi sentait en lui un besoin de détente. Il avait appris avec un plaisir mêlé d'inquiétude qu'Henriette avait décidé de se rendre à Grenoble, en même temps que Marie de Médicis s'acheminait vers Lyon par le Rhône. Cela mettait du sel dans la situation, mais aussi du vinaigre.

Henriette lui écrivit qu'elle l'attendait à La Côte-Saint-André, près de Grenoble. Il s'y rendit. Elle lui fit un accueil au verjus.

– J'ai l'impression, dit Bassompierre en accompagnant le roi, que Mme de Verneuil est venue chercher son content de querelles.

– Elle semble s'en nourrir, répondit Henri.

S'il en était ainsi, la provende était miraculeuse : remise de ses couches, Henriette était resplendissante de santé et de vénusté. Lorsque le roi, de nouveau sous le charme, voulut glisser une main fébrile sous la vertugade, il s'attira ce camouflet :

– Bas les pattes, beau sire ! Nous avons d'abord à parler.

Il y consentait, à condition que cela ne durât pas des heures et qu'elle adoptât un ton plus courtois. Elle n'y paraissait guère disposée.

Il lui demanda quel bon vent l'amenait ; c'était un vent fort noir qui soufflait par âpres foucades. Elle lui reprocha de la laisser sans nouvelles. N'y avait-il d'encre dans son encrier que pour la « grosse banquière » ? Avait-il l'intention de l'envoyer tailler ses rosiers à Verneuil ? Il se faisait des illusions. Elle brandit la menace de la promesse.

– La promesse ? protesta mollement Henri. Elle est caduque.

– Caduque ou pas, lorsque je la mettrai sous le nez de votre fiancée cela lui donnera à réfléchir sur le cas que l'on peut faire de votre honneur.

– Vous ne le ferez pas !

– Je le ferai !

Ils passèrent une heure à se quereller, reprirent leur discussion au cours du souper. Afin que nul n'en ignore, Henriette parla haut et ferme.

Le roi confia à Bassompierre qu'il allait quitter sa maîtresse : c'était plus qu'il pouvait en supporter. Bassompierre lui conseilla la patience : ce n'était qu'une averse un peu rude.

– Une averse ? protesta le roi. Il semble plutôt qu'il s'agisse d'un orage de grêle et qui a laissé des traces.

Les traces dont parlait le roi s'effacèrent la nuit qui suivit. Sans paraître faire amende honorable, ce qui n'était pas dans sa nature, Henriette ouvrit au roi sa porte et son lit.

Durant une semaine, le couple vécut une nouvelle lune de miel. Ils se promenèrent à cheval dans la neige, chassèrent la perdrix et le lièvre, se donnèrent du bon temps dans les demeures nobles des environs.

Un matin, le roi dit à sa maîtresse :

– Il est temps que je me rende au-devant de ma femme. Je dois la retrouver à Lyon, avec le légat du pape, le cardinal Aldobrandini. Y renoncer serait créer un incident diplomatique lourd de conséquences. Nous nous retrouverons à Paris. Je ne puis vivre sans vous.

Ils effectuèrent une nouvelle promenade sur le lac du Bourget, à bord d'une barque de parade offerte par la ville de Lyon et qui portait le nom de la galère que le doge de Venise empruntait pour aller célébrer son mariage avec la mer : le *Bucentaure*.

Henriette repartit pour Paris et lui pour Lyon. En cours de route, il adressa à sa maîtresse des billets délirants :

J'ai baisé mille fois votre dernière lettre... Nous sommes si bien ensemble... Bonsoir le cœur, le cœur à moi... Je te baise et te rebaise un million de fois...

Il usait de la même encre pour écrire à Marie :

Mon cœur est accompagné d'une volonté passionnée de vous chérir et aimer toute ma vie comme maîtresse de mes affections... Je ploierai dorénavant sous le joug de vos commandements, celui de mon obéissance, comme dame de mes volontés...

L'archevêché de Lyon estimé trop exigu et mal adapté pour loger le couple royal, on lui affecta une bâtisse voisine en ouvrant une porte dans le mur mitoyen, de manière que les deux époux pussent se rejoindre. C'est là que Marie s'installa dans l'attente de son époux.

Elle commençait à se dire qu'il tardait bien à venir. Henri passait des heures à discuter, à Grenoble, avec le légat qui faisait office de truchement entre le roi et le duc pour mettre fin à cette guerre de Savoie. Henri persistait à réclamer les revenus que Charles-Emmanuel avait indûment perçus à Saluces durant douze ans. Fallait-il reprendre les armes pour obtenir satisfaction ? On poursuivrait le spoliateur dans la neige jusqu'en Italie. Le duc avait perdu toutes ses places fortes, y compris Montmélian et Sainte-Catherine qui avaient ouvert leurs portes aux armées royales.

– Nous poursuivrons cet entretien à Lyon, dit le roi en masquant son irritation, le légat prenant ouvertement le parti de Charles-Emmanuel. Je suis attendu, et vous savez par qui...

Il s'embarqua sur le *Bucentaure* mais, jugeant cette embarcation trop lente, il sauta à cheval et, accompagné de Bellegarde et de Bassompierre venus aux nouvelles, fonça vers Lyon.

– Sire, dit Bassompierre comme on entrait dans la ville, il serait bon que vous passiez dans vos appartements pour faire un brin de toilette. Vous avez l'allure d'un soudard et vous puez le cheval et la sueur.

– On me prendra comme je suis, répondit le roi. Je ne veux pas attendre davantage pour embrasser ma femme.

C'était son idée fixe depuis le départ de Grenoble, et rien n'aurait pu le faire changer d'avis. Il refusait de s'attarder à des futilités de toilette. Il voulait voir sa femme au plus vite et *au naturel*, peu convaincu par les portraits qu'il avait reçus et les dithyrambes de Bellegarde.

Marie était en train de souper avec ses dames quand La Varenne vint lui annoncer que l'escorte du roi était en vue. Elle n'avait pas faim ; elle repoussait les viandes, tapotait du bout des doigts sur le bord de la table en jetant des regards d'impatience au cartel qui marquait des heures trop lentes à son gré. Elle décida qu'elle avait attendu assez longtemps et s'apprêta à regagner sa chambre.

À peine avait-on refermé la porte et préparé le lit, Bellegarde se présentait, entouré d'un groupe de gentilshommes qui, sur un signe, crièrent « Vive le roi ! » et s'écartèrent pour livrer passage à un cavalier tout botté, mal fagoté, crotté jusqu'aux cuisses, hirsute. Il s'avança vers Marie, lui adressa un compliment que personne n'entendit et, sans façon, lui baisa la bouche *à la française*.

Il s'excusa à haute voix de l'avoir fait attendre si longtemps, mais les nécessités de la guerre en étaient cause.

– Sire, lui souffla Bellegarde, Sa Majesté n'entend rien à notre langue.

– Pas plus que je ne comprends l'italien ! bougonna Henri. C'est pourquoi je m'exprimerai par gestes pour l'essentiel. Pour le superflu, nous avons les truchements.

Il salua la duchesse de Nemours et quelques autres dames de compagnie, dont une certaine Leonora Galigaï, sœur de lait et confidente de Marie, qu'il embrassa elle aussi *à la française*, bien qu'elle fût sèche et laide comme une guenon, ce qui amusa beaucoup la reine.

Prenant son épouse par la main, il la conduisit près de la cheminée en lui demandant de parler lentement afin qu'il pût mieux la comprendre. Ils restèrent assis un long moment en face l'un de l'autre sans qu'elle retirât sa main. De leur entretien rien ne filtra, mais ils semblaient fort satisfaits d'être enfin réunis.

Avant de se retirer pour souper, le roi dit à la duchesse de Nemours :

– Il ne faut pas laisser aux sentiments le temps de refroidir. Je veux dès ce soir coucher avec ma femme.

– Dès ce soir, sire ?

– Informez-la discrètement et prenez les dispositions nécessaires.

Il soupa fort joyeusement avec ses compagnons. Deux heures plus tard, il toquait à la porte de la reine. Elle était couchée et elle l'attendait.

Le lendemain, ragaillardi, chantonnant un air du Béarn, le roi rejoignit Bassompierre et lui dit :

– Mon ami, j'ai passé une excellente nuit. Cette princesse est telle que je la souhaitais : blonde et grasse à souhait. Elle ne me fait pas oublier certaine maîtresse à laquelle je pense mais elle semble assez soumise à mes caprices. Dieu veuille qu'elle me donne de beaux enfants.

Il ne lui confia pas combien de postes il avait couru et Bassompierre n'eut pas le front de le lui demander, mais à sa mine on pouvait deviner que les deux époux n'avaient pas passé leur nuit à s'apprendre leurs langues réciproques.

Henri avoua pourtant à Bellegarde une certaine déception : le grand écuyer et les artistes toscans avaient quelque peu embelli leur sujet ; Marie n'avait rien de la splendeur charnelle qui l'avait séduit chez Gabrielle ni des élans et du charme acidulé d'Henriette ; elle avait le visage lourd, commun, un peu vulgaire même, l'œil terne, et elle dégageait une odeur singulière...

– C'est le clou de girofle, dit Bellegarde. Un parfum très apprécié en Italie.

– Curieux pays, marmonna le roi, où l'on confond une femme et une volaille...

Jours heureux...

Après la bénédiction solennelle dans la cathédrale Saint-Jean et le banquet où se pressait une telle affluence que l'office ne parvint pas à fournir, on célébra la fête de Noël dans le faste et le recueillement.

La guerre terminée, on espérait des nouvelles des négociations entamées avec le duc de Savoie. Charles-Emmanuel s'attendait au pire ; on montra de la modération. Il fut contraint de restituer la Bresse, le Bugey, le Valmoret, le pays de Gex qui pourraient faire obstacle au passage des armées espagnoles. Pour ce qui était des revenus perçus indûment sur Saluces qu'il garderait, on en reparlerait plus tard. Peut-être...

Le roi détestait participer à des négociations, il en avait chargé Rosny qui s'y entendait. Quant à lui...

– Je dois retourner à Paris. Des affaires importantes m'y attendent.

– De quelles affaires voulez-vous parler ?

– Ne faites pas l'innocent ! Cela fait des semaines que je suis séparé de ma maîtresse. Elle m'attend à Verneuil et doit être impatiente de me revoir.

– Et votre épouse, sire ?

– Mon épouse ? Eh bien, elle me rejoindra plus tard. Je compte sur vous pour la faire patienter et me la ramener. Mais ne vous pressez pas trop...

XII

LA « GROSSE BANQUIÈRE » ET LA « PUTAIN »

1600-1601

En route pour Paris, le roi brûla les étapes.

Tandis que Rosny, assisté du connétable de Montmorency et du secrétaire d'État Nicolas de Villeroy, procédait aux cérémonies marquant la ratification du traité avec la Savoie, Henri vivait dans les transes. Henriette et lui s'étaient séparés sur une bouderie. Il gardait en mémoire la silhouette de sa maîtresse debout à la poupe du *Bucentaure*. Il avait agité son mouchoir, mais elle n'avait pas répondu à son salut et il en avait gardé une blessure : cette réserve lui faisait penser à un adieu. Il lui avait écrit ; elle n'avait pas répondu.

Le roi prit la poste à Lyon, s'embarqua sur la Loire jusqu'à Roanne. Arrivé à Briare, il reprit la poste jusqu'à Paris où il arriva sur la fin de janvier, après une course de deux jours et demi seulement.

Il ne resta au Louvre que le temps d'expédier quelques affaires urgentes et de rendre visite à ses enfants. La terre semblait brûler ses semelles. Il courut à Verneuil où Henriette l'attendait, maussade mais ne le montrant pas. Avec le sens de l'opportunité qui guidait ses actions, elle se disait qu'à trop tendre la corde elle finit par se rompre. Il ne fallut pas une demi-journée pour que le roi pût renouer avec sa passion et elle avec une certitude : ce n'était pas la « grosse banquière » qu'il aimait.

Henri avait besoin de sa maîtresse. Un besoin viscéral.

Après les tonnerres de la guerre de montagne, le tumulte de Lyon, les émotions de la rencontre avec son épouse, il avait envie d'une réelle détente. Fine mouche, Henriette l'avait deviné : elle lui donna dix jours de bonheur paisible. Dans la solitude de Verneuil, au cœur d'une forêt de cristal où le vent du matin faisait une musique de songe, il ne se lassait pas de la regarder aller et venir, de l'observer tandis qu'elle dormait, dans la lumière de la chandelle ou du feu, de la caresser, de lui faire l'amour. Elle ne lui refusait ni sa présence ni ses étreintes. Sûre de l'emprise sur son amant, elle se disait qu'elle pourrait le mener à sa guise et faire en sorte qu'il ne pût se déprendre sans en souffrir.

Jugeait-il qu'elle avait, dans le passé, abusé de son pouvoir sur lui, que les scènes qu'elle lui faisait, en public comme en privé, l'avaient ulcéré au point qu'il avait envisagé de se séparer d'elle ? Elle s'en excusait, versait quelques larmes, l'assurait sinon de sa passion – certains mots ne parvenaient pas à sortir de ses lèvres –, du moins de son attachement. Ce qu'il lui donnait en amour, elle le lui rendait en affection. Il n'en demandait pas davantage.

C'est un homme transformé que Rosny trouva de retour au Louvre : le roi était toujours aussi jovial, narquois, primesautier, mais avec un fond de sérieux qui ressortait à la moindre occasion.

– Assez baguenaudé ! dit-il au ministre. N'oublions pas que nous avons un navire à remettre à flot : le navire France. Il est resté échoué depuis trop longtemps. Au travail, monsieur de Rosny ! J'ai fait le galant et le soldat. Il est temps pour moi de faire le roi.

Il était persuadé, de même que Rosny, qu'aucun progrès ne se ferait tant que l'on n'aurait pas restauré l'agriculture. Ils aimaient les paysans, souffraient de voir les campagnes en friche, ravagées par la guerre, les semailles restant à faire, la population errant par les chemins ou brandissant les étendards de la révolte comme en Limousin et en Périgord.

Pour la première fois depuis son accession au trône, le roi se trouvait devant un horizon dégagé des nuages de la guerre, mais un vertige le prenait lorsqu'il mesurait la tâche à accomplir.

– Et l'industrie, Rosny, y pensez-vous ?

Rosny y pensait mais c'était pour lui un problème secondaire. Que l'agriculture reprenne son élan et le reste suivrait. De même que le commerce : trop de magasins désertés, de marchands dispersés par les disettes et les famines qui avaient vidé les étals. L'agriculture y pourvoirait. Des champs prospères feraient un commerce actif. Il convenait de parer au plus pressé, de ne penser pour l'heure que labourage et pâturage.

Ce qui d'un commun accord les irritait, c'était le contraste entre la misère publique et la richesse de certaines couches sociales : gens de robe, financiers, courtiers, bureaucrates, gros prélats, aventuriers d'offices : des parasites qui se nourrissaient du dénuement des populations laborieuses.

Et que dire de cette tourbe de gentillâtres qui grenouillaient dans le marécage de la cour, faisant étalage de leur inutilité et de leur voracité ? Le roi les invita à retourner dans leur domaine, à s'efforcer, en mettant la main à l'araire et à la faucille, d'y faire renaître la prospérité. Il leur distribuait les *Propos rustiques* de Noël du Fail, les écrits d'Olivier de Serres. Cet agronome, qui avait fait de son domaine du Pradel un modèle d'exploitation, venait de publier le *Théâtre d'agriculture et ménage des champs* et s'intéressait à la culture du mûrier et à la production de la soie.

Le roi disait aux réfractaires :

– Ce fut de tout temps l'honneur des gentilshommes que d'habiter aux champs, que de n'aller aux villes que pour le service du roi ou pourvoir à leurs affaires. Messieurs, la guerre est finie. Renoncez à piquer au coffre. D'ailleurs il est vide...

Certains acceptaient de se retirer ; d'autres atermoyaient. Il n'était pas facile de renoncer à une existence oisive et dorée, aux petits et grands profits engendrés par les rapports avec les gros bonnets, à de joyeuses compagnies, aux amours faciles... Ils ronchonnaient :

– Lorsque le roi a besoin de nous pour faire la guerre il sait où nous trouver. La paix revenue, il nous donne congé !

Trois ans auparavant, le roi avait institué une Chambre de justice destinée à traquer et à punir ceux qui, chargés d'un office, en faisaient leurs choux gras. Il était parvenu en partie à leur faire rendre gorge. C'est ainsi que plus d'un million d'écus étaient tombés en avalanche dans le trésor royal. Une série de mesures vinrent à bon escient réactiver cet élan de justice sociale.

Il s'attira quelques haines mais une immense popularité. Un de ses mots courait le pays, se répercutait dans les plus humbles chaumières : il voulait que chaque Français pût mettre la poule au pot chaque dimanche. Pour imposer ces mesures il fallait de l'autorité ; il en eut. Beaucoup le lui reprochaient ; pas le pauvre peuple qui avait enfin un roi selon son cœur.

Avec l'âge – il approchait de la cinquantaine – lui étaient venus de petits maux et de grandes inquiétudes.

Il avait compris que sa jeunesse était défunte quand un matin, au moment de partir pour la chasse qui restait sa distraction favorite, il avait demandé de l'aide pour monter en selle. Une crise de goutte l'avait tenu sur les charbons une partie de la nuit alors qu'il avait d'autres devoirs à assumer et d'autres plaisirs à s'offrir. Cette *galanterie des orteils*, comme il disait, n'était pas une nouveauté : il en souffrait depuis quelques années déjà par suite d'une nourriture trop riche et de vins trop généreux. Ses médecins lui conseillaient la diète. Alors que tout lui était donné, il refusait de mener une existence de sybarite.

De douloureux abcès aux gencives avaient entraîné la chute des dents, le creusement des joues, la rétraction des lèvres. Du même coup son visage s'était allongé et lui faisait un masque de carnaval. Henriette le tarabustait : qu'il se fasse poser des dents en bois comme certains qu'elle connaissait ! Il refusait cette coquetterie ; tant qu'il pourrait déchiqueter sa viande, il ne souffrirait guère de cet inconvénient.

Marie, elle, se trouvait incommodée par des dévoiements fréquents qui le prenaient parfois la nuit et empuantissaient la chambre. Un inconvénient qu'elle lui reprochait :

– Vous mangez comme un ogre ! lui disait-elle. Vous finirez par en crever...

Mme de Nemours traduisait. C'est vrai qu'il mangeait avec une sorte de gloutonnerie. Il raffolait des huîtres dites *à l'escale* ; un soir, il en mangea une telle quantité qu'il crut sa dernière heure venue. Il se faisait livrer des barils d'eau de Pougues, mais sans résultat.

Le médecin La Rivière hochait gravement sa tête chenue en s'efforçant de colmater les brèches que les excès du roi provoquaient à sa santé : rétention d'urine, inflammation du col de la vessie et parfois quelque nouvelle gonorrhée purulente contractée avec une garce troussée entre deux portes.

Lorsque La Rivière se proposait de le traiter au mercure et au bois de gaïac, il protestait :

– Allez au diable avec vos remèdes de sorcier ! Mieux vaut crever d'une vérole que de continence...

À le voir, pourtant, on se disait qu'il avait encore de beaux jours à vivre : il avait l'allure leste et dégagée, le regard vif, la parole prompte et aisée, l'esprit constamment en éveil. À cheval, il se conduisait avec autant d'aisance que les meilleures recrues de

M. de Pluvinel, ce maître d'équitation que l'Europe lui enviait.

Rosny n'était pas le dernier à le tancer, sans y mettre de forme, pour ses excès et ses travers. Un matin où le roi s'était endormi au cours d'un conseil privé, il l'avait secoué et lui avait dit en aparté :

– Sire, je crois comprendre que vous avez passé une nuit au jeu.

– Oui, mon bon ami, chez Zamet.

– Et vous avez encore perdu, je suppose ?

– Une bagatelle : dix mille écus. Ce sacré Pimantel, ce diable de Portugais... Il triche, j'en mettrais ma main au feu, mais un jour je le ferai capot !

Il avait sorti de sa ceinture un billet de reconnaissance et l'avait tendu à Rosny en lui demandant de le faire honorer par le Trésor. Devant les protestations du surintendant, il avait ajouté :

– Ma cassette est vide et la vôtre riche à millions. Vous disposez à votre gré du Trésor.

Rosny n'avait pas relevé ce trait venimeux. Il avait poursuivi :

– Le peuple vous juge mal, sire. Les gazetiers s'en prennent à vos travers.

– Qu'on vienne me le dire en face ! Vous le savez mieux que quiconque, Rosny, j'accomplis sans faiblir mes devoirs. C'est souvent que je me lève à l'heure où beaucoup s'endorment !

Rosny devait en convenir : sans être un bourreau de travail comme son ministre qui commençait ses journées à trois heures, le roi restait attentif aux affaires, suivant une méthode qui lui était propre : il détestait les conseils, ne tenait pas sur place plus d'une heure sans ressentir des fourmillements dans les jambes, ne jetait qu'un regard bref aux liasses qu'on lui tendait, préférant en discuter au cours d'une promenade, accompagné d'un scribe habilité à recueillir ses observations, et de son chien favori, Citron, bâtard d'une fidélité exemplaire. Rien ne lui échappait, en dépit des apparences ; il passait au crible tous les problèmes qui lui étaient soumis et en faisait des synthèses déconcertantes par leur rapidité et leur justesse.

Il avait fait orner son cabinet de tableaux, de tapisseries, d'une bibliothèque où il puisait rarement, car il n'aimait guère perdre son temps en lecture, dans laquelle figurait un ouvrage de grande valeur : une Bible manuscrite portant dans ses marges des observations de rois qui avaient régné depuis plus de trois siècles.

Rosny avait débuté sa carrière comme soldat. Il était devenu le ministre et le confident du roi, son vieux compagnon : rien ne se faisait dans les affaires publiques ou privées de son maître qu'il n'en fût informé. Pour fréquentes qu'elles fussent, leurs querelles étaient de courte durée. Ils étaient devenus inséparables comme l'arbre et la terre qui le porte et le nourrit.

Un jour qu'il venait de recevoir une réprimande humiliante de la part d'un ambassadeur, le roi dit à Rosny :

– Je reçois souvent des blâmes. On me reproche de faire construire des palais, d'aimer à l'excès la chasse, les chiens, les oiseaux, les jeux, les festins, les spectacles, les dames, mes fous et mes folles, que sais-je encore ? On m'accuse de trop bien vivre, et cette vieille barbe d'ambassadeur a tenté de me le faire comprendre. Pourtant vous le savez, vous qui êtes mon ami : j'abandonnerais toutes ces vanités s'il me fallait de nouveau conquérir gloire et honneur ou protéger ma famille.

Il avait trouvé le Louvre pillé de fond en comble et saccagé ; de ce qui avait été une sinistre forteresse il s'efforçait de faire une résidence agréable.

– Vous souvenez-vous, Rosny, de la chasse aux rats ?

Dans les premiers temps de son installation, sept ans auparavant, les gentilshommes s'amusaient à chasser ces rongeurs dans les salles, les couloirs, les galeries ; ils les tiraient au pistolet ou les embrochaient sur leur épée pour les brandir encore vivants sous le nez des dames qui poussaient des cris d'orfraie. On en tuait dix, il en sortait cent, venus des bords de la Seine, des hôtels abandonnés d'alentour, des taudis des rues avoisinantes. La valetaille tirait profit de cette abondance de gibier en allant revendre les rats écorchés aux taverniers qui en faisaient des ragoûts.

Il avait fait du Louvre un vaste chantier.

La reine mère Catherine avait commencé à faire construire une petite galerie prolongeant le château parallèlement au fleuve ; il en acheva la construction. Elle avait rêvé d'une longue galerie du bord de l'eau unissant le château aux Tuileries ; il réalisa ce rêve. Il manquait une orangerie comparable à celle du château de Pau, qui était l'orgueil de la reine Jeanne ; il en lança le chantier.

Une décrépitude due au manque d'entretien affectait Fontainebleau. Henri y porta la main. Trois ailes délimitèrent la cour des Offices, trois autres la cour de la Conciergerie. Autour des jardins de la Reine il fit édifier les galeries de Diane, des Chevreuils, ainsi qu'une grande volière. Il fit creuser le Grand Canal, ériger sur les parterres fontaines et groupes de bronze...

Lorsque, du bord du Grand Bassin, il contemplait la façade, une certaine fenêtre qui ne se différenciait pas des autres retenait son attention : elle lui rappelait celle qui avait été son premier amour : Mlle d'Ayala, qu'on nommait Dayelle.

Le roi, ayant constaté que les enfants se plaisaient à Saint-Germain, apporta des aménagements à cette résidence proche de Paris.

Il fit surmonter d'un étage bâti au-dessus des terrasses le château neuf du roi Henri II, son beau-père, et le flanqua de deux ailes. Des escaliers astucieusement disposés permettaient à la joyeuse ribambelle de dévaler jusqu'aux parterres en pente dominant la Seine. Il fit creuser sous les galeries de mystérieux souterrains en forme de grottes, peuplés de statues, où les enfants royaux et ceux de la maison jouaient à se perdre et à se chercher, comme un prélude aux aléas de l'existence dans laquelle ils seraient bientôt embarqués. Aux alentours, une débauche de plantations faisaient de ces lieux une réplique du paradis avec, dans le lointain, pareille à une grève caillouteuse, Paris.

Au début du nouveau siècle, Henri ouvrit quelques autres chantiers : achèvement du Pont-Neuf, restauration de l'Hôtel de Ville, construction, autour de l'emplacement du château des Tournelles, de bâtiments de sobre et belle ordonnance formant la place Royale. Il dressa les plans d'une autre place qui se situerait entre le Pont-Neuf et le Palais de justice et à laquelle il donnerait le nom de place Dauphine.

Il se plaisait en compagnie des architectes et des artistes – les meilleurs d'Europe – réunis pour ce grand œuvre. Il les écoutait et ils l'écoutaient. Chaque réunion de travail était une fête pour le roi : il en sortait animé d'une exaltation puissante et prophétique, comme après une bataille.

Et c'était bien d'une bataille dont il s'agissait.

Lorsque Marie arriva au Louvre, un soir du début de février, cinq mois après son embarquement à Livourne, elle crut échouer dans un château des Carpates sur lesquels auraient passé des armées barbares. Elle entendait autour d'elle des rumeurs de mécontentement : ses gentilshommes toscans se répandaient en sarcasmes, Leonora Galigaï boudait, Concini, son amant, protestait : on les avait dupés !

– Jamais la reine n'acceptera de vivre ici ! Où sont les meubles, les tapisseries, le bois de chauffage ? On gèle comme en Islande ! Mieux vaut nous installer dans une auberge...

Il souleva une telle tempête que le roi fit hâter les travaux d'aménagement pour donner à cette forteresse une allure de palais. Une armée de valetaille s'y attacha.

Les joyeuses canonnades de l'Arsenal et de la Bastille qui avaient salué l'entrée de la reine n'avaient pas réjoui son cœur. Marie était de mauvaise humeur, enrhumée, moulue par l'interminable odyssée en litière à travers des immensités de neige. Aux étapes du soir, quand ses musiciens lui donnaient des violons, elle pleurait sur son pays perdu, se disait qu'en Toscane les amandiers commençaient à fleurir dans la chaleur du printemps.

La voyant morose, Henri, en attendant que l'on eût fait du Louvre un décor digne de la nouvelle reine, décida d'aller demander l'hospitalité à son ami Zamet dont la table était toujours bien garnie, les chambres confortables et bien chauffées. Le couple élut domicile dans celle que le roi avait occupée jadis avec Gabrielle et où, quelques jours après la mort de sa maîtresse, il avait culbuté sa sœur Claude.

Marie se reprit à vivre. Le roi était aux petits soins pour elle ; il lui offrit quelques joyaux extraits du coffre de son ancienne maîtresse, qui lui valurent quelques gloussements satisfaits et quelques élans généreux.

Un soir, avec l'aide de Mme de Nemours qui assumait ses fonctions de truchement, le roi fit comprendre à Marie qu'il venait de s'inviter avec elle à l'Arsenal, chez M. de Rosny. Elle sursauta : l'Arsenal ! Elle se vit dans une citadelle hérissée de canons et hantée par la soldatesque. Il la rassura :

– Cet endroit n'a rien d'une caserne ou d'une forteresse. Mon ministre l'a aménagé avec goût de manière à faire de ses appartements une résidence confortable. Vous y verrez des jardins, une académie hippique, une piste pour les courses de bague et les joutes et même un parcours de palle-mail.

– Palle-mail... Elle se fit expliquer ce qu'était ce jeu. Henri promit de l'initier lorsque la neige aurait fondu.

La soirée chez Rosny fut digne des grands événements. On avait mis les petits plats dans les grands, disposé sur les tables des dizaines de bouteilles de vin d'Arbois que les petites Italiennes trouvèrent tellement à leur goût qu'elles en abusèrent et firent les folles.

– Jarnidieu ! s'écria le roi, quelle boisson leur avez-vous servie pour qu'elles soient dans cet état ? Du brandevin ?

– Non, sire, dit finement Rosny. Je leur ai fait servir d'abord du vin d'Arbois. Comme elles demandaient de l'eau pour le mouiller, je leur ai fait présenter des aiguières remplies d'un autre de mes vins, clair comme de l'eau de roche.

– Mais c'est un attentat !

– Oh, sire ! elle en réchapperont.

Elles en réchappèrent. Quelques jours plus tard, elles se répandaient en jacassant dans la foire Saint-Germain, masquées, déguisées et se livrant à mille folies dont les souverains se divertirent.

Lorsque le roi invita son épouse à retourner au Louvre, le décor avait changé.

On avait tendu les murs de leur chambre de grandes tapisseries, disposé des meubles en suffisance, allumé de grands feux dans les cheminées. Leurs appartements, situés au premier étage, donnaient sur la belle animation du port au Foin et, au-delà du fleuve, sur les espaces du Pré-aux-Clercs dont la reine connaissait par ouï-dire la réputation de terrain favorable aux règlements de comptes par le duel. Elle sauta au cou du roi, le couvrit de baisers et de *gratie*.

En revanche, elle fit la grimace lorsque Mme de Nemours lui annonça une nouvelle renversante : le roi lui dit son intention de lui présenter sa maîtresse.

– Mademoiselle d'Entragues ? s'écria-t-elle d'un air offusqué. Cette *putane* ?

– Elle-même, Majesté.

– Je refuse de lui être présentée et même de la voir.

– Le roi en sera fort chagriné. Il tient à son idée. Elle est saugrenue, mais gardez-vous de le décevoir.

Il fallut en passer par là.

Henriette parut très à l'aise, souriante, disposée à une confrontation pacifique. Le roi dut néanmoins la pousser à l'épaule pour qu'elle consentît à s'agenouiller et baiser le bas de la robe de sa rivale changée en statue de sel sous le regard de cette Méduse d'une rayonnante beauté.

– Cette dame, dit le roi en montrant Henriette, est ma maîtresse, madame. Elle sera votre servante.

– Majesté, ajouta Henriette, je suis convaincue que nous ferons bon ménage.

– Eh bien, répondit Marie, puisque telle est la volonté du roi, je m'incline. Soyez la bienvenue dans ma maison.

De nouveau seule avec le roi, confuse, humiliée, Henriette lui lança :

– Avez-vous perdu la tête ? Vous nous avez toutes deux tournées en ridicule. Rappelez-vous le regard que m'a adressé votre épouse : elle aurait voulu me foudroyer qu'il n'aurait pas été plus ardent. Dans quel but cette manœuvre, je vous prie ?

– J'ai bien réfléchi, répondit le roi. J'ai jugé que mieux valait mettre d'emblée les choses au net. Vous pensez bien qu'un jour ou l'autre Marie aurait appris l'existence d'une favorite et en aurait pris ombrage. Maintenant nous savons les uns et les autres à quoi nous en tenir. Puisque je n'ai pu faire de vous mon épouse vous resterez ma favorite, et vous n'aurez pas à le regretter.

Malgré cette promesse, il n'avait pu obtenir la restitution du billet : M. d'Entragues l'avait enfermé dans un flacon de cristal comme le Saint Chrême et dissimulé dans un mur de Malesherbes.

L'annonce d'une double grossesse mit un comble au bonheur du souverain. Marie et Henriette, enceintes de ses œuvres, mettraient leur enfant au monde à quelques semaines de distance.

Incorrigible, le roi avait remarqué parmi les dames de compagnie de son épouse une perle florentine du plus bel orient, Laura. Il lui fit les yeux doux ; elle ne baissa pas les siens. Il lui dit qu'elle était belle et qu'il aimerait jouer avec elle au jeu d'amour ; elle lui laissa entendre qu'il avait tout pouvoir sur elle. Quelques jours plus tard, il la troussait sur sa table de travail, au milieu des paperasses dont il était envahi. C'était mieux que la paillasse de ses aventures champêtres, bien que peu confortable. Elle réclama un lit ; il ne put le lui refuser.

– Ces petites Italiennes, confia-t-il à Rosny, ont le cul aussi chaud qu'on le dit : la lave du Vésuve ! Vous devriez y goûter, mon ami.

Rosny haussa les épaules. Ces amicales provocations, dont il avait l'habitude, laissaient indifférent le huguenot qu'il n'avait cessé d'être.

La décision du roi de faire cohabiter sa femme et sa favorite se révéla désastreuse.

Entre la « banquière florentine » et la « putain du roi », le torchon brûlait en permanence. Les échos de leurs querelles acerbes se répercutaient dans tout le Louvre et importunaient le roi qui décida de mettre fin à une situation qu'il regrettait d'avoir lui-même créée. Il pria Rosny de lui faire aménager à l'Arsenal un appartement qui le mettrait à l'abri des orages conjugaux et extraconjugaux.

Henriette dut abandonner l'hôtel de La Force où le roi l'avait installée à son retour des Alpes, pour s'installer au Louvre et assumer ses nouvelles fonctions de dame de compagnie de la reine auxquelles elle ne satisfaisait en fait que selon sa volonté et ses caprices. Elle n'avait pas renoncé, en dépit des apparences, à l'espoir de supplanter Marie qui, n'ayant pas encore reçu par le sacre la confirmation de son titre, n'était pas tout à fait reine.

Lorsqu'elle confiait ses prétentions au roi, il les accueillait par des colères et des sarcasmes ; elle y répondait en brandissant la menace du billet et du scandale qui s'ensuivrait.

– C'est bien mal me connaître, sire, s'exclamait-elle, que de croire que je baisse aussi facilement pavillon. Qu'il arrive malheur à votre banquière et je serai la première sur les rangs pour la remplacer ! À moins que, d'ici là...

Elle faisait voler sa main au-dessus de sa tête.

– ... à moins que d'ici là vous n'ayez renvoyé cette dondon à sa boutique !

Elle s'amusait parfois à singer le comportement, les humeurs ronchonnes, l'affreux accent de la Florentine, cette « grosse bestiasse ».

Criailleries d'un côté, bouderies de l'autre.

Marie n'avait rien de la beauté des marbres italiens et ne brillait pas par l'intelligence et l'esprit. Si Henri avait envisagé de la faire participer à la marche des affaires, il en eût été pour ses frais. L'horizon de cet esprit médiocre ne s'ouvrait que sur un quotidien borné à sa maison ; elle ne manifestait d'intérêt véritable que pour les petites intrigues très italiennes qui animaient la tourbe brillante mais futile de son entourage dont le manège tournait autour de ce couple louche et vénal : Leonora Galigaï qu'Henriette appelait *la Guenon*, et Concino Concini dont la reine elle-même reconnaissait qu'il était un « joueur dissolu et un grand vérolé ».

Devenue de par la volonté du souverain dame d'honneur de son épouse, la Galigaï avait vu monter son étoile en même temps que ses ambitions, qui n'étaient pas modestes. Sœur de lait de Marie, elle était aussi son amie et sa confidente depuis leur prime jeunesse. Elles passaient des heures en tête à tête, bavardant dans leur langue, tricotant des ragots et de menues intrigues de boudoir, se moquant des travers de leurs proches et de ceux du roi.

Henri laissait faire et dire. Il n'attendait de son épouse qu'une soumission à ses élans nocturnes, des soins attentifs pour le dauphin Louis et de l'indulgence pour sa vie sentimentale. Importuné par l'une ou l'autre, il convoquait quelques compagnons et leur disaiît :

– Si vous êtes libres ce soir, nous allons monter une petite expédition.

C'était devenu un rite, comme au temps du roi Charles IX. Il quittait le Louvre accompagné de quelques complices masqués et vêtus sobrement pour ne pas attirer l'attention. La petite bande courait de tavernes en bordels, s'amusait à affoler les bourgeois, à jouer des tours aux patrouilles nocturnes, en excluant toute violence. Ils finissaient généralement leurs équipées chez Bastien Zamet qui se régalait du récit de leurs prouesses et les laissait batifoler avec les hétaïres qu'il tenait en réserve pour ses invités.

Lorsque le roi avait décidé d'introduire Henriette à la cour, Rosny avait poussé de hauts cris :

– C'est pure inconscience ! s'était-il écrié. Vous allez faire entrer le loup dans la bergerie...

– Il sera intéressant, avait répondu le roi, de savoir qui sera le loup et qui la brebis.

Il avait prévu des conflits dont il se promettait un plaisir pervers ; il fut surpris de constater qu'après quelques échanges venimeux les deux femmes avaient mis l'arme au pied et, loin de poursuivre leurs provocations, entretenaient des rapports sinon amicaux, du moins courtois.

C'est surtout avec la Galigaï qu'Henriette faisait bon ménage : cette femme d'une intelligence diabolique, dépourvue de tout scrupule, la fascinait. Une *guenon*, certes, par son aspect, mais redoutable dans ses machinations.

Nouvelle dame d'atour de Marie, Leonora avait annoncé au roi son intention d'épouser son amant, le *Conchine*, comme on disait. Réaction inattendue et déconcertante d'Henri qui comptait se débarrasser ainsi de ce couple dont les exigences l'excédaient :

– Je vous donne mon consentement, mais à une condition : que vous fassiez vos paquets et retourniez en Italie...

Patatras ! *La Guenon* vit leur projet remis aux calendes ou anéanti. Fine mouche, elle se dit qu'une seule personne était susceptible de plaider avec succès sa cause et convaincre Sa Majesté : Mme la marquise de Verneuil.

Henriette manœuvra avec une telle dextérité, une rouerie si habile qu'elle parvint à convaincre son amant de laisser se faire ce mariage, sans y opposer la moindre condition.

– Je sais vos préventions contre ce couple, dit-elle, mais on vous a mal informé sur lui. Leonora et Concino se plaisent en France. Leur ambition est de servir au mieux leur maîtresse et vous-même, cela va de soi. Consentez à leur union, je vous en conjure. Vous ferez plusieurs heureux du même coup.

Non seulement le roi donna son accord à cette union, mais il dota le couple de soixante mille écus, ce qui fit jaser la cour et exaspéra Rosny.

Ce que le roi n'avait pas prévu en faisant, comme on disait, entrer le loup dans la bergerie, c'est que les faveurs des courtisans allaient plus volontiers à la favorite qu'à la reine. On se pressait chez Henriette où se déroulaient des fêtes, des jeux, des intrigues amoureuses ; on désertait les appartements de Marie où l'ambiance était maussade ; on s'attendrissait sur la grossesse avancée d'Henriette ; on pouffait de rire à voir Marie promener d'un air provocant son gros ventre sous les galeries.

À la fin du mois de septembre, Marie se rendit pour ses couches à Fontainebleau, de préférence au Louvre où l'air était vicié et l'affluence oppressante. Le roi la confia aux soins d'une sage-femme réputée, Louise Boursier, qu'on appelait familièrement « la Boursier ».

On avait dressé dans la chambre de la reine, au pied de son lit, une loge faite de rideaux, ouverte d'un côté, avec au milieu un siège pour la délivrance. En face, on avait disposé quelques escabeaux comme pour un parterre de comédie.

Comme Marie manifestait sa perplexité devant cet ordonnancement singulier, le roi la rassura :

– C'est la tradition, ma mie ! Les princes du sang et quelques proches doivent assister à l'accouchement de la reine afin d'éviter toute tricherie : une substitution, par exemple...

– Et qui sera présent ?

– Il y aura moins de public qu'aux spectacles de l'hôtel de Bourgogne. Montpensier, Conti, Soissons se tiendront au premier rang, avec ma sœur Catherine. Mme de Nemours, Mme de Rohan, votre chère Leonora seront aussi présentes. Mme de Monglat, future gouvernante du dauphin ou de la dauphine, M. Heroard, leur médecin, quelques servantes compléteront l'assemblée.

Il lui baisa le front avant d'ajouter :

– Tout se passera au mieux, vous verrez. Il ne faudra pas vous émouvoir s'il y a quelque mouvement dans la chambre. Mon cousin, le prince de Conti, qui est à demi idiot, s'imaginera en vous entendant crier qu'on vous torture. Il tirera sans doute son épée en poussant de hauts cris. Montpensier se montrera plus discret ; il est probable qu'il s'évanouira car il ne supporte pas la vue du sang.

Il se retira dans le fond de la chambre où avait été aménagé à sa demande un oratoire surmonté d'une châsse contenant les reliques de sainte Marguerite, favorables aux parturientes.

Une fois sorti du ventre de sa mère, l'enfant resta quelques instants sans émettre un son et sans donner signe de vie. Sur un conseil du roi, la Boursier lui souffla du vin dans la bouche puis révéla au père le sexe du nouveau-né en soulevant le linge qui l'enveloppait.

– Ventre-Saint-Gris ! s'écria Henri, c'est un mâle. Béni soit Dieu !

En le contemplant sous toutes ses coutures il lui trouva le visage un peu épais, basané comme celui des Médicis, mais il paraissait vigoureux et avait le sexe et les parties convenablement développés. Lorsqu'on lui eut tranché le ligneur, il montra qu'il n'était pas muet et se jeta sur le sein de la nourrice comme pour le dévorer.

Le roi se tourna vers les princes du sang et leur lança :

– Messieurs, à partir de ce jour il vous faudra perdre toute espérance de me succéder sur le trône. La place est réservée. Un dauphin vient de me naître. Alléluia !

Outre les dames il ne restait des princes du sang, dans l'assistance, que le comte de Soissons. On avait emporté Montpensier, les pieds devant, et Conti à demi fou de colère, encadré par deux valets.

Lorsque Marie, qui avait perdu connaissance, revint à elle et qu'on lui eut présenté son enfant, Heroard s'avança, tenant une petite cuillère qu'il porta aux lèvres du nouveau-né.

– Que faites-vous là ? glapit l'accouchée.

– Rassurez-vous, madame, répondit le praticien, ce n'est qu'une gorgée de vin de Jurançon dans lequel j'ai versé quelques gouttes de mithridate contre le poison. Regardez ! il avale cette potion comme du lait et s'en lèche les babines...

Le roi s'approcha à son tour, dégaina son épée à la grande frayeur de Marie, et en fit toucher la fusée au dauphin en lui disant :

– Louis, lorsque ton temps sera venu de régner, tu n'emploieras cette arme qu'à la défense de ton pays, au châtiment de tes ennemis et à la gloire du Seigneur Dieu.

Paris laissa éclater sa joie. Rosny avait fait saluer la naissance du dauphin par des salves d'artillerie auxquelles le peuple répondit par des acclamations et des feux de joie. Le soir même, dans un grand branle-bas de cloches, on chanta le *Te Deum* à Notre-Dame.

– Vous m'avez fait une grande joie, madame, dit le roi. Je vais vous en récompenser. Que diriez-vous du château de Montceaux ? Il appartenait à la famille de Mlle d'Estrées. Je vais le racheter pour vous.

Henriette, maussade, rendit visite à l'accouchée de retour du Louvre. Elle était grosse elle-même de plus de huit mois.

– Alors, lui demanda le roi, que pensez-vous de mon fils ? Trouvez-vous qu'il me ressemble ?

– Non, dit-elle avec une grimace : il ressemble à un veau.

Au début de novembre, au Louvre, Henriette donnait naissance à un garçon que le roi surnomma Gaston-Henri. Il était vif bien que fluet. Le premier étage du Louvre, transformé en gynécée, sentait le pipi, le lait aigre et le linge propre. Les deux chambres contiguës retentissaient de miaulements de chats et du ronron des berceuses.

Lorsque le roi voulut présenter Gaston-Henri à la reine, elle détourna son regard et fit signe qu'on le remportât.

– *Il figlio dell'a putana*..., murmura-t-elle. Je ne veux pas le voir.

XIII

ADIEU, BARON DE BIRON !

1602

Chaque fois que le roi se trouvait en présence du maréchal de Biron, il ressentait le même sentiment de gêne et d'inquiétude.

Il n'aurait pu dire avec précision à quoi tenait cette appréhension. Au regard du maréchal, d'une fixité singulière, à ses attitudes pleines d'arrogance, à son caractère taciturne, à leurs différences de nature et de comportement ? Il est vrai que le physique du baron avait quelque chose de patibulaire : taille inférieure à la moyenne, visage massif, épaules lourdes, démarche lente et compassée, boiterie légère due à une balle d'arquebuse.

Au demeurant un homme d'armes irréprochable. À treize ans, son père, le vieux maréchal, l'avait mis sous le harnois. Depuis il n'avait guère eu le loisir de s'en défaire. Il s'était battu comme un fauve dans les rangs de l'armée royale, à Arques, à Ivry, à Fontaine-Française où une autre balle d'arquebuse lui avait labouré le crâne, sous les murs d'Amiens et de Laon, partout où le roi, certain qu'il ne lui ferait pas défaut, comptait sur sa présence.

– Drôle de bonhomme, confiait-il à Rosny. Il est d'une fidélité exemplaire et d'un courage à toute épreuve, mais je devine en lui comme une fêlure qui ouvre sur des ombres. Je n'ai pourtant rien à lui reprocher et lui non plus : je lui ai donné le bâton de maréchal et le gouvernement de la Bourgogne. Je ne lui refuse ni honneur ni argent...

– Pour l'argent, bougonna Rosny, j'en sais quelque chose ! Je crois connaître l'origine des ombres dont vous parlez : le baron de Biron n'aime ni le jeu ni la compagnie des femmes, contrairement à vous. À mon avis, il ne semble pas y avoir là de quoi vous alarmer.

Le roi avait jugé de la plus élémentaire courtoisie d'informer la reine Élisabeth de son mariage. Il choisit pour cette mission Charles de Biron ; le maréchal accepta sans manifester le moindre signe d'intérêt et de reconnaissance.

– Surtout, lui avait dit le roi en posant sa main sur l'épaule du messager, avec un large sourire, ne vous laissez pas séduire par cette Messaline et revenez-nous dès que possible.

Biron n'avait pas desserré les lèvres : les plaisanteries du roi n'étaient jamais parvenues à le dérider.

La reine d'Angleterre avait gardé sa pétulance, sa verdeur de langage, son élégance vestimentaire outrancière, une poignée d'amants stoïques, mais, proche de la soixantaine, elle avait perdu toute séduction. Elle présentait l'aspect d'une grosse sauterelle enceinte, avec le visage d'une poupée flétrie.

Elle reçut l'émissaire du roi Henri à la Tour de Londres avec beaucoup d'égards, fit mine de se réjouir du mariage du renégat avec cette Médicis dont ses ambassadeurs lui avaient dit qu'elle était laide, sotte et acariâtre.

Un jour qu'elle était d'humeur provocante, elle lui montra certaines reliques dont elle paraissait très fière : les têtes momifiées des adversaires qu'elle avait fait décapiter. Il en fallait beaucoup pour émouvoir le jeune maréchal, mais, là, il eut un mouvement de recul en reconnaissant le chef du comte d'Essex qu'il avait côtoyé au cours du siège de Rouen.

– C'est bien Essex, confirma la reine. Ce misérable a conclu sans mon accord un traité avec des rebelles de l'Ulster qui l'avaient vaincu. Quand je l'eus dépouillé de ses titres, il complota contre moi. Je l'ai fait saisir et lui ai fait trancher la tête. *God dam !* il avait bien mérité son châtiment.

Elle avait porté à sa gorge le tranchant de sa main en éclatant d'un rire aigre qui montrait une mâchoire endeuillée.

– Eh bien ! s'était-elle exclamée, qu'avez-vous, monsieur le maréchal ? Pourquoi cette pâleur soudaine ? Comment une tête coupée peut-elle impressionner un guerrier tel que vous ?

– C'est que, dit-il, j'ai bien connu le comte d'Essex et que, d'autre part, mon père lui aussi a été décapité, mais par un boulet.

– Dieu merci, ajouta la reine en lui tapant sur l'épaule, votre tête à vous semble bien plantée !

Dès son retour, Biron alla rendre compte au roi de sa mission.

– Ventre-Saint-Gris ! lui jeta Henri, vous ne vous êtes pas attardé.

– Je n'en avais nulle envie, dit Biron.

– Dès que j'aurai entendu votre rapport, vous pourrez regagner vos quartiers, avec mes compliments.

Le roi ajouta en le fixant dans le blanc des yeux.

– ... et tâchez de vous tenir tranquille.

Le roi faisait allusion à une affaire remontant à la guerre contre la Savoie. Biron s'était laissé aller à des faiblesses : il avait eu des rapports secrets avec le duc de Fuentes mais en avait fait confession à son maître. Il avait été poussé à cette maladresse insigne par une attitude ingrate du roi à son égard : Henri lui avait refusé le gouvernement de la ville de Bourg dont Charles venait d'obtenir la soumission. Le roi avait pardonné mais en se promettant de faire surveiller de près ce personnage.

Peu de temps après, alors qu'il se promenait dans les allées des Tuileries avec quelques gentilshommes, le roi en était venu à parler du vieux maréchal de Biron :

– Un capitaine courageux, certes, mais un piètre stratège. Je fuyais sa présence car il radotait, se montrait par trop avide d'honneurs et menaçant. L'effet du vin, peut-être... Quand il avait trop bu, ce qui lui arrivait souvent, il perdait le sens de la mesure.

Comment ces propos infamants étaient-ils parvenus aux oreilles du jeune Biron ? Mystère. Toujours est-il qu'à dater de ce jour il considéra le roi comme un ingrat et un médisant. Bassompierre reprocha à son maître d'en avoir trop dit : Charles de Biron était un personnage dangereux, capable, sur un mouvement d'humeur, de soulever une province et même de passer à l'ennemi.

– Il n'irait pas jusque-là ! protesta le roi. Il a été trop longtemps mon compagnon d'armes pour trahir à cause d'une telle futilité.

Il ne pouvait oublier cette tragique journée de guerre dans les Alpes où, au risque de sa vie, Charles l'avait aidé à se tirer d'un mauvais pas. Procède-t-on ainsi avec un ennemi ?

– Sa seule passion, dit-il, est le pouvoir. Je l'ai fait gouverneur de Bourgogne, un honneur dont beaucoup se fussent contentés, mais il lui faut davantage, et pas seulement la place de Bourg. Il lui faut une principauté dont il soit le maître absolu. Il y a loin de la coupe aux lèvres. S'il persiste dans ses ambitions, il me trouvera sur son chemin !

Ce chemin, le baron s'y était engagé allègrement et n'épargnait rien pour parvenir à ses fins. Le duc de Savoie, retors de nature, et le duc de Fuentes l'y encourageaient secrètement.

Peu à peu, vigilant comme il s'était promis de l'être, le roi avait appris des choses assez étranges sur le personnage. Féru de sorcellerie, Charles de Biron se livrait à des manœuvres occultes contre lui : il avait fait confectionner des *poupines* de cire avec le concours de magiciens spécialistes de l'envoûtement, et les transperçait avec des aiguilles en proférant une formule cabalistique :

Roi impie, tu périras
La cire fondante, tu fondras...

Informé de ces manigances criminelles par Melchior qui en tenait lui-même la révélation de Bouillon, le roi s'en émut sans rien laisser paraître.

Armé de rancœur par l'ingratitude du souverain, Charles décida d'entrer de plain-pied dans un complot qui, sous l'égide de la Savoie et de l'Espagne, comptait Bouillon, La Trémoille, Épernon et quelques autres.

Les rebelles mirent sur pied un plan ambitieux : les armées d'Espagne et de Savoie envahiraient le territoire national ; à l'intérieur, les huguenots, déçus par l'abjuration du roi, reprendraient les armes ; ils projetaient de faire assassiner le roi, ce qui serait facile car il prenait peu de précautions quant à sa sécurité. Le forfait accompli, on procéderait au démembrement du royaume ! La Bresse et la Bourgogne pour Biron, la Provence et le Dauphiné à Charles-Emmanuel ; Épernon et le comte d'Auvergne, bâtard du roi Charles et de Marie Touchet, se partageraient l'administration des provinces ; les autres conjurés se répartiraient les miettes du gâteau. Chacun jura de reconnaître comme souverain le roi d'Espagne : l'or coulait de ses mains comme d'une fontaine...

Afin de mettre des cartes maîtresses dans leur jeu, les conjurés intriguèrent auprès de M. Balzac d'Entragues, père d'Henriette, et de sa fille elle-même. Déçus par la naissance d'un dauphin qui mettait un terme à leurs convoitises, ils prêtèrent aux rebelles une oreille attentive et promirent leur concours.

Les diverses négociations furent confiées à un aigrefin de haute volée, Jacques Beauvoir de La Nocle, sire de La Fin, qui n'avait d'autre ambition que de se faire une place au soleil avec une cassette bien remplie. Il vit dans les missions secrètes qu'on lui confiait l'occasion de picorer dans un parti et dans l'autre.

Nanti des plans rédigés dans une belle onciale par Charles de Biron qui lui demanda de brûler ces documents, mission accomplie, La Fin n'eut rien de plus pressé que de rendre visite au roi qui se tenait à Fontainebleau. Il lui confia les documents, lui livra les noms des responsables.

Le roi se dit qu'il s'agissait d'un faux, tant cette affaire lui paraissait abracadabrante, mais il voulut en avoir le cœur net. Il convoqua Bouillon et Épernon ; ils nièrent avec vigueur être mêlés à cette conjuration.

– Retournez d'où vous venez, leur dit le roi, et ouvrez l'œil. Je veux être tenu au courant de cette machination, si tant est qu'elle ait quelque fondement.

La Fin repartit dare-dare pour Milan, sous un déguisement de prêtre, pour prendre de nouvelles consignes auprès de Fuentes. Quelques propos maladroits lui échappèrent-ils ? Fuentes, devenu méfiant, décida de le livrer aux autorités pour en tirer des aveux. Flairant le danger, La Fin parvint à échapper aux mailles du filet et, après des péripéties qui faillirent lui coûter sa liberté et sa vie, retourna à Fontainebleau.

Le roi ne s'était pas départi de son scepticisme.

– Je me refuse à croire à ce complot ! s'écria-t-il. Tout cela me paraît invraisemblable !

– Mais les preuves, sire ! Vous les avez sous les yeux !

– Les preuves ? Vous m'en direz tant... Qui me dit qu'il ne s'agit pas d'un faux ?

Pour en avoir le cœur net, il demanda à Biron de le rejoindre dans les délais les plus brefs, afin de dissiper ce qu'il considérait comme une rumeur. Il avait pris soin auparavant de faire désarmer les places fortes de Bourgogne sous le prétexte de renouveler le matériel.

Charles de Biron se présenta à Fontainebleau à la mi-juin. Il pénétra dans la cour du Cheval-Blanc accompagné d'Épernon, du comte d'Auvergne et d'une escorte. Avant que le roi n'eût vent de sa venue, La Fin avait glissé à l'oreille du maréchal :

– Courage, mon maître ! Faites bonne figure au roi : il ne sait rien de vos plans.

Biron trouva le roi sur la margelle du grand bassin, en train de jeter du pain aux cygnes.

– Vous voilà enfin, monsieur le maréchal ! s'exclama joyeusement Henri. Je suis heureux de vous voir gaillard et de bonne mine. Soyez le bienvenu, vous et ceux qui vous accompagnent. Cette demeure est la vôtre.

Il l'embrassa, lui prit la main et lui dit :

– Venez, mon ami. Je tiens à vous montrer les travaux que j'ai fait exécuter. Vous ne reconnaîtrez plus cette vieille bicoque dont j'ai fait un palais. Et ce n'est pas fini ! Je vous montrerai les plans...

Éberlué de cet accueil affectueux alors qu'il s'attendait à une semonce, ou pis, Biron se laissa conduire par la main, en boitillant, sur l'endroit du parc d'où l'on avait une vue majestueuse du palais.

– Eh bien, mon ami, dit le roi, qu'en dites-vous ?

– Je dis que vous êtes un magicien, sire !

Henri lui demanda des nouvelles de sa femme, Charlotte, sœur de M. de La Force, qui demeurait en Périgord. Il s'informa des affaires relatives au gouvernement de Bourgogne, lui rappela les quelques faits d'armes auxquels ils avaient été mêlés.

– Il est des événements que je n'oublierai jamais, ajouta le roi : cette balle d'arquebuse qui vous a brisé la jambe, votre courage lorsque vous m'avez sauvé la vie, en Savoie, cette blessure à la tête lors de la bataille de Fontaine-Française... On peut dire que nous nous sommes bien battus.

– Sire, dit Biron, je n'ai fait que mon devoir.

Ils en restèrent là. Le roi retrouva son compagnon au souper qu'ils partagèrent avec Rosny, Épernon, Auvergne et quelques autres membres de l'escorte.

Le lendemain le roi décida d'entrer dans le vif du sujet après une partie de cartes où l'on put constater que le maréchal jouait à l'étourdie, mélangeait tout, ce qui parut à ses partenaires le signe d'une étrange confusion.

La partie achevée, le roi dit à Charles de Biron :

– Monsieur le maréchal, nous allons faire une autre promenade. J'ai à vous parler de choses graves.

Ils allèrent donner du pain aux cygnes.

– Il m'est venu aux oreilles, dit le roi, certains bruits de conjuration contre ma personne, à laquelle votre nom est mêlé.

– Sire ! protesta Biron, on vous a menti !

La vivacité de la repartie surprit le roi.

– Vraiment ? dit-il. Alors que devrais-je penser des plans qui m'ont été livrés : ce projet d'invasion de notre pays par des armées étrangères ?

Biron chancela et blêmit. Ces plans qui devaient être détruits après lecture, qui avait pu les communiquer au roi ? Qui, sinon ce traître de La Fin ? Le maréchal nia une fois de plus qu'il fût mêlé à cette conjuration. Cette affaire de plans dont il entendait parler pour la première fois était une imposture destinée à le perdre dans la confiance du roi.

– Ces plans, poursuivit Henri, je les ai vus de mes propres yeux et j'ai bien reconnu votre écriture : une onciale, avec de grosses majuscules bien appuyées...

Il prit Biron par le bras et lui dit d'un ton enjoué :

– Brisons là, si vous voulez bien ! Je suis disposé à vous pardonner vos égarements si vous m'avouez la vérité.

– La vérité, sire, c'est que je suis étranger à cette affaire et que vos soupçons sont fort désobligeants.

– Fort bien... soupira le roi. Vous faites l'entêté, mais je le suis tout autant à vous sauver.

Il se rendit dans son cabinet, demanda à M. de Vitry, capitaine des gardes, de l'y rejoindre. Il lui dit d'une voix glacée :

– Demain, au lever, vous mettrez le maréchal de Biron aux arrêts.

Il alla retrouver le maréchal qui s'entretenait avec ses compagnons devant les écuries. Le prenant à part, il lui dit :

– Avez-vous réfléchi ? Êtes-vous décidé à avouer votre faute, puisque je suis, moi, prêt à pardonner ?

– Je n'ai rien à ajouter, répondit Biron avec hauteur. Je ne puis demander le pardon pour une faute imaginaire.

– Eh bien, dit le roi, adieu, baron de Biron...

Lorsque Vitry se présenta pour procéder à l'arrestation du maréchal, Biron refusa de lui rendre son épée. Il s'écria :

– Vous remettre cette arme qui a si bien servi le roi ? Plutôt mourir !

– Quelques gentilshommes qui se trouvaient présents prirent le parti du maréchal et s'interposèrent pour faire obstacle à Vitry qui, appelant la garde postée dans l'antichambre, arrêta toute la compagnie, parmi laquelle le comte d'Auvergne ivre de fureur.

Vitry demanda au roi ce que l'on allait faire de tous ces prisonniers.

– À la Bastille ! répondit le roi. Nous les ferons passer en jugement et nous verrons s'ils persistent dans leur jactance.

M. de La Force intervint quelques jours plus tard auprès du roi pour plaider l'honnêteté de son beau-frère et proposer ses propres enfants en otages. Le roi lui montra quelques pièces irréfutables en lui disant :

– La culpabilité du baron vous semble improbable ? Eh bien, lisez ceci qui est de sa plume...

M. de La Force lut quelques feuillets, les jeta sur la table de travail du roi, prit sa tête dans ses mains et se mit à pleurer, répétant qu'il ne pouvait en croire ses yeux, que tout cela n'était qu'illusion.

– Je regrette, lui dit Henri, que vous n'ayez pas été présent à Fontainebleau lors de l'arrestation de votre parent. Vous auriez pu empêcher, en le convainquant d'avouer son forfait, qu'il subisse son châtiment. Vous savez combien je l'aimais. Hélas, l'affaire est jugée.

Elle l'était. Interrogé à la Bastille par les commissaires, Biron persista dans ses dénégations, mais fut contraint de reconnaître que les plans confiés au roi étaient bien de sa main. Confronté à La Fin, il se rua sur lui, le prit à la gorge, le traitant de traître et de sorcier. Un autre témoin révéla que, durant la guerre de Savoie, le maréchal avait prévu de faire enlever le roi et de prononcer sa déchéance.

Un matin de juillet, le roi dormait encore près de son épouse lorsque Rosny, comme il avait coutume de le faire pour des cas urgents, entra dans la chambre sans se faire annoncer. Il tira les rideaux du lit et secoua l'épaule de son maître.

– Sire, dit-il, le tribunal vient de prononcer son verdict : M. de Biron est reconnu coupable du crime de lèse-majesté.

– C'est donc la mort ? dit le roi.

– C'est la mort. Le coupable sera exécuté ce soir, décapité en place publique.

– Non, dit le roi. Dans la cour de la Bastille. Ce sera la dernière grâce que je lui ferai.

Rosny le vit essuyer une larme sur sa joue.

Biron quitta sa cellule à six heures du soir, vêtu d'un habit de taffetas gris et coiffé d'un chapeau noir. Il accéda à l'échafaud en traînant la jambe, jeta son chapeau, ôta son pourpoint, ne gardant que ses chausses et sa chemise. Il arracha le bandeau des mains du bourreau pour se le poser lui-même sur les yeux avant de s'agenouiller. Soudain, comme pris d'un accès de démence, il sauta à la gorge du bourreau qui tentait de lui lier les mains dans le dos et insulta les commissaires, s'écriant :

– On me refuse la clémence, à moi qui ai si bien servi la France, alors que d'autres l'ont trahie !

Il s'agenouilla de nouveau pour réciter la prière *In manus tuas, Domine*.

Le bourreau, d'un seul coup, lui fit tomber la tête.

Épernon ne fut pas inquiété. Auvergne resta trois mois à la Bastille ; on lui épargna la peine capitale car on ne pouvait punir de mort l'enfant d'un roi. Bouillon avait promis de faire amende honorable ; il demeura quelque temps dans son paisible domaine du Bas-Limousin avant de se réfugier chez les princes huguenots d'Allemagne, ses amis. M. d'Entragues passait à travers les mailles du filet.

Pour lui et sa fille, cette affaire mettait un terme à leurs ambitions. La naissance du dauphin avait sonné le glas de leurs espérances ; la révélation du complot rendait une nouvelle fois caduque, et irrémédiablement, la fameuse promesse de mariage. Pourtant, lorsque le roi en demanda la restitution, on la lui refusa. Il devait tenir longtemps rigueur à sa maîtresse de cette vengeance mesquine qui devait envenimer leurs rapports.

Charles, comte d'Auvergne, n'avait pas désarmé. Le complot avait mal tourné ? Ce trublion en méditait un autre. En matière de traîtrise il n'était pas à court de ressources.

XIV

TEMPÊTE DANS LE GYNÉCÉE

1603

Melchior manquait souvent au service du roi qui ne s'en formalisait pas outre mesure et ne rognait pas ses émoluments, d'ailleurs modestes.

Ses amours avec Diane d'Estrées avaient périclité du jour où Gabrielle avait disparu et où les espoirs de la famille avaient sombré, malgré les tentatives de Claude pour conquérir un cœur déjà pris par une autre. Fort intense au début de leur liaison qui avait coïncidé avec celle du roi et de Gabrielle, l'idylle de Diane et de Melchior avait connu quelques aires de sérénité à l'ombre du couple royal. À quelques détails près, les itinéraires des deux amants correspondaient à ceux du roi et de Gabrielle : Malesherbes, Marcoussis, Blois, Fontainebleau, Paris... On aurait pu en composer les paroles d'une chanson d'amour.

Informé de cette idylle, Henri s'en amusait et Gabrielle, malgré ses réticences, l'acceptait : elle vouait de l'affection à sa sœur aînée et le roi était très attaché au compagnon de sa jeunesse. Une sorte de tendresse un peu béate rayonnait de ce couple discret. Le roi disait de lui : c'est Daphnis et Chloé ; Gabrielle pensait plutôt à Philémon et Baucis en songeant à la pérennité qui semblait promise à leur amour. Quant à eux, ils vivaient leur passion sans se soucier de lui conférer des références mythologiques.

La mort de Gabrielle avait altéré leurs rapports au point que Melchior se demandait s'il n'avait pas été dupe d'une comédie qui s'achevait en tragédie, s'il n'avait pas malgré lui joué les utilités. Il s'ouvrit de ses soupçons à sa maîtresse qui protesta sans conviction, mais il ne tarda pas à comprendre qu'il était devenu inutile et fastidieux. Il voyait jour après jour Diane dériver et se fondre comme dans le brouillard.

Un jour, il débarqua impromptu à Malesherbes pour porter à Antoine d'Estrées un message de M. de Rosny relatif à un marché de chevaux de trait. En se promenant dans le parc où on lui avait dit que Diane devait se trouver, il sentit ses jambes se dérober sous lui : elle longeait une allée en compagnie d'un jeune hobereau des environs. Le couple passa à quelques pas de lui sans que Diane daignât détacher son bras de celui du galant et sans adresser un salut à Melchior.

De retour à Paris, il lui écrivit en s'efforçant de ne pas hausser le ton ; Diane ne daigna pas lui répondre. Il comprit qu'il devait faire son deuil de cette idylle et songea que la mort seule pouvait le délivrer de ses tourments.

– Cette rupture est la meilleure chose qui puisse t'advenir, lui dit le roi. Elle t'évite de te perdre dans le marécage de cette famille de mauvaises gens. Les sœurs de Gabrielle sont toutes de fieffées garces, des mantes religieuses. J'ai perdu Gabrielle. Tu viens de perdre Diane. J'ai oublié ma peine dans les plaisirs. Tâche de faire de même, je t'y aiderai. La vie est trop courte pour que l'on porte indéfiniment le deuil de ses amours.

Le roi lui demanda s'il avait pris une résolution pour tenter d'oublier cette rupture.

– Je compte m'absenter de votre service, avec votre permission, lui répondit l'écuyer. Il y a des années que je n'ai pas revu les miens, et ils n'écrivent guère. Je souhaite retourner pour quelque temps à Lagos.

– J'aimerais t'y accompagner car à moi aussi mon Béarn me manque. Revoir Pau, Coarraze... Tu te souviens ?

– Comment pourrais-je oublier ?

Si Henri avait pu imaginer que son épouse et sa favorite passeraient leur temps à pouponner chacune de leur côté en oubliant leurs querelles, il aurait vite perdu ses illusions.

Après une période de sérénité, la guerre s'était rallumée entre les deux femmes et, comme elles refusaient de se rencontrer, c'est sur le roi que retombait la grêle. Il avait vite compris qu'il ne devait pas espérer trouver chez l'une des apaisements aux agressions de l'autre ; quand elles piquaient leur quinte, il en recevait les décharges de toutes parts.

Il avait tenté de convaincre Henriette de s'éloigner de Paris et de se retirer à Verneuil où l'air était plus salubre. Elle avait refusé de quitter la place, traitant le dauphin Louis de bâtard, estimant que le fils légitime du roi était Gaston, que Marie occupait indûment le trône qui lui revenait, avant même d'avoir été sacrée.

Elle lui jetait à la figure :

– C'est à votre dondon de vider les lieux et de repartir pour l'Italie ! Moi, je reste...

Chasser Marie ? C'est bien ce que le roi avait failli faire un soir où elle avait osé lever la main sur lui. Crime de lèse-majesté ! Ils venaient de se quereller au sujet de Mme Babou de La Bourdaisière dont le roi tentait la conquête, à laquelle il offrait des bijoux comme il jetait des os au chien Citron et des dragées aux pauvres. Cette discussion, âpre à l'origine, s'était rapidement envenimée, jusqu'à un échange d'injures malsonnantes : Marie le traita de *capro* (de bouc), lui de *matrone*. Elle lui lança :

– Croyez-vous que j'ignore qui vous avez dans la tête tandis que vous me faites l'amour : votre *putane* ou cette garce de Babou qui n'en veut qu'à votre argent !

– Que voulez-vous, lui répondit-il, quand on baise un cadavre c'est à un corps bien vivant qu'on s'efforce de penser !

Elle avait levé la main sur lui avec une grimace de haine qui lui faisait un visage de Méduse. Il avait attrapé cette main au vol et avait dit à son épouse :

– Prenez vos dispositions pour retourner en Toscane ! Apprenez, madame, que personne n'a jamais osé lever la main sur moi. Vous étiez la reine. Demain vous ne serez plus rien !

Elle n'avait appris que quelques mots de français et il ne parlait que quelques bribes d'italien, mais ils parvenaient à se comprendre.

Henri l'avait quittée en pleine nuit pour se retirer dans son appartement de l'Arsenal où il retrouvait la paix et le silence que le Louvre lui refusait. Quel que soit le temps, il ouvrait sa fenêtre sur l'allée de tilleuls et le mur tapissé de lierre où, certains soirs de printemps, les rossignols lui donnaient la sérénade. Peu à peu les rumeurs des disputes qui bourdonnaient sous son crâne s'apaisant, il savourait comme un dictame l'odeur du jardin nocturne et des douces pluies de printemps.

De retour au Louvre le lendemain, il trouva Marie allongée à demi dans un fauteuil, entourée de quelques dames qui lui tapotaient les mains et lui tendaient des dragées et du tabac en poudre dont elle usait autant que la reine mère. Elles se retirèrent avec des génuflexions lorsque parut le roi. Il s'assit sur un escabeau près de Marie ; ils restèrent un moment à se regarder en silence, comme de part et d'autre d'un mur de verre.

– Regrettez-vous votre geste, madame ? dit-il.

Le visage de Marie parut se gonfler, se distendre, ranimer des rides précoces au coin des yeux et des lèvres. Elle se redressa, se mit à pleurer et à geindre avec des gestes de théâtre. Dans la colère son visage s'enlaidissait ; dans le chagrin il devenait hideux.

– Regrettez-vous ? répéta-t-il.

Elle hocha la tête, tendit les bras vers lui. Il engloutit son visage dans une odeur aigre de sueurs nocturnes et de clou de girofle.

– Las... las..., ajouta-t-il. Oublions notre querelle. Vous êtes ma femme et vous le resterez, mais tâchez à l'avenir de me laisser vivre à ma guise sans me demander de comptes.

Elle secoua de nouveau la tête. Il lui tendit son mouchoir pour qu'elle essuyât ses larmes : il était sale, déchiré et il puait ; elle le repoussa et se balaya le visage avec le sien qui, lui, sentait le tabac à priser.

Le roi prenait souvent Rosny à témoin de ses troubles conjugaux.

– On m'a doublement trompé, dit-il, en me faisant épouser cette femme, et vous y êtes pour quelque chose ! On m'en a fait un tableau flatteur ; elle est laide. On l'a parée de toutes les qualités d'esprit et d'intelligence ; elle est sotte comme un panier, au point que j'évite de lui faire rencontrer les ambassadeurs auxquels elle raconte des banalités et des balourdises. Et l'on voudrait que je sois un mari exemplaire !

Rosny, se sentant morveux, piquait du nez dans ses grimoires.

– Certes, répondait-il, mais au moins votre épouse est-elle honnête et point trop dépensière. Elle vous a donné un bel enfant bien gras. C'est ce que vous attendiez d'elle ?

Un bel enfant... Louis, plus Médicis que Bourbon, risquait de ressembler en prenant de l'âge au dernier fils de la reine mère Catherine, François d'Alençon, ce moricaud au visage couleur de pruneau.

Suspectée à juste titre d'avoir trempé dans le complot ourdi par Biron et ses complices, Henriette n'en avait pas pour autant renoncé à sa jactance.

Elle avait subi comme une infamie personnelle l'emprisonnement de son demi-frère Charles de Valois, comte d'Auvergne. Elle proclamait :

– Mon frère est innocent, sire ! Vous le connaissez : c'est un naïf. Il s'est laissé entraîner par de belles promesses. Libérez-le comme vous l'avez fait pour mon père !

– J'ai fait preuve de clémence envers Charles, répliquait le roi. Il était pourtant aussi coupable que Biron et ses complices. J'aurais dû lui faire trancher la tête ou du moins le bannir. Il devrait s'estimer heureux de s'en être tiré à si bon compte.

Charles resta trois mois à la Bastille. Il promit au roi de ne plus écouter les sirènes de la rébellion et de mettre un terme à ses folies.

À peine Charles libéré et revenu à Malesherbes, le caractère d'Henriette, qui s'était adouci tandis qu'elle attendait la grâce royale, se gâta brusquement. Elle était de nouveau enceinte, et la reine de même.

Henriette avait sur sa rivale un avantage auquel le roi se montrait sensible : elle donnait à leurs ébats amoureux le même élan qu'à l'origine de leurs rapports. Il trouvait en elle ce que Marie n'avait jamais pu lui offrir : l'abandon, la liberté dans l'acte d'amour, l'acceptation des caprices. Elle ne refusait à son partenaire aucune des audaces qui eussent révulsé Marie, prenait elle-même l'initiative, se donnait sans pudeur.

Dans la vie quotidienne, en revanche, ses aigreurs se réaffirmaient ; la moindre discussion dégénérait en dispute. Il était prisonnier d'elle la nuit ; au réveil c'était une autre femme qu'il découvrait : hargneuse, exigeante, portée aux propos acerbes comme si sortaient de ses lèvres les vipères de Gorgone.

Excédé par ces algarades, il lui clouait le bec :

– Savez-vous, ma mie, ce que l'on dit de vous à la cour, dans Paris, par tout le royaume ? Que votre place est à la Bastille ! Les complices du maréchal n'ont pas épargné votre père, ni vous d'ailleurs. Leurs révélations sont accablantes. Mais enfin, Ventre-Saint-Gris, qu'attendiez-vous ? Vouliez-vous me faire assassiner pour mettre qui sur le trône ? Ce pauvre Charles ? Votre fils avec vous comme régente ? Charles est un filou, vous une garce et votre fils un bâtard !

Il en eût fallu bien davantage pour rabattre durablement le caquet d'Henriette. Elle filait doux mais, à la moindre occasion favorable, revenait à la charge.

– Un enfer, Rosny ! gémissait le roi. Je vis un enfer ! Il n'y a que chez vous que je trouve quelque apaisement.

Il oubliait ses autres loisirs : le jeu de paume où il faisait admirer sa vélocité aux dames de la bourgeoisie, la chasse à laquelle il se donnait sans retenue, les assauts qu'il livrait à des proies peu rétives, les cartes qui étaient l'une de ses passions et auxquelles il consacrait la plupart de ses nuits...

Le roi s'était découvert un autre dérivatif à ses ennuis sentimentaux : la plantation de mûriers et l'élevage des vers à soie.

Rosny avait acheté pour lui à la librairie Saugrain, rue Saint-Jacques, à l'enseigne des *Deux-Vipères*, des ouvrages qui avaient ranimé en lui l'intérêt pour les choses de la terre : le *De Rustica*, de Columelle, auteur latin traitant en douze volumes de l'art des jardins, *Agriculture et maison rustique*, de Charles Estienne. Le roi sentait refleurir en lui des nostalgies récurrentes : devenir le « gentilhomme champêtre » qu'avait été son aïeul, le roi de Navarre Henri d'Albret.

En parcourant les jardins des Tuileries il avait de longs entretiens avec son jardinier, Claude Nollet, et l'imprimeur James-Métayer qui le fournissait, de même que Rosny, en ouvrages sur l'agriculture.

Certains soirs, avant de s'endormir, il se faisait lire des pages entières du *Théâtre d'agriculture et ménage des champs*, d'Olivier de Serres, si bien qu'il souhaita rencontrer ce personnage qui avait fait un modèle de son domaine du Pradel en Vivarais. Il demanda à Rosny de le convoquer à Paris.

Sensible à cet honneur, M. de Serres prit aussitôt la poste et, homme modeste qu'il était, s'installa dans une chambre garnie du quai de la Mégisserie pour cinq écus le mois. Le lendemain de son arrivée, il se rendait au Louvre.

Le roi était à Saint-Germain. Prévenu de la venue de son invité, il le rejoignit le lendemain.

« Il est tel que je l'imaginais », se dit le seigneur du Pradel. Il le trouvait tel que le représentaient les gravures des colporteurs : l'allure un peu rude d'un montagnard navarrais s'estompait sous la tenue royale ; le front était haut sous les boucles grises, les yeux de fer pétillaient de malice et de bonhomie, le nez proéminent avait de la majesté ; un jeu complexe de rides donnait une extrême animation à son visage.

M. de Serres était vêtu d'un habit de drap sombre, d'allure huguenote ; le roi lui-même n'avait pas la tenue d'un muguet de cour : il portait un pourpoint gris d'étoffe commune, sans afféterie. Il se hâta de relever M. de Serres quand il lui fit sa révérence.

– Monsieur, dit-il, je vous ai lu avec intérêt, mais j'attends de notre rencontre quelques autres lumières.

Ils parlèrent deux heures durant en déambulant sous les galeries et dans la cour où se croisaient des personnages affairés et bavards. Le roi le fit reconduire en coche à son domicile en lui donnant rendez-vous pour le lendemain.

Lorsque les affaires qu'il avait à traiter dans la capitale lui en laissaient le loisir, M. de Serres suivait la cour dans ses déplacements. Il avait de longues discussions avec le surintendant mais surtout avec Barthélemy de Laffemas. Cet officier d'administration, après avoir été valet du roi, avait vu s'ouvrir devant lui une carrière prometteuse basée sur son obsession : la relance de l'agriculture et de l'industrie. Il mêlait à ses projets une certaine dose d'utopie, rêvait de créer dans les provinces des villages qui regrouperaient maraudeurs et brigands pour tâcher de les attacher à la terre.

Henri avait fait venir vingt mille plants de mûriers des Cévennes et de Provence, qui semblaient s'adapter convenablement au terroir francilien.

Il avait créé des mûreraies aux Tuileries, à Fontainebleau, à Saint-Germain, au château de Madrid, et songeait à transformer l'orangerie des Tuileries en salle d'étude, d'expérimentation et de fabrication de la soie.

Laffemas, plus que Rosny que les problèmes relevant de l'industrie intéressaient peu, suivait avec attention ces projets. Le roi l'avait convaincu qu'en produisant de la soie en France on ferait des économies, sur les importations d'Italie notamment, qui coûtaient fort cher. Et, là, Rosny dressait l'oreille, mais elle demeurait bouchée lorsque le roi, l'entraînant au milieu d'une mûreraie, lui disait :

– Taisez-vous. Retenez votre respiration. Écoutez. Ce murmure est celui des milliers de minuscules mâchoires en train de grignoter les feuilles. Respectons ces petits vers : ils vont faire couler de l'or dans nos coffres...

Rosny, en revanche, ouvrit grandes ses oreilles lorsque le seigneur du Pradel lui parla d'une sorte de tubercule qu'il appelait trufiole, truffe, cartoufle ou encore truffe blanche. Un moine franciscain avait rapporté ce tubercule cinquante ans auparavant et en avait répandu la culture dans les parages d'Annonay. Mûris en terre, ces fruits ressemblaient à la truffe. Plus abondants, plus gros, ils avaient en outre une peau claire, lisse, « non rabotteuse » [1].

1. Il s'agit de notre pomme de terre. Parmentier n'a rien inventé...

Le roi ne perdait aucune occasion de se distraire, parfois au détriment de son entourage, et pas toujours en y apportant le meilleur goût.

Un jour qu'il se promenait en compagnie d'Olivier de Serres sur les pelouses de Fontainebleau, il lui montra un groupe de dames en train de papoter sous leurs ombrelles.

– Regardez bien, dit-il. Dans un instant nous allons semer la panique parmi ces belles dames. Il suffit de tourner ce robinet...

Il fit le geste et, presque aussitôt, le groupe se dispersa avec des cris d'orfraie, les dames tournant sur elles-mêmes, pressant des mains leur vertugade. Le roi avait fait disposer dans l'herbe de petits jets d'eau difficiles à déceler qui, au moment choisi, arrosaient l'intimité des promeneuses.

Olivier de Serres daigna sourire de cette facétie, alors que Sa Majesté s'esclaffait. En bon huguenot qu'il était, il n'appréciait une plaisanterie que dans les limites de la décence.

Alors que son visiteur s'apprêtait à reprendre le chemin des Cévennes, le roi lui dit :

– J'espère que ce séjour vous aura été profitable. Quant à moi, j'ai appris beaucoup de choses en votre compagnie. Vous savez désormais que j'ai la passion des jardins et que j'aimerais avoir plus de temps à leur consacrer. Cela remonte à mon enfance au château de Pau. Le parc descendait jusqu'au gave par les allées de la Reine. Ma mère affectait à son entretien cinq mille écus l'an. Nous avions une troupe de jardiniers dont je n'ai pas oublié les noms : Chantelle, Brazillac, Bienfait...

Il lui récita quelques vers du poète béarnais Auger Gaillard :

Madame, tout ceci je suis allé planter
Dans les jardins de Pau...

Un jour qu'il se promenait à Fontainebleau en compagnie de Soissons, il entendit un jardinier se plaindre que rien ne venait dans cette terre.

– Mon ami, lui dit le roi, plantez-y des Gascons. Ils prennent partout...

XV

LE TROUPEAU DE SAINT-GERMAIN

1602-1604

La dispute avait éclaté un soir où le roi, penché sur la bercette du dauphin, avait dit à Marie en se grattant la barbe :

– Notre Louis est beau, bien membré et de belle apparence. Il n'empêche : il est moins beau que Gaston.

Marie avait réagi comme sous le fouet. Elle avait piqué sa quinte avec une vigueur peu commune, faisant resurgir de sa mémoire imprécations et injures entendues jadis dans les couloirs du palais Pitti. Penaud, le roi avait filé doux et repris le chemin de son cabinet, conscient de sa balourdise.

Quelques heures plus tard, Marie convoquait Rosny.

– Monsieur, dit-elle, ma décision est prise : je retourne à Florence avec mon fils. Je ne tolère plus les réflexions de mon époux concernant mon fils le dauphin. Tout à l'heure encore... Veuillez, je vous prie, lire cette lettre par laquelle je lui annonce ma décision et les faits qui la motivent.

– Jésus-Dieu ! s'exclama Rosny. Il faut que Sa Majesté ait fait ou dit des choses graves.

Il parcourut la lettre rédigée dans un charabia mêlant le français, l'italien et le dialecte toscan dans une grande confusion.

– Madame, dit-il, les termes de cette lettre sont trop violents. Il va falloir en rabattre.

– Eh bien, jeta-t-elle, faites-le vous-même ! Moi je n'en ai pas le courage.

Il s'assit, rédigea d'une plume molle une lettre édulcorée exprimant l'essentiel des griefs contenus dans l'original. Il en donna lecture à la reine ; elle accepta cette nouvelle version qu'elle recopia de sa main.

Le lendemain, au cours d'une promenade dans la cour du Louvre où l'on plantait un arbre de mai, Rosny trouva le roi soucieux.

– J'ai reçu de ma femme, dit-il, une lettre fort impertinente et qui m'a intrigué. De toute évidence, si elle est de sa plume, quelqu'un la lui a dictée. J'aimerais savoir qui.

Il montra la lettre à son ministre qui la prit d'une main tremblante et fit mine de la lire. Il n'y avait rien à son goût que d'élogieux, sinon de tendre.

– Vraiment ? s'écria le roi. L'avez-vous lue dans son entier ?

– Certes, et je ne vois rien qui puisse vous choquer. Sa Majesté vous demande de renoncer à votre favorite. Quoi de plus naturel ?

– Sans doute, mais pour qui sait lire entre les lignes, on devine le poison des Médicis sous quelques mots. La reine devra m'en rendre compte.

Rosny était sur les charbons. Il essuya son visage baigné d'une sueur froide et lâcha :

– Sire, je vous dois la vérité : cette lettre est mon œuvre. Je n'ai accepté de la rédiger que pour vous en éviter une autre plus raide. La voici...

Le roi lut la première version et éclata de rire.

– Je ne comprends rien à ce charabia ! *Jarnidieu*, vous m'avez joué un bon tour, mais je vous pardonne.

– Pourtant, sire...

– Quoi encore ?

– Il faudra répondre. Comptez-vous sacrifier votre maîtresse à votre épouse ?

– Il n'en est pas question ! Ce que j'attends de vous, mon ami, c'est une réconciliation. Priez la marquise de renoncer à ses propos venimeux et la reine de renvoyer les *Conchine*. Réussissez dans ces deux entreprises et vous aurez bien mérité de votre roi, aussi bien que si vous aviez pris avec vos canons la ville et le château de Milan !

La tentative était vouée à l'échec. Les deux protagonistes campant sur leurs positions, la guérilla reprit de plus belle.

Catherine referma lentement le couvercle de son épinette et le caressa d'un revers de main avant de se lever, une larme au coin des yeux. Elle ne jouerait plus les airs qu'elle aimait, que sa mère et sa grand-mère avaient joués avant elle dans la solitude du château de Pau d'où venait cet instrument.

Accompagnée de ses dames huguenotes, elle se dirigea vers la terrasse qui dominait le parc du château de Nancy où elle s'était retirée avec son époux, le duc de Bar, qui ne venait que rarement lui rendre visite depuis qu'elle avait dû renoncer, après une fausse couche, à lui donner des enfants. À quarante-deux ans, tout espoir de maternité était devenu illusoire. Sa santé, d'ailleurs, était trop fragile : ces brûlures intenses à la poitrine, ce sang qu'elle rejetait par la bouche, cette faiblesse qui faisait une aventure de la moindre promenade...

– C'est presque le printemps déjà ! dit une voix dans son dos. Les violettes et les pervenches viennent d'éclore.

Elle se dit qu'elle ne verrait peut-être pas le terme de cette saison. Consciente qu'elle ne laisserait guère de regrets, elle acceptait de mourir, mais elle eût aimé que ce fût non dans ce palais du Nord où elle se consumait, mais dans ses domaines de Navarre, sa main dans celle de Soissons, un matin où elle aurait pu voir de sa fenêtre et de son lit la houle des amandiers et des abricotiers en fleur, et entendre le murmure du gave mêlé à la chanson béarnaise fredonnée par une servante.

Elle recevait chaque semaine des nouvelles du petit royaume sur lequel veillait le maréchal de La Force avec le titre de vice-roi, et M. de Saint-Geniès. De son frère le roi, aucune nouvelle depuis un mois ; on disait qu'il avait bien des soucis entre son épouse, sa maîtresse et cette histoire de complot auquel il avait coupé les ailes avant qu'il n'éclatât.

Pas de nouvelles non plus de Charles de Soissons. Malgré l'opposition du roi à son mariage avec Catherine, il avait continué à le servir. Elle se demandait pourquoi il n'avait pas résisté plus énergiquement à la volonté de son frère. Elle avait rencontré Charles pour la dernière fois au château de Fontainebleau, lors de la naissance du dauphin, mais ils n'avaient échangé que des banalités. Qu'auraient-ils pu se dire, d'ailleurs ? Il était trop tard pour renouer une liaison qui n'eût mené à rien. Avec son visage ridé, outrageusement fardé pour garder une illusoire apparence de jeunesse et de fraîcheur, son corps diaphane réduit à l'état de momie, cette toux qui lui déchirait la poitrine et souillait ses mouchoirs, Catherine de Navarre avait perdu tout pouvoir de séduction.

Les médecins de la Cour de Lorraine ne lui laissaient guère d'espoir : elle mourrait de la poitrine, comme la reine Jeanne, sa mère. Dignement. Dans une semaine ? Dans un mois ?

La nouvelle de la mort de Catherine attrista le roi sans le bouleverser.

La dernière fois qu'il avait vu sa sœur, il avait deviné que sa fin était proche et que le climat rigoureux de la Lorraine ne ferait que la hâter. Elle portait sur elle les signes d'une mort précoce. Une pointe de remords venait parfois le harceler : il se disait que, s'il avait autorisé le mariage de sa sœur avec Charles de Soissons et qu'ils fussent demeurés en Navarre, peut-être eût-elle encore vécu de longues années.

Peut-être...

L'affaire remontait à quelques années, mais le roi n'avait pu l'oublier.

Un jour de neige où il traquait le cerf dans la forêt de Saint-Germain en compagnie de Bassompierre, Bellegarde et Melchior, il avait vu surgir d'une clairière, au milieu d'un champ de fougères enneigées, un homme d'une taille peu commune. Vêtu de noir, coiffé d'un chapeau sombre à large bord qui ne laissait entrevoir qu'un regard de phosphore et une barbe rousse, les jambes crottées de boue jusqu'aux cuisses, il avait fait face aux poursuivants. La meute avait reculé avec des gémissements lamentables et les chevaux bronchaient lourdement, comme frappés de terreur.

L'homme avait brandi sa canne, écarté les bras et vomi des imprécations. Lorsqu'il eut passé son chemin, le roi dit à ses compagnons :

– Quel étrange personnage ! Qu'a-t-il dit ?

– *M'entendez-vous*, je crois, dit Bassompierre.

– J'ai compris *amendez-vous* ! dit Bellegarde. Il y a peu, j'ai entendu parler de ce curieux bonhomme dans le pays. Il jette partout le mauvais œil et la frayeur avec ses menaces et ses imprécations. Un dément, sans doute. On l'appelle le Grand Veneur.

Le roi eut l'occasion de revoir cette apparition peu après, lors d'un bal donné au château de Montmorency. Le Grand Veneur avait interpellé Louise de Budos, la jeune épouse du connétable, l'une des plus belles dames de la cour, en lui demandant de le suivre sur la terrasse. Ce qu'il lui dit, nul n'en sut jamais rien. La dame retourna dans la grande salle, chancelante, le visage décomposé, et congédia ses invités en pleurant. Elle mourut quatre jours plus tard d'un mal dont aucun médecin ne put déterminer la nature. C'était peu avant la mort, guère moins mystérieuse, de Gabrielle d'Estrées.

– Il y aurait quelque diablerie là-dessous, disait Rosny, que cela ne me surprendrait pas. L'épouse du connétable, comme Mme Gabrielle, s'adonnait à la sorcellerie.

De là à imaginer que le Grand Veneur était l'incarnation de Satan ou l'instrument de sa volonté, il n'y avait qu'un pas.

Peu après la naissance d'Élisabeth, deuxième enfant de la reine, suivie, deux mois plus tard, par celle de Gabrielle-Angélique, fille de la favorite, le roi était allé prendre un peu de bon temps avec ses compagnons en allant chasser dans la plaine d'Herblay, au nord-ouest de Paris, un jour de neige et de vent âpre.

Il était sur la piste d'un loup quand il aperçut, dans un brouillard léger, une silhouette sombre qui lui cria des mots qu'il ne put entendre mais dont la tonalité gutturale l'impressionna fort.

Comme son cheval refusait d'avancer et tournait sur lui-même, le roi descendit de sa selle pour tenter de le maîtriser en le prenant au mors. L'animal fit un écart, rua. Un sabot atteignit le roi à la poitrine. Ses compagnons le retrouvèrent inanimé dans la neige et le ramenèrent à la résidence de M. Prévost-Malassise.

Plusieurs côtes fracturées, le sternum enfoncé, le roi resta plusieurs jours entre la vie et la mort, ne sortant de sa prostration que pour prononcer des propos incohérents où il parlait notamment d'un Grand Veneur qu'il fallait poursuivre et massacrer.

À Paris, le bruit courut qu'il était mort et que la reine s'apprêtait à décréter le deuil.

En plein mois de décembre, Rosny faisait la navette chaque jour en coche entre Herblay et l'Arsenal. Un matin, à quelques jours de Noël, il retourna au Louvre radieux, se précipita chez la reine et lui annonça la bonne nouvelle : son époux avait retrouvé sa lucidité, fait quelques pas dans sa chambre et prétendait retourner à Paris dès le lendemain, ce que lui déconseilla le médecin La Rivière.

Sur les causes de cet accident il resta bouche cousue. Il prétendait ne se souvenir de rien mais gardait en mémoire la silhouette hallucinante du Grand Veneur.

De quelque temps il renonça à s'enfoncer dans la forêt pour y chasser. Il se contentait de faire lâcher des renards et des sangliers dans la galerie du bord de l'eau et dans celles de Fontainebleau, d'aller tirer les pies sur le Pré-aux-Clercs, de faire lâcher dans sa chambre de petits oiseaux qu'il faisait chasser par un faucon.

François de Bassompierre avait-il, lui aussi, rencontré une nouvelle fois le Grand Veneur ? Toujours est-il qu'il vit la mort en face, et pas de belle manière.

Ce gentilhomme lorrain avait offert ses services au roi qui lui avait témoigné de l'amitié. Ils balivernaient souvent ensemble, se livraient à des facéties, échangeaient de bonnes histoires volontiers graveleuses ainsi que des confidences qui ne l'étaient pas moins.

Bassompierre était le plus jeune compagnon du roi et, après Melchior, celui qu'il préférait. Il restait entre eux une ombre légère vite dissipée : ils avaient séduit la même femme, Marie-Charlotte d'Entragues, sœur d'Henriette. Bassompierre lui avait le premier jeté son mouchoir mais c'est le roi qui avait eu ses faveurs.

Dans une cour qui, sans affecter la somptuosité vestimentaire de celle des Valois, ne manquait pas d'éclat, le Lorrain détonnait. Il faisait mine d'ignorer les rigueurs de l'étiquette, assistait aux cérémonies dépoitraillé, hirsute, traînant une vieille rapière que l'on disait redoutable mais qui semblait remonter au roi Louis XI. Il avait la passion du vin, en buvait jusqu'à tomber ivre mort, s'adonnait volontiers au jeu du pince-fesse mais envoyait à ses victimes outragées des lettres et des poèmes galants. Son franc-parler pimentait son allure de vagabond et d'aventurier.

Ce parti pris de négligence n'était pas pour déplaire au roi qui eût volontiers, s'il n'eût tenu qu'à lui, jeté aux orties ou dans les fossés du Louvre ses habits de cérémonie pour ne se vêtir que de costumes plus conformes à ses goûts rustiques.

Bassompierre avait un rival à la cour : Charles de Lorraine, duc de Guise.

Lorsqu'il apprit que le fils du Balafré et de Catherine de Clèves avait jeté à son tour son mouchoir à Marie-Charlotte d'Entragues délaissée par le roi, son sang n'avait fait qu'un tour. Guise, ce séducteur-né, en prenait trop à son aise. Bassompierre lui ayant fait connaître son mécontentement, ils décidèrent d'un commun accord de régler leur différend sur le terrain, à la grande satisfaction du roi qui voyait dans cette joute un moyen de se distraire des soucis qui l'accablaient. Il décida que le duel aurait lieu à cheval, autour de l'arbre de mai, dans la cour du Louvre qu'il fit sabler, et le long de la salle des Suisses. Les adversaires rompraient trois lances à camp ouvert.

L'engagement se déroula par un tiède après-midi de mars. Lorsque le héraut d'armes sonna le début du combat, fenêtres et galeries étaient garnies d'une foule qui encourageait les champions.

M. de Guise montait une belle haquenée de cavalcadour d'un gris pommelé, Bassompierre une lourde monture de race navarrine offerte par le roi pour la circonstance ; elle répondait bien à la main mais pas à l'éperon, si bien que, dès le début de l'engagement, le cavalier donna l'impression d'être mal à son aise. Assailli par les charges féroces du duc, il ne pouvait lui opposer qu'un bloc immuable, son cheval refusant toute poursuite.

L'assistance se dressa comme un seul homme lorsque Bassompierre, atteint au ventre, vida les arçons et bascula sur le sable avec un hurlement de douleur. Il parvint à se relever, se dirigea vers la tribune occupée par le roi et la reine, tomba sur les genoux avant d'y parvenir. Il tenait ses deux mains pressées sur son ventre d'où ses intestins se répandaient jusqu'au mitan des cuisses.

– Ventre-Saint-Gris ! s'écria le roi. Maladroit que vous êtes !

– Soyez indulgent, dit la reine. Ne voyez-vous pas qu'il est comme mort ?

– Bah ! il en réchappera. C'est une forte nature. Il suffira de lui recoudre le ventre.

Il tint à assister aux soins que les chirurgiens apportèrent au blessé ; ils refermèrent la blessure et parvinrent à la recoudre comme on le faisait pour les chiens blessés à la chasse. Impavide, Bassompierre suivait l'opération, poussait de temps à autre une sorte de braiment fort pathétique et injuriait les praticiens ; il prit le roi à partie.

– C'est votre faute, sire ! Votre navarrais est plus têtu qu'une mule et moins vif qu'un cheval de labour. Si j'avais conservé la vieille horse que je monte depuis cinq ans, je n'en serais pas là.

– Allons ! dit le roi, tu n'as pas démérité. Ce fut un beau combat.

Deux semaines plus tard, Bassompierre était sur pied mais dut renoncer à ses assiduités : Marie-Charlotte avait fait son choix.

S'il était un point à propos duquel le roi se montrait intransigeant, c'était sa volonté de faire cohabiter en permanence ses enfants légitimes et ses bâtards. Il se refusait à faire des différences entre eux. S'il avait des préférences il évitait de le montrer.

L'aîné, César de Vendôme, avait mal accepté la naissance du dauphin, mais pour d'autres raisons que sa mère : il s'était cru abandonné. Dès qu'il approchait du berceau de son demi-frère il se trouvait une nourrice pour le rabrouer. Alerté, le roi prit l'enfant sur ses genoux et lui demanda ce qui le tracassait.

– Père, pleurnicha César, naguère on s'occupait de moi. Aujourd'hui plus personne ne me dit mot.

Le roi le rassura, le consola, lui offrit des dragées, une jolie canne à rubans, un chapeau à plumes en lui disant :

– Vous êtes beau comme le roi de Perse. Si l'on vous manque de respect, il faudra me le dire. Nous sévirons.

Le roi prit une décision qui fut acceptée de mauvaise grâce par Marie et par la plus grande partie de la cour : il fit légitimer ses enfants naturels. Tous vivaient en groupe. On disait en les voyant : c'est le troupeau de Saint-Germain, car c'est là qu'ils vivaient le plus souvent. Ils ne se quittaient pas, partageaient la table, le jardin, le jeu, mais le roi leur avait donné des précepteurs et des gouverneurs différents et les avait logés séparément pour la nuit. Une telle cohabitation n'était pas exempte de conflits dans lesquels la jalousie tenait une grande place. Les trois enfants de Gabrielle, César en tête, tenaient le haut du pavé, non sans une certaine morgue. Les deux enfants d'Henriette, plus tard venus, se tenaient cois, mais le dauphin, appréciant leur soumission, jouait davantage avec eux qu'avec ceux du clan d'Estrées.

Le roi les adorait mais les faisait surveiller sévèrement. Pour les fautes graves, on usait du fouet.

Marie voyait d'un mauvais œil ce qu'elle appelait une promiscuité et ce qu'elle considérait comme du favoritisme de la part du roi. Elle le surprit un jour en train d'administrer une fessée au dauphin.

– Que faites-vous à ce pauvre enfant ? s'écria-t-elle.

– Je l'ai surpris en train de pisser contre une tapisserie.

– S'il s'agissait de l'un de vos bâtards, vous vous montreriez moins sévère !

– Mes bâtards, dit-il, je laisse à leur gouverneur le soin de les punir, mais personne d'autre que moi ne peut lever la main sur le dauphin. Privilège de roi !

Il pouvait difficilement dissimuler ses préférences pour César.

Bien que sa qualité d'aîné de la bande suscitât en lui un sentiment de supériorité qui se traduisait par des attitudes supérieures et une volonté de commandement, il lui trouvait un naturel aimable et le gâtait. Il ne le fit fouetter que le jour où, sur le Pont-Neuf, il avait blessé un paisible promeneur avec une boule de neige dans laquelle il avait glissé un caillou. Le roi obligeait Marie à l'appeler « mon fils » et à signer « Votre bonne mère » les lettres qu'elle adressait à l'enfant. Il lui avait affecté comme précepteur Nicolas Vauquelin, poète de talent mais personnage singulier qui ne tarda pas à se faire expulser du jour où l'on apprit qu'il initiait son élève à des mœurs libertines.

La reine aussi avait ses têtes. Elle détestait le troisième et dernier-né de Gabrielle : Alexandre, et tolérait mal l'affection que lui vouait le dauphin. En revanche, elle favorisait les rapports de ses enfants avec l'aînée d'Alexandre, Catherine, et témoignait une affection singulière à Gaston et à Gabrielle, les deux bâtards que le roi avait eus de sa favorite.

Le dauphin partageait parfois la couche de ses parents, le matin surtout, où il jouait avec eux en toute simplicité. Rosny les surprit à plusieurs reprises à batifoler sur la couette, tous trois nus comme des vers, tandis qu'il entretenait Sa Majesté des affaires du royaume.

Lui-même laissait s'instaurer une certaine liberté dans ses rapports avec ses enfants.

Un jour où le roi lui rendait visite à l'Arsenal, son attention fut attirée par des glapissements venus de la chambre du ministre. Il le trouva en train d'administrer une fessée à sa fille qu'il tenait pliée sur ses genoux. Il y allait de bon cœur, disant sans interrompre le châtiment :

– Cette petite garce m'a manqué de respect.

Le supplice ayant cessé, il glissa un doigt dans l'entrecuisse de l'adolescente et le renifla.

– Cette drôle, dit-il, a aussi mauvais caractère que sa mère, mais elle sera *fine*.

Si le roi s'était imaginé que cette tête creuse de Charles de Valois, comte d'Auvergne et demi-frère d'Henriette, s'était assagi comme il l'avait promis, il dut s'en repentir.

Reprenant les menées du malheureux baron de Biron, il s'était hâté de renouer les liens tranchés par la hache du bourreau dans la cour de la Bastille. Le père d'Henriette, M. de Balzac d'Entragues, était entré de nouveau, allégrement, dans la nouvelle conspiration avec quelques autres mécontents, dont Henri de Turenne-Bouillon, prince de Sedan, La Trémoille et quelques autres complices.

Leur but était calqué sur le précédent, mais avec des nuances : on obligerait le roi, en exhibant la promesse de mariage, à épouser Henriette, à chasser Marie et à faire que César fût reconnu comme dauphin. La manœuvre échouant, on ferait en sorte de supprimer le roi, soit en l'enlevant pour le jeter dans un monastère, soit en soudoyant un tueur professionnel.

Les circonstances étaient favorables à ce nouveau complot.

De sourdes agitations travaillaient les provinces, celles de l'Ouest et du Midi notamment, où les huguenots étaient encore en force ; il suffirait de chefs bien décidés, d'une étincelle, pour provoquer un soulèvement et déclencher une nouvelle guerre de religion : un conflit de nature commerciale sévissait entre les Pays-Bas et la France ; le roi d'Espagne, humilié de sa défaite contre les armées royales, regrettant les belles provinces qu'il avait dû céder, restait lui-même vigilant et prêt à l'action.

Le roi avait eu vent de certains troubles qui agitaient le Poitou et les provinces de la côte atlantique. Pour mieux se tenir informé, il décida d'envoyer sur place M. de Rosny. Le ministre ne pouvait refuser : huguenot il saurait mieux que quiconque parler à des huguenots.

Il passa plusieurs semaines à aller de colloque en synode, de festin en danserie. À son retour, il trouva le roi sur les terrasses de Saint-Germain en train de jouer avec les enfants. Il lui lut son rapport que trois mots auraient suffi à résumer : douceur, courtoisie, bénévolence... Il avait rencontré notamment M. de La Trémoille, un huguenot récalcitrant, qui lui avait réservé le meilleur accueil mais dont l'amabilité lui avait paru suspecte.

– Donc, selon vous, dit le roi, tout est pour le mieux ? Et cependant...

– Quoi donc, sire ?

– Nous allons devoir affronter une nouvelle conjuration. Nourris par des expériences malheureuses, nos ennemis sont mieux armés qu'auparavant et, cette fois-ci, l'Espagne est dans le coup.

– L'Espagne, sire ?

Henri tenait de l'ambassadeur du roi Jacques Ier d'Angleterre, qui venait de succéder à Élisabeth, qu'un agent double, Thomas Morgan, en même temps serviteur de l'Espagne et de son pays, parcourait la France pour provoquer un soulèvement en distribuant l'or des Amériques à poignées.

– Il faut absolument retrouver ce personnage et le jeter à la Bastille, dit Henri. Vous allez vous mettre en chasse, lâcher nos plus fins limiers.

Rosny apprenait quelques jours plus tard que Thomas Morgan se trouvait non loin de Paris. Des informateurs situaient sa présence près de Vincennes, en pleine forêt. Quelques opérations sous couvert de battues permirent de le repérer. Il vivait comme une bête traquée dans une ancienne hutte de charbonnier. Ce n'était pas un héros. Conduit à la Bastille, il ne fit aucune résistance et répondit aux questions sans que l'on eût à faire appel au bourreau.

Il révéla toute la machination et la liste des conjurés : les mêmes à peu près que la fois précédente.

Venu faire son rapport au roi, Rosny paraissait gêné. Henri devait lui arracher les mots de la bouche et s'impatientait.

– M. d'Entragues, sire...

– Et quoi ? Serait-il de cette menée ?

– Il en est, sire, et même... il a pris la place qu'occupait le maréchal. Pardonnez cette expression triviale, mais il est comme cul et chemise avec le señor ambassadeur d'Espagne, Jean-Baptiste de Taxis. Mais il y a pire...

– Dites, mon ami : au point où j'en suis je puis tout entendre.

– Mme la marquise de Verneuil... Elle est également compromise dans cette affaire.

Le roi se leva lentement du fauteuil où il était en train de lire dans un rayon de soleil. Il chancelait et se retint à un accoudoir.

– La marquise, balbutia-t-il. Compromise...

– Pas directement. Par l'intermédiaire de ses deux confesseurs que nous pourrons faire arrêter sans peine.

Rosny révéla en outre au roi que les conjurés étaient liés par un contrat d'honneur détenu par un certain Chevillard.

– Et alors ? rugit Henri. Qu'attendez-vous pour faire arrêter tout ce beau monde ?

Ce fut fait dès le lendemain.

Pourquoi les hommes du prévôt dédaignèrent-ils de faire fouiller Chevillard ? Porteur du texte du contrat, il l'avala avec son brouet.

Qu'allait-on faire de la marquise de Verneuil ? La jeter à la Bastille ? Le roi s'y opposa. Il tenait, auparavant, à détenir les preuves formelles de sa complicité.

Quelques semaines avant que n'éclatât cette affaire, le roi, comptant sur le bon vouloir de son épouse et de sa favorite, avait fait une ultime tentative de réconciliation. Henriette avait accepté ; Marie avait regimbé. Henri avait insisté :

– Recevez-la deux jours, seulement deux jours.

– Une journée suffira.

Marie avait la certitude que rien de bon ne pouvait sortir de cette confrontation, que l'on risquait même un affrontement rude et stérile. En fait cette entrevue n'eut pas lieu. Henriette, installée dans une auberge, entre Paris et Fontainebleau, attendit le courrier que lui avait fait annoncer la reine. Comme rien ne venait, elle tourna bride, persuadée que cette entrevue n'aurait pas lieu.

« De toute manière, songeait-elle, nous sommes irréconciliables. D'ici peu cette matrone reprendra avec sa clique et ses bâtards la route de l'Italie. »

Coiffée d'un chapeau de paille, Henriette était occupée à jeter des graines aux tourterelles, dans le jardin de l'hôtel de Larchant, rue Saint-Paul, quand elle vit le roi venir vers elle en laissant des gentilshommes sur le perron.

Sous les bords effrangés du couvre-chef, la pénombre piquetée de soleil faisait à sa maîtresse un teint d'une séduisante matité. Elle avait laissé ses cheveux libres et, au moindre mouvement, les boucles brunes caressaient l'épaule nue et la nuque pailletée de lumière. Il se dit qu'elle n'avait jamais été aussi belle et que, s'il n'avait écouté que son cœur et ses sens, il l'aurait entraînée vers leur chambre du premier étage et fêté à sa manière le retour du printemps.

L'heure n'était pas aux plaisirs. Il fit effort sur lui-même pour lui dire :

– Madame, suivez-moi. J'ai à vous entretenir de problèmes qui vous concernent.

Elle sursauta : jamais, sinon par jeu, il ne l'appelait *madame*. D'ordinaire c'était *mon cœur, mon menon, mes chères amours* : les mêmes expressions dont il usait dans sa correspondance, en répandant des millions de baisers.

Il la poussa vers une allée du jardin qui traversait la pelouse entre des haies de troènes et de rosiers qui commençaient à bourgeonner. Elle voulut lui prendre la main comme ils le faisaient habituellement dans leurs promenades ; il la lui refusa.

– Madame, dit-il d'une voix brisée, je suis fort mécontent de vous.

Elle interrompit sa marche, les poings sur les hanches.

– Par exemple ! En quoi ai-je pu vous contrarier ? Ne serait-ce pas plutôt à moi de vous faire des reproches ? Ce rendez-vous manqué à Fontainebleau... J'ai attendu une demi-journée dans une salle d'auberge !

– Le courrier qui devait vous prévenir a pris du retard au passage de la Seine. Mais laissons cela, je vous prie.

Elle se baissa pour arracher quelques brins de chiendent qui avaient poussé à travers le gravier.

– Vous vous êtes engagée dans une mauvaise passe, dit-il, et contre moi qui plus est ! Je veux parler de cette nouvelle conspiration dont votre père est la cheville ouvrière et dont vous êtes l'une des complices.

Elle resta un moment comme figée, le visage crispé, puis elle protesta : comment le roi pouvait-il accorder crédit à de tels ragots ? Avait-il perdu le sens ? Elle, comploter contre son bienfaiteur, le père de ses enfants ?

– Je sais de qui vous tenez ces médisances : de votre épouse ! Cette grosse dinde ne sait qu'inventer pour me nuire.

– Taisez-vous ! s'écria-t-il. Je sais de quoi je parle. J'ai des preuves de votre complicité.

– J'aimerais les voir ! Vous prenez pour paroles d'Évangile tout ce qui se dit contre moi ! Vous...

– Allez-vous nier avoir appris que votre père et votre frère complotent ?

Elle haussa les épaules.

– Mon père, mon frère ? Des têtes creuses ! Ils font ce qui leur plaît sans daigner me consulter. Je n'ignore pas que vous me soupçonnez depuis quelque temps déjà. C'est un signe de sénilité : vous jouez les barbons jaloux et vous les jouez mal ! Hier vous me reprochiez ce que vous appelez mes amourettes. Aujourd'hui vous m'accusez de je ne sais quelle trahison. Vous ferez tant que je finirai par vous interdire ma porte. Sortez donc et ne me revenez que repentant !

Au comble de la colère, elle lui lança :

– Allez donc retrouver vos bâtards, baiser votre truie italienne et faites-lui une ribambelle de gorets !

Elle en avait trop dit. La main du roi partit comme la foudre. Elle pleurnicha :

– Vous avez osé me frapper, moi, la mère de vos enfants ! C'est un geste indigne de vous ! N'essayez plus jamais de me revoir, vous trouveriez ma porte close. Nous sommes désormais étrangers l'un à l'autre.

– Il reste un détail à régler, dit-il. Vous allez me restituer cette promesse de mariage que je vous ai faite imprudemment.

Elle eut un mauvais sourire pour répondre :

– Ce n'est pas ici qu'il faut la chercher. D'ailleurs, si elle était en ma possession, je ne vous la rendrais pas. Ou alors il faudrait me tuer. Et je sais que vous en êtes capable...

Le lendemain à l'aube, le roi se présenta à l'Arsenal pour relater cette entrevue à Rosny. Le ministre était déjà à la tâche, son bonnet de soie sur le crâne à cause de la fraîcheur du matin, encadré comme de remparts par des piles de documents.

– J'ai parlé à la marquise, dit le roi en tournant autour de la table. Je lui ai exposé mes soupçons et mes griefs. Elle nie tout, évidemment : le complot comme ses amourettes. Nous nous sommes séparés sur des insultes et même... et même je l'ai giflée. Tout est fini entre nous.

– Vous semblez le regretter.

– Certes ! et je vous envie. Vous avez une épouse sérieuse, de beaux enfants, point de maîtresse que je sache. Vous êtes un homme heureux.

– ... heureux mais écrasé de travail. Des maîtresses... comment pourrais-je en avoir ?

– Je persiste à vous envier. Ma nourriture quotidienne à moi, ce sont les déceptions, les acrimonies, les soupçons. Je regretterai la marquise : elle est d'agréable compagnie, vive, primesautière, aimable quand elle veut ce que je veux. Quant à ma femme, elle ne peut s'accommoder de mes humeurs. Toujours à faire la froide, la dédaigneuse. Je vais vers elle dans l'intention de la caresser, de la baiser, de lui raconter quelque bonne histoire et je la quitte sans lui avoir tiré un sourire ou quelque parole aimable. N'est-il pas naturel que j'aille chercher ailleurs quelque consolation ?

– Avez-vous parlé du billet à la marquise ?

– Elle prétend qu'il n'est pas en sa possession.

– Nous finirons bien par mettre la main dessus. J'en fais mon affaire.

Mme de Verneuil ne fut guère surprise de voir M. de Rosny frapper à sa porte. Mieux : connaissant l'entêtement du roi, elle attendait cette visite. Elle le reçut avec amabilité et l'invita à visiter ses jardins dont elle était fière.

– Vos jardins, dit-il, sont sans doute des merveilles, mais nous avons à parler d'autre chose.

Il lui reprocha les propos indécents qu'elle tenait envers la reine, cette manie qu'elle avait de tourner Sa Majesté en ridicule. Le roi aimait ses bâtards comme ses enfants légitimes ; il ne faisait pas de différence entre eux, comme la marquise avait pu s'en rendre compte lors de ses visites à Saint-Germain ou au Louvre. Il était de notoriété publique qu'elle était infidèle au roi. Rosny usa d'un mot qui la fit sursauter : elle se *prostituait* à d'autres qu'il pouvait nommer. Elle faisait sa repentie, sa scrupuleuse, sa dévote devant Sa Majesté qu'offensait une telle hypocrisie, bien qu'elle évitât de le montrer.

– Voulez-vous, dit-il, regagner les bonnes grâces du roi ? Alors renoncez à ces tractations avec l'Espagne et la Savoie. Tenez-vous à l'écart de la conjuration, demandez au roi pardon de vos erreurs et de vos fautes. Nous le connaissons bien : il ne résiste pas à un mouvement de sincérité. Biron a refusé de faire amende honorable. Vous savez ce qui lui est advenu...

Henriette prit de haut ces conseils de sagesse trop bien tournés. Se repentir ? mais de quoi, Seigneur ? Son seul but était d'assurer sa fortune et celle de sa famille, ainsi que l'avenir de ses enfants.

– Si le roi persiste dans ses soupçons à mon égard, dit-elle, je me retirerai hors du royaume, bien que ma fortune ne soit guère en état de supporter ce sacrifice.

– Ce sacrifice dont vous parlez, à combien l'estimez-vous ?

Elle fit mine d'essuyer une larme, soupira :

– Pour toutes les espérances que le roi m'a données et qui ne se réaliseront pas, pour les humiliations qu'il m'a fait subir, pour l'amour sincère que je lui ai donné, une pension de cent mille écus serait la bienvenue.

Rosny sursauta.

– Vous dites cent mille écus, madame ? Il est facile de vous les promettre. Il sera plus difficile de les trouver.

D'accord avec le chancelier Cheverny, Rosny décida de faire perquisitionner dans les appartements de la marquise en son absence, sans en référer au souverain qui détestait ces procédés de basse police et s'y serait opposé.

La fouille s'avéra fructueuse. Les policiers découvrirent dans les tiroirs secrets des liasses de documents ne laissant aucun doute sur les intentions de la marquise de se mettre au service de la conjuration. D'autres documents tombèrent entre leurs mains, des poulets de ses nombreux amants dont les derniers étaient le duc de Joinville, François de Bassompierre et M. de Sigogne.

Pour ce qui était du billet portant la promesse du roi, pas de trace : il devait être entre les mains de M. d'Entragues. C'est donc avec lui qu'il faudrait en négocier la restitution. Rosny se rendit en personne au château de Malesherbes. Le bonhomme était prêt à céder moyennant le bâton de maréchal et une somme de vingt mille écus.

La restitution eut lieu au début de juillet dans la grande salle du château, en présence de quelques gentilshommes de la cour qui signèrent le contrat attestant de la validité de cet acte. M. d'Entragues déposa entre les mains du roi le coffret de cristal contenant le billet, comme il l'eût fait d'une relique.

– Brûlez ce document, dit le roi, et qu'il n'en reste rien !

Lorsque le Parlement eut connaissance du complot, la première victime désignée fut Henriette : elle fut condamnée à « demeurer recluse toute sa vie dans un couvent de religieuses emmurées », à Beaumont-lès-Tours. Adieu chimères, amours, fortune ! Après lecture du jugement, le roi se demanda comment la marquise allait prendre ce camouflet.

– Si Mme de Verneuil, lui répondit Rosny, croit que c'est le dépit amoureux qui vous a animé contre elle, elle dédaignera cette procédure en songeant que vous l'aimez encore. Si, au contraire, elle est convaincue que vous avez définitivement renoncé à elle, elle cherchera à vous reprendre. Attendez-vous à ce qu'on vous amène ses bâtards : ils vous demanderont la grâce de leur mère. C'est alors qu'il faudra vous montrer ferme.

Rosny avait vu juste.

Il ne se passa pas une semaine avant que Gaston, qui venait d'avoir quatre ans, accompagné de sa sœur Angélique qui allait en avoir deux, guidés par leur gouverneur et leur précepteur, ne vinssent demander audience à Sa Majesté dans son cabinet de Saint-Germain. Ils venaient implorer la grâce de leur mère. Gaston avait bien appris sa leçon : il la débita d'un trait. Le roi l'écouta sans broncher mais, lorsque la petite s'avança à son tour et lui tendit une rose, il sentit l'émotion lui faire fondre le cœur et il la prit sur ses genoux.

– Mes petits, dit-il, vous reverrez bientôt votre mère.

La réclusion d'Henriette dans son hôtel parisien, sous la garde des archers du roi, et non dans le couvent qu'on lui avait désigné, dura six mois. Un matin de janvier, Henri trouva un billet sur sa table de travail : Henriette s'ennuyait de son amant, priait le Ciel de lui pardonner ses erreurs et de lui rendre celui qu'elle ne pouvait oublier et sans lequel elle ne pouvait vivre.

Le roi rédigea une lettre à l'intention du président du Parlement pour solliciter sa grâce. Henriette fut libérée peu après.

Un matin de février, alors qu'il se trouvait à Saint-Germain, elle frappa à sa porte.

XVI

CHASSE AU LOUP EN AUVERGNE

1605

On avait perdu la trace de Charles de Valois. Alors qu'il se trouvait à Fontainebleau, un de ses serviteurs était venu le prévenir que l'on avait découvert des preuves de sa participation au projet de coup d'État, sous forme d'un échange de lettres avec le roi d'Espagne. Une heure plus tard, trompant la vigilance des gardes chargés de le surveiller, il prenait le large.

– Il faut absolument le retrouver ! dit le roi. Il a dû chercher refuge dans son domaine, en Auvergne.

Autant chercher une aiguille dans une meule de foin ! L'Auvergne offrait au fuyard un asile sûr. Les forces royales hésitaient à pénétrer dans ces austères solitudes, à cheminer par des pistes dangereuses au milieu de forêts impénétrables hantées par des bandes de brigands. Il eût fallu une expédition puissamment armée pour engager une traque avec quelque chance de succès.

Le fils de Marie Touchet et du roi Charles menait une existence de proscrit, d'un château l'autre, ne restant pas plus d'une journée au même endroit, replongeant dans la forêt à la moindre alerte, toujours aux aguets. Il avait décidé de ne se fier ni à Dieu ni au diable, et surtout pas à Margot, sa tante de la main gauche, qui l'avait accueilli dans sa forteresse d'Usson et dont les rapports avec le roi s'étaient améliorés depuis le mariage avec Marie. Charles se dit qu'elle ne manquerait pas de le livrer aux autorités d'Issoire et leva le camp au bout de trois jours.

Sa maîtresse, Mme de Châteaugay, qui demeurait entre Clermont et Riom, se proposa pour l'héberger et le mettre à l'abri de cette chasse au loup. Charles refusa. Non qu'il doutât de sa loyauté, mais il n'avait pas confiance dans ses serviteurs. Ils se retrouvaient dans les lieux isolés qu'il lui indiquait : des villages perdus, des fermes abandonnées, des huttes de charbonniers... Il faisait protéger leurs rendez-vous par quelques valets de chien qui menaient bonne garde de nuit et de jour.

On ne pouvait lui mettre la main au collet par la force : dix mille hommes n'y fussent pas parvenus. Rosny décida d'utiliser la ruse. Il dit au roi :

– Je connais personnellement le trésorier du gouvernement d'Auvergne, M. Murat. Il déteste notre homme et a des intelligences dans toute la province. Il nous aidera.

Murat accepta sans se faire prier.

Sous prétexte d'une affaire de finances, il s'enquit auprès de Mme de Châteaugay de l'endroit où il pourrait rencontrer le fugitif et lui promit de garder le secret. Dès qu'il eut connu la cachette de Charles, il s'aboucha avec M. d'Erre, un capitaine de chevau-légers qui tenait garnison à Clermont.

– Vous allez, lui dit-il, rendre visite à M. le comte. Vous le trouverez grâce aux renseignements que nous a fournis sa maîtresse, Mme de Châteaugay.

Le capitaine le prit de haut. Si c'était pour procéder à son arrestation, il ne fallait pas compter sur lui. Il ne voulait pas risquer la vie de ses hommes dans un guet-apens.

– Il n'est pas question de conduire contre ce traître une action en règle, mais de le prendre au piège. Voici mon plan...

Le capitaine informerait le fugitif de son intention de procéder à une montre de sa compagnie. Pour le comte d'Auvergne, y assister était en quelque sorte une obligation, en tant que chef militaire de son gouvernement et de colonel général de la cavalerie légère.

– Pour le reste, ajouta Murat, je vous fais confiance. Cette opération menée à bien, vous en serez récompensé.

Le capitaine dut déployer des dons de diplomate pour gagner la confiance du comte, obtenir un rendez-vous et arriver jusqu'à lui. Des hommes le conduisirent de nuit, à travers la forêt, dans une ferme en ruine proche de Blanzat, où se tenait le comte : il avait l'allure d'un vagabond qui aurait revêtu les dépouilles d'un soldat mort, et il s'était laissé pousser la barbe pour se rendre méconnaissable.

– Qui vous a indiqué l'endroit où me trouver ? demanda-t-il d'un air suspicieux.

– Des vachers dont j'ai juré de taire le nom.

– Vous avez vraiment l'intention de faire une montre dans cet endroit. Pourquoi ?

– Une idée du commandement général. Je partage votre avis : c'est une idée singulière, mais je ne puis me dérober aux ordres. Vous me feriez un grand honneur en passant vous-même la revue de ma compagnie.

Flatté qu'un simple capitaine se souvînt de ses titres militaires, Charles finit par se laisser fléchir mais posa des conditions draconiennes : la montre se déroulerait à l'endroit précis qu'il aurait choisi et il ne descendrait pas de cheval. Il expliqua qu'il possédait une excellente monture et qu'à la moindre anicroche il filerait et sèmerait sans peine ses poursuivants.

– Il en sera fait ainsi, dit le capitaine.

Le lieu du rendez-vous avait été fixé d'un commun accord dans un étroit espace de vallée, à peu de distance du village de Marsat, un jour et à une heure convenus.

Au jour dit, le comte d'Auvergne monta sur son cheval de Hongrie, plaça deux bons pistolets dans ses fontes et, accompagné d'une escorte, se rendit sur le lieu prévu pour la montre.

À peine était-il en vue, un lieutenant de la compagnie, M. de Nerestan, se porta à sa rencontre, accompagné de soldats déguisés en valets de pied, et descendit de cheval pour présenter ses civilités à son supérieur.

Tandis qu'il s'entretenait avec lui du déroulement de la montre, les soldats firent basculer Charles de sa selle et le mirent en joue. Il se débattit, appela ses hommes à la rescousse et se retrouva seul : son escorte s'était enfuie.

Charles de Valois, comte d'Auvergne, retrouva à la Bastille son beau-père, M. d'Entragues, dont les gardes du roi s'étaient saisis à Malesherbes, alors qu'il se préparait à faire disparaître toute trace du complot, et notamment sa correspondance avec l'Espagne.

Le roi négligea de faire emprisonner M. de La Trémoille. Ce farouche huguenot, qui n'avait pas pardonné au roi son abjuration et avait oublié les bienfaits de l'édit de Nantes, devait mourir peu après la découverte du complot, d'une maladie incurable.

Restait l'élément le plus intransigeant de la bande : Henri de La Tour d'Auvergne, vicomte de Turenne et prince de Sedan.

Ce vieux compagnon d'armes du roi de Navarre n'était qu'un modeste hobereau lorsque le roi, en récompense de sa fidélité – à éclipses à vrai dire –, lui avait fait épouser Charlotte de La Marck, duchesse de Bouillon, dame souveraine de Sedan, huguenote bon teint.

Il n'oubliait ni la bataille de Coutras où il s'était dépensé sans compter et avait reçu une blessure grave, pas plus que d'autres exploits accomplis durant la guerre des Amoureux. Il ne pouvait avoir oublié non plus ses amours avec l'infante de Navarre et avec la reine Margot : autant d'écarts pour lesquels le roi avait fait preuve d'indulgence.

Son mariage lui était monté à la tête : devenu maître d'une principauté, il s'était cru appelé à de hautes destinées. Le premier complot ourdi par le baron de Biron lui avait semblé le tremplin susceptible de le propulser dans les hautes sphères.

Décidé à en finir avec lui, le roi rassembla une petite armée et descendit en Limousin pour y mater une rébellion que Turenne y avait suscitée. Face à cet appareil militaire, les citadelles de Turenne et de Saint-Céré ouvrirent leurs portes et les rebelles mirent bas les armes. Le roi put faire sans être inquiété son entrée dans Limoges. Un mois plus tard, il recevait du prince rebelle une lettre de soumission.

– Affaire réglée ! dit Rosny.

– Pas tout à fait, dit le roi. Il me faut d'autres garanties. La parole de ce maraud ne vaut pas une guigne.

Il exigea comme gages la remise de la ville et de la citadelle de Sedan. Sans réponse de Bouillon, il prit avec son armée la route de l'Est. Arrivé pour ainsi dire en vue de Sedan, il reçut la lettre qu'il attendait : Bouillon acceptait ses conditions. Le soir même, du château de Donchery, il écrivait à Rosny une lettre délirante :

Je pourrais dire comme César : « Veni, vidi, vici », ou comme la chanson : « Trois jours durèrent mes amours/Et se finirent en trois jours/Tant j'étais amoureux... » J'étais amoureux de Sedan ! Et l'on me disait qu'il faudrait trois ans pour prendre cette ville !

Henri était d'une humeur folle qui le portait aux excentricités. Il dansa toute la nuit avec les dames galantes de Donchery dans le bel avril de Lorraine qui sentait la fleur de pommier. Il passa trois jours pleins à la chasse et trois nuits à faire l'amour.

De retour dans la capitale, il s'enquit de l'état des prisonniers.

À sa grande surprise il apprit que le comte d'Auvergne, cette misérable girouette, avait tout avoué. Il n'était entré dans le complot que pour mieux s'informer des intentions de l'Espagne vis-à-vis du roi. Si Sa Majesté lui accordait sa grâce, il pourrait poursuivre son action et la tenir informée des intentions du roi Philippe. Une telle bassesse était à vomir.

Rosny tomba de son haut lorsqu'il apprit que M. d'Entragues et le comte d'Auvergne, condamnés à mort par le Parlement, avaient été graciés par le roi. Il se dit qu'il fallait voir dans ce comportement l'intervention de la marquise qui avait retrouvé son emprise sur son amant.

Leurs rapports avaient changé de nature.

Il la trouvait moins sarcastique et moins violente envers lui et la reine, plus accessible en quelque sorte. Elle jugea qu'il avait perdu de son esprit, de sa vivacité ; il se montrait envers elle plus tendre et moins ardent. Une nuit, après des échecs répétés, elle lui dit en gloussant : « Vous êtes mon capitaine Bonne-Volonté ! » Il ne manquait pas de volonté mais cela ne suffisait pas.

Il y avait eu entre eux tant de suspicion, de conflits, de petites et de grandes trahisons que leurs relations ne pouvaient reprendre un cours normal. Leur liaison avait été plus courte que celle qu'il avait entretenue avec Gabrielle durant huit ans, mais elle avait été plus intense, plus orageuse, plus âpre. Gabrielle avait laissé en lui des souvenirs de passion paisible ; Henriette l'avait marqué au fer rouge.

Bien qu'il sentît décroître sa flamme, il refusait d'en finir brutalement avec elle.

Dans Paris on se gaussait de cette situation ; elle excitait la verve des gazetiers, des chansonniers, et même des gens de théâtre. Lorsque le roi apprit qu'on avait jeté à la Bastille sans le prévenir un comédien du nom de Gros-Guillaume qui l'avait brocardé sur scène en évoquant sa vie sentimentale, il ordonna qu'on le relâchât. Il renonça de même à faire intervenir la police dans les échauffourées qui se produisaient fréquemment chez les femmes des Halles, les unes tenant pour la marquise, les autres pour Marie.

Il prenait en compte les opinions qui couraient dans la population. Peu à peu, depuis sa prise de pouvoir, il avait appris à connaître les passions de cette masse humaine, aussi prompte à haïr qu'à vénérer. Que l'on chansonnât ses exploits ou ses déboires amoureux ne le gênait guère, et même ce qu'on lui rapportait des propos des harengères ou des aubergistes l'amusait souvent. Il disait préférer que l'on commentât les exploits de l'amoureux plutôt que ceux du soldat. Le peuple le savait et ne l'en aimait que davantage.

Il lui arrivait de s'attabler, vêtu en bourgeois ou en clerc, dans les tavernes et les auberges pour écouter ce que l'on disait de lui et en tirer des enseignements. Il en revenait parfois tête basse ; le plus souvent il en sortait avec le sourire.

Contraint de s'arrêter dans un village de Picardie, l'heure du dîner venue, il prit place à une table d'auberge sans se faire connaître. Le repas était médiocre et le lieu sinistre. Il demanda à l'aubergiste de tâcher de trouver dans les parages un homme d'esprit qui pût, en lui donnant la réplique, dissiper l'ennui qui pesait sur lui.

– Je vais envoyer quérir votre homme, répondit l'aubergiste. Il se nomme Gaillard.

Le roi fit asseoir l'homme d'esprit en face de lui, commanda une pinte de vin d'Arbois et lui dit :

– Ainsi, tu te nommes Gaillard ? Eh bien, peux-tu me dire la différence que tu fais entre ces deux mots : gaillard et paillard ?

Le manant, qui avait reconnu le roi, répondit :

– Peu de différence, sire : simplement la largeur de cette table.

Un jour qu'il quittait le Louvre pour se rendre à Fontainebleau, il trouva sur son chemin une vieille femme qui conduisait sa vache au taureau. Il descendit de cheval, bavarda avec elle, lui demanda à combien elle estimait son bestiau. La vieille éclata de rire.

– Sire, voudriez-vous me l'acheter ?

– Et pourquoi pas ? Dites votre prix.

– C'est une brave bête et une bonne laitière. J'en veux six cents écus.

– Jarnidieu ! jura le roi. C'est le prix de mon cheval !

– Vous n'y entendez rien. Vous n'êtes pas marchand de vaches, je suppose ?

– Mais si, justement. Ne voyez-vous pas tous ces veaux qui me suivent ?

Autant le roi recherchait le contact avec les gens désintéressés, autant il se méfiait des fâcheux qui forçaient sa porte.

Il accepta de donner audience à une femme d'allure agréable qui tenait avec son époux une auberge des environs de Fontainebleau. Elle déposa sans façon sur la table du roi un paquet d'asperges et un chapon dodu en lui disant :

– M'auriez-vous oubliée, sire ? Je tenais il y a dix ans, à Saint-Denis, l'auberge du Grand Cerf. Vous veniez parfois me rendre visite en l'absence de mon mari. Nous avons passé ensemble du bon temps.

Elle dit s'appeler Nicole Mignon : un nom qui ne disait rien au roi, pas plus qu'il ne se souvenait d'elle. Il s'en excusa.

– Moi, dit-elle, je n'ai pas oublié. Il ne fallait pas vous en promettre, et...

Il lui coupa sèchement la parole, la remercia de ses cadeaux et lui demanda d'en venir à l'objet de sa visite.

– C'est rapport à mon mari, dit-elle. Il souhaiterait être nommé aide-cuisinier au Louvre.

– Nous aviserons, dit le roi. Je vous salue, madame.

En la congédiant, il sermonna l'huissier qui n'avait pas fait bonne garde et lui demanda de veiller mieux aux gens qu'il introduisait dans son cabinet.

Il était sans rancune. Un matin qu'il traversait la Seine par le Pont-Neuf, son carrosse croisa un détachement de sa garde. Il sursauta et dit à Bassompierre :

– Cet homme, à ta droite, qui nous suit du regard, je le connais : à Aumale, il a tiré cette balle de couleuvrine qui m'a blessé au flanc et aurait pu me tuer.

– Et vous l'avez laissé libre ? s'insurgea Bassompierre. D'autres que vous lui auraient fait trancher la tête.

– Mieux valait en faire un soldat de ma garde. C'est un excellent pointeur. Il me sera plus utile que s'il était mort.

Lorsque le maréchal de Boisdauphin vint solliciter la grâce d'un condamné à mort, un nommé Bertaut, le roi bondit hors de son fauteuil et s'écria :

– Je connais le crime commis par cet homme. Il mérite sa peine. Est-ce par amitié que vous intervenez en sa faveur ?

– C'est cela, sire. Un vieil ami...

– Avez-vous autant d'amitié pour moi ?

– Davantage, sire.

– Eh bien, nous allons laisser la justice suivre son cours. En épargnant la vie de ce criminel je perdrais mon honneur et mon crédit. J'offense si souvent Dieu que je ne puis charger ma conscience de ce nouveau péché.

Cette rigueur en matière de justice, le roi l'exerçait à l'égard de sa petite famille. Il surprit un jour le dauphin à tirer à blanc sur l'un de ses gentilshommes. Le fouet ! Le jour où il le trouva en train d'écraser à coups de talon la tête d'un moineau tombé du nid, il se dit qu'il fallait corriger ces mauvais penchants qui lui rappelaient les cruautés inutiles du roi Charles. Le fouet !

Ainsi vont les jours : un tissu de petits et de grands événements, d'espaces de troubles alternant avec des moments de sérénité, et, de temps à autre, comme si la trame se déchirait, un drame imprévisible comme un tribut à payer aux libéralités du Seigneur.

Après un matin de ciel blanc, la journée avait été belle et chaude à Saint-Germain où séjournait le couple royal. Henri avait assisté aux jeux du « troupeau », s'était mêlé à une scène de siège, avait dirigé l'attaque des Vendôme contre les Verneuil dissimulés derrière une haie de troènes en fleur. Il avait ensuite promené sur les pelouses éclatantes de rosiers la fille d'Henriette, la petite Angélique, juchée sur un ânon ; ils avaient joué à la cachette dans une grotte de rocailles, sous les terrasses. Au retour, il s'était assis sur une murette, dans l'odeur du ciment frais qui attirait les frelons, en compagnie du maître maçon appelé à redresser un contrefort qui « faisait ventre ».

– Sire, lui dit la reine, il se fait tard. Si nous voulons arriver au Louvre avant la nuit, il faut repartir.

– Nous prendrons le bac à Neuilly, répondit le roi, et nous passerons par la chaussée de Nanterre.

Moins d'une heure plus tard, la puissante voiture attelée de six chevaux se glissait sur le bac. Était-ce la vitesse du courant, une fausse manœuvre du passeur, la pesanteur du fret ou l'affolement des chevaux ? Nul n'aurait pu dire ce qui avait provoqué l'accident. Le lourd véhicule s'inclina du même mouvement que l'embarcation, renversant l'attelage et précipitant dans le fleuve les passagers.

Le roi, qui nageait fort bien en dépit de ses vêtements, refit rapidement surface et interpella le baron de La Châtaigneraie qui accompagnait la voiture :

– Sauvez la reine ! Sauvez mon fils !

Penché sur le bordage, La Châtaigneraie parvint à saisir la reine par ses cheveux, alors qu'à demi inconsciente elle commençait à couler. Avec l'aide du passeur il la hissa à bord, non sans mal car elle était lourde. Pour échapper au fleuve, elle se raccrocha à ce qui lui tombait sous la main, à savoir la braguette proéminente du baron. César lui aussi avait appris à nager ; il en fut quitte pour la peur. Ce n'est que lorsque les deux naufragés eurent repris place sur le bac que le roi remonta à bord.

– J'aurais dû me méfier, dit la reine qui était fort superstitieuse. Leonora m'a prévenue que la journée ne se déroulerait pas sans accident.

– Si nous devions tenir compte de toutes les prédictions de cette folle, dit le roi, nous ne sortirions jamais de notre chambre !

L'empire de la Galigaï et de Concini sur la reine s'était accru avec le temps au point qu'elle ne pouvait se passer de leur présence. Le roi s'en méfiait comme la peste et les détestait.

Le mariage de la Galigaï avec son *Conchine* avait marqué le début de la fortune pour Leonora. Cette femme de basse extraction, fille d'un menuisier et d'une blanchisseuse, devenue dame d'atour, avait comme principale fonction de choisir pour sa maîtresse vêtements, bijoux, coiffures, parfums, mais ses prérogatives allaient plus loin : elle était plus que jamais la conseillère et la confidente de la reine.

À diverses reprises, Henri avait menacé de débarrasser la cour de ces parasites dangereux. Il avait appris que Concini avait été l'amant de Marie ; elle avait tenté d'oublier entre les bras de ce maître d'hôtel son amour de jeunesse, son beau cousin Virginio Rossini, dont le souvenir était lié dans sa mémoire aux splendeurs du palais Pitti. L'ancien croupier qu'était Concini, emprisonné jadis pour dettes, tueur à gages à l'occasion, était disposé à toutes les bassesses pour assurer sa fortune en même temps que celle de Leonora.

Sur la vie sentimentale de la Galigaï, peu de rumeurs : on la disait follement amoureuse de son beau *Conchine* sans pouvoir lui prêter d'autre aventure. Il est vrai qu'elle n'avait rien pour séduire, sinon une intelligence et un sens de l'intrigue qu'elle tenait de Machiavel.

Leonora allait fréquemment retrouver dans son antre le vieux magicien Cosme Ruggieri, ancien conseiller en sciences occultes de la reine Catherine. De ces assiduités, on avait conclu qu'elle devait avoir commerce avec Satan, ce qui, en d'autres temps, l'eût conduite au bûcher. Sujette à des maux de tête et à des crises d'hystérie qui la poussaient à se promener nue, aux chandelles, dans ses appartements ou ceux de la reine, elle avait adopté un remède insolite : le lait d'une nourrice, qu'elle puisait à la source. Sur les conseils de sa maîtresse, elle ne quittait jamais le Louvre que masquée et entièrement recouverte d'un voile car on disait qu'elle avait le mauvais œil.

Le couple des *Conchine* recevait fréquemment le roi et la reine dans leur nouvelle résidence : l'hôtel de Tournon dont ils avaient fait un palais. Concini y donnait la comédie et ne dédaignait pas de paraître sur la scène déguisé en femme.

À la première visite qu'il leur fit, le roi se frotta les yeux.

– Quelle merveille ! s'exclama-t-il. Nous sommes dans le palais du Grand Turc... Il n'y a que Zamet pour vous damer le pion.

Concini amorça une courbette et répondit avec son accent zézayant :

– Sire, vous ne voyez là que le résultat de vos bienfaits.

Il y avait un tel ton d'insolence dans ce propos que le roi glissa à l'oreille de Marie :

– Vous avez tort d'accorder votre confiance à ces parasites, ma mie. Je crains qu'ils ne vous causent du désagrément. Leur fortune et leurs ambitions dépassent leur condition et les services qu'ils vous doivent. Une dame d'atour et un maître d'hôtel devraient se conduire avec plus de modestie.

Le soir, le roi remit les *Conchine* sur le tapis et manifesta de nouveau son désir de les renvoyer en Italie. Marie, qui avait un peu abusé du chianti et de la *grappa*, releva le gant avec vigueur :

– Si vous les renvoyez, je partirai avec eux !

– C'est pourtant mon intention ! Ces oiseaux de malheur pillent le Trésor. Ils sont plus riches que nous.

– Ils me sont nécessaires. Sans eux je mourrais d'ennui tandis que vous allez courir le guilledou !

Le ton monta si fort qu'ils en vinrent aux mains et, au propre, sortirent leurs griffes. Le lendemain Rosny tressaillait en voyant le roi, accablé de tristesse dans sa chambre de l'Arsenal où il s'était réfugié au cours de la nuit.

– Que vous est-il arrivé, sire ? Quelles sont ces traces que vous portez au visage ?

– J'ai chu dans un roncier, dit sombrement le roi. Et il y avait au milieu une bête fauve.

Il se leva, s'approcha de son ministre, posa ses mains sur ses épaules en lui disant d'un ton sentencieux :

– Mon ami, sans votre aide constante, sans vos conseils, sans votre affection, je serais le plus malheureux des hommes, et peut-être ne serais-je plus de ce monde. Cette nuit, après des événements qui m'ont fort éprouvé, j'ai réfléchi. Je vous dois une récompense.

– Une récompense, dites-vous ? Mais je ne demande rien d'autre que votre confiance. Je suis riche, heureux en ménage et mon travail me plaît. Que pourrais-je espérer d'autre sinon une guérison de ma goutte ?

– Vous êtes plus méritant que bien d'autres qui ne songent qu'à s'enrichir aux dépens du Trésor. J'ai pris une décision un peu tardive mais qui s'impose. Vous étiez baron de Sully. Votre seigneurie sera érigée en duché. Êtes-vous satisfait, monsieur le duc de Sully ?

Ils s'embrassèrent longuement, en silence, unis comme deux cariatides.

[illegible]

[illegible]

[illegible]

[illegible]

[illegible]

[illegible]

[illegible]

[illegible]

[illegible]

XVII

LE RETOUR DE MARGOT

1605-1606

Henri ne pouvait faire moins que d'éloigner Henriette de Paris.

Il fit évacuer l'hôtel de la rue Saint-Paul et transporter le mobilier à Verneuil, avec consigne pour la favorite de n'en plus bouger. Il irait la rejoindre quand il le jugerait bon. La nouvelle flambée de passion qu'il avait éprouvée après la grâce qui avait mis un terme à l'affaire du complot était vite retombée.

Verneuil était loin du Louvre ; il s'y rendait deux ou trois fois par mois puis espaça ses visites sans qu'elle lui en fît le reproche, trop heureuse d'être débarrassée à si bon compte d'un personnage dont elle n'avait plus rien à attendre et dont la présence lui pesait.

Il ne trouvait plus chez elle ce qui faisait naguère son charme : leurs longues conversations où ils faisaient assaut d'esprit, les nuits brûlantes, une complicité face aux aléas de l'existence.

Un matin, après une nuit décevante où il avait joué bien magré lui les « capitaine Bonne-Volonté », elle s'arma de courage pour lui dire :

– Sire, il faut en finir. Ni vous ni moi ne souhaitons poursuivre cette liaison. Partez et ne revenez plus. Je vous ai fait beaucoup de mal et je m'en repens, mais vous m'avez profondément déçue. Restons-en là.

Main dans la main comme à leur habitude mais sans souffler mot, ils avaient fait une dernière promenade dans le parc, jusqu'à l'orée des bois profonds. Il remonta tristement à cheval, comme à regret. Restée sur le perron, elle agita sa main et lui lança :

– Faites mes amitiés à Jacqueline du Bueil mais veillez à ne pas lui promettre le mariage !

C'était sa dernière conquête.

Élevée dans la famille de Condé, sous la coupe de la princesse Charlotte qui lui avait prédit un grand destin, elle était âgée de seize ans à peine, jolie de visage, bien faite et de caractère accommodant. Le roi l'avait rencontrée alors que le deuxième complot se tramait, et il avait tout de suite été séduit par cet air ingénu, ce sourire illuminant son visage, ce regard un peu brumeux, cette taille de nymphe qui lui rappelait celle d'Henriette.

Il confia à Sully :

– Je viens d'acheter Mlle du Bueil.

– Plaît-il, sire ?

– Vous avez bien entendu. Cela m'a coûté une bagatelle : trente mille écus.

– Une bagatelle, vraiment ? Où allez-vous trouver cette somme ?

– C'est vous que je charge de la trouver.

Le roi ajouta que l'affaire s'était faite par l'intermédiaire de la princesse de Condé, très attentive aux intérêts de sa protégée et aux siens propres. Il avait fallu marchander : elle demandait cinquante mille écus.

– La princesse, ajouta le roi, avait une autre exigence : que la demoiselle fût mariée à un personnage inoffensif : Philippe Harlay de Champvallon, le neveu de ce bellâtre dont ma première épouse s'était entichée jadis. Il ressemble à son oncle : prestance séduisante, poète, joueur de luth, mais on dit qu'il a les aiguillettes nouées, ce qui fait bien mon affaire.

– Comme ce pauvre Liancourt que vous avez marié à Gabrielle.

– Comme Liancourt et pour les mêmes raisons : ce mariage est nécessaire pour ménager les convenances.

La flamme qui venait de s'éteindre à Verneuil se ranimait avec l'ingénue.

Le mariage fut célébré à Saint-Maur-des-Fossés au mois d'octobre, en présence du roi. La cérémonie terminée, on festoya et l'on dansa. Le moment venu pour les époux de gagner leur nid d'amour, Champvallon crut être l'objet d'un mauvais rêve : la chambre nuptiale éclairée *a giorno* était pleine d'une vingtaine de gentilshommes de la suite de Sa Majesté.

– Messieurs, balbutia le marié, puis-je vous prier de vous retirer. La décence exige que ma femme et moi demeurions seuls.

– La décence et une chose, dit Bassompierre. La tradition en est une autre. Notre devoir est d'être là. Si vous avez à vous plaindre, allez le faire auprès du roi, mais ce sera inutile.

Bassompierre était ivre et sentait le vin. Il aida le marié à se dévêtir tandis qu'une servante apprêtait Jacqueline pour la nuit.

– Inutile de revêtir une chemise, ajouta Bassompierre. Nous devons rendre compte de l'événement au roi, sans rien omettre.

Jacqueline était d'un naturel prude mais si soumise qu'elle obtempéra sous les regards amusés de l'assistance qui ne perdait rien du spectacle.

– Allons ! s'écria Bassompierre, à l'œuvre, et ne vous ménagez pas !

Une chandelle à la main les gentilshommes s'installèrent autour du lit, tandis que Champvallon gémissait, disant qu'il n'y arriverait jamais. Encouragé par les témoins du sacrifice, il mit tant de cœur à l'ouvrage qu'il parvint à ses fins. La mariée était vierge. On congratula les deux époux. Bassompierre déboucha d'autres bouteilles et l'événement qui avait débuté comme une comédie s'acheva comme une fête.

Le roi ne laissa pas au pauvre Champvallon le soin de renouveler son exploit. Le lendemain, il enlevait la victime pour la mener à Paris. Il l'installa à l'hôtel de Montauban et toucha son dû avec une ardeur qui lui rappelait ses jeunes années.

Tandis que le roi besognait l'innocente, le marié se morfondait dans une soupente, à l'étage.

Monsieur de Sully, dit joyeusement le roi, il va falloir dénouer de nouveau les cordons de votre bourse. Je dois traiter cette enfant comme elle le mérite. Et du mérite, Ventre-Saint-Gris, elle en a ! Quelle nuit nous avons passée ensemble ! J'en ai encore des frissons...

Sully ronchonna comme à son habitude, mais il avait un tel plaisir à voir son roi au comble du bonheur qu'il ne se fit tirer l'oreille que pour la forme. Le roi donna à sa nouvelle favorite une maison convenable, organisa ses journées, veilla à ce qu'elle ne manquât de rien en matière de robes et de bijoux, mais aussi de *poupines* dont elle jouait encore. Il constata avec plaisir qu'elle était moins dépensière que Gabrielle et Henriette. Si elle se bouchait parfois le nez lorsque son royal amant la rejoignait dans leur lit, elle accueillait ses hommages avec une soumission exemplaire.

Un soir où elle l'avait comblé, il lui dit :

– Mon cœur, je tiens à ce que vous ayez un titre honorable. Je vais vous donner la seigneurie de Moret avec le titre de comtesse.

Il ne se montra pas ingrat avec le malheureux gratteur de luth rétrogradé au rang de maître d'hôtel. Contre sa promesse de consentir au divorce, on lui octroya une large part des trente mille écus du marché. Le roi fit à Jacqueline des étrennes royales : neuf mille écus et un poème :

De rosée
Arrosée
La rose a moins de fraîcheur
Une hermine
Est moins fine
Le lait a moins de blancheur.

Certains mauvais esprits assurèrent que Malherbe avait beaucoup aidé le roi dans la composition de ce piètre hommage.

Henri reçut à son tour un poème qui lui était dédié. Il le trouva au cou d'un chien étique et pelé que lui amena un matin son valet de chambre Armagnac. Il eut un hoquet de surprise et de dégoût en voyant l'animal lui faire fête et lui sauter sur les genoux.

– Quelle mouche vous pique ! s'écria-t-il. Rapportez cette bête où vous l'avez trouvée.

– Mais, sire, il s'agit de votre chien !

– Citron ! C'est donc Citron ! Je ne l'aurais pas reconnu.

Le pauvre animal, lui, avait reconnu son maître. Il le dévorait des yeux, agitait sa queue pelée en gémissant de bonheur. Depuis deux ou trois ans, pris dans la tourmente, Henri s'était désintéressé de ce compagnon qu'il laissait coucher dans son lit et que toute la cour connaissait. Citron le suivait partout. Pour satisfaire ses besoins, il avait pris l'habitude de se rendre dans la galerie où les courtisans se rendaient pour le même motif et qui faisait office de latrines. Il connaissait tous les artisans que le roi avait installés au rez-de-chaussée du Louvre ; il y avait toujours quelque friandise pour lui, si bien qu'il était devenu gras et perdait ses poils.

Citron portait un pli accroché à son cou : un poème signé d'Agrippa d'Aubigné qui, venant de son « île » de Maillezay, entre Poitou et Vendée, se trouvait de passage à Paris :

Le fidèle Citron qui couchait autrefois
Sur votre lit sacré couche ores à la dure
Courtisans qui jetez vos dédaigneuses vues
Sur ce chien délaissé mort de faim dans les rues
Attendez ce loyer de la fidélité.

– Que doit-on faire de cet animal ? demanda Armagnac.

– Amenez-le aux cuisines, veillez à ce qu'on le nourrisse bien, et faites en sorte qu'il ne vienne plus m'importuner ou risquer de me donner la gale.

Le roi aurait eu plaisir à retrouver le cher Agrippa qui était avec Melchior son plus fidèle compagnon des temps de guerre et de misère. Lorsqu'il l'apercevait, fondu dans un groupe de huguenots, leurs regards se croisaient comme des épées. Il évitait ce prophète de malheur dont la présence ranimait en lui les blessures laissées par son abjuration, mais l'absence n'avait fait que ranimer l'affection qu'il lui portait.

Le choix de l'abbaye de Maillezay comme résidence par le plus coriace de ses anciens coreligionnaires ne laissait pas d'intriguer le roi. La cohabitation avec ces moines, paisibles et tolérants il est vrai, lui avait semblé annonciatrice de conflits avec le tranche-montagne huguenot. Il se trompait : les cantiques de la chapelle se mêlaient harmonieusement aux psaumes du temple. Le ciel clément du Poitou couvrait cette singulière image de l'œcuménisme souhaité par le roi.

Les ennuis, pour Agrippa, venaient de son fils, Constant. Ce garnement lui rendait la vie impossible : il passait son temps à courir le jupon, à s'enivrer, à dépenser son argent chez les putains ou dans les tripots, à voler quand le besoin s'en faisait sentir.

Seule consolation pour Agrippa : la poésie. Elle

coulait de sa plume comme une source intarissable, grondait à travers les pages comme un torrent, faisait éclater au-dessus du chaos universel un verbe traversé de tonnerre et de foudre.

Lorsque, descendant de son Sinaï, il retrouvait à sa table la petite crapule qu'était son fils, il avait l'impression de passer de la lumière à la boue.

Lorsque le roi reçut la nouvelle de l'arrivée de Margot, il était trop tard pour couper court à cette initiative.

La lettre qu'elle lui avait adressée de sa forteresse d'Usson pour lui annoncer la fin de son exil et son désir de retourner à Paris était révérencieuse et affectueuse à la fois. Elle écrivait : *Je suis votre créature. Je ne dépends que de vous. Vous m'êtes père, frère et roi...* Elle n'avait pas ajouté *mari*, ce qui rassura Sa Majesté.

Ayant lu cette missive, le roi convoqua Sully et La Varenne, leur demanda de se porter à la rencontre de Margot et de la prier de retourner d'où elle venait.

– Il est trop tard, sire, dit La Varenne. Nous venons d'apprendre que Mme Marguerite sera dans Paris d'ici un jour ou deux.

– Cela m'est aussi pénible, dit le roi, que de voir la peste envahir le Louvre...

Il savait à quoi s'en tenir sur les raisons de ce retour intempestif : Margot voulait recueillir les fruits des services qu'elle avait rendus à son ancien mari : elle avait aidé à la capture du comte d'Auvergne et elle s'était engagée à faire du dauphin son légataire universel. Elle avait un autre projet : récupérer l'héritage de sa mère, la reine

Catherine, dont son frère Henri III l'avait spoliée en la chassant de la cour.

Soucieux de tenir éloigné de Paris cet objet de scandale, le roi lui fixa comme résidence le château de Madrid, au cœur du bois de Boulogne. En arrivant dans ces lieux, elle faillit tomber à la renverse : Sully y avait installé des plantations de mûriers et des élevages de vers à soie ! Elle y campa deux jours puis décida de se rendre au Louvre, en litière à cause de son embonpoint, accompagnée de son page favori, Saint-Julien, de son amant Bajaumont et d'une pléiade de domestiques hauts en couleur. Elle avait laissé Usson à la garde de Mme de Vermont, une de ses dames de compagnie, et d'un petit groupe de Suisses.

– Comment est-elle ? demanda le roi. A-t-elle changé ?

– Je doute, dit La Varenne, que vous eussiez pu la reconnaître.

Il ajouta en écartant les bras :

– Elle aurait du mal à passer par cette porte...

Margot arriva dans Paris tambour battant. Pris de frayeur, le roi s'enfuit à Saint-Germain et se fit tenir au courant des événements. Il laissait le Prévôt des marchands, l'échevinage et ce pauvre Villeroy dans la panade. Comment recevoir celle qui fut reine ? Discrètement ? elle en prendrait ombrage. Avec faste ? c'est Marie qui piquerait sa quinte.

Villeroy accueillit Margot au cloître de Notre-Dame où elle avait manifesté le désir de résider en attendant mieux et de veiller au grain. Les échevins mirent à profit l'absence du roi et le retour de Mme Marguerite pour tirer vengeance des nouveaux impôts que le surintendant avait décrétés et qu'ils jugeaient insupportables. Ils débordèrent de prévenance et de cadeaux pour la visiteuse, alors que le roi avait conseillé la modération dans l'hommage.

Henri se dit qu'il ne pouvait ignorer la présence de son ancienne épouse alors que, de son côté, elle remuerait ciel et terre pour le rencontrer. Les rapports de Villeroy ne la présentaient pourtant pas comme une harpie prête à sortir ses griffes.

Il l'invita à le rejoindre au Louvre.

On lui avait fait comprendre qu'elle avait changé : il ne l'aurait pas reconnue. Elle avait hérité du visage mafflu de sa mère, des joues Médicis qui pressaient la bouche au point d'en faire une ride alors que le nez devenait proéminent. Elle était devenue énorme, quasiment monstrueuse. Et quelle toilette ! Les femmes ne portaient plus depuis belle lurette ces robes bonnes pour les bourgeoises de province. Elle avait fait de son visage plâtré de fard un masque de carnaval et de sa chevelure une poignée de foin sec.

Lorsque le roi s'avança pour l'embrasser, l'échancrure de sa robe laissa échapper de sa poitrine débordante une odeur de poire blette.

Elle renonça à faire sa révérence, de crainte d'avoir du mal à se redresser. Elle se donnait de l'air fébrilement avec un de ces éventails que la reine mère faisait venir d'Espagne et qui étaient passés de mode. Henri lui apparut comme un vieil homme au visage ravagé, aux jambes grêles, qui se donnait avec ridicule des allures de greluchon.

Il la prit par la main pour la faire asseoir près de lui. Elle ne posa sur le bord du fauteuil que la pointe des fesses, de crainte d'avoir du mal à s'en extraire. Il se demanda si elle allait enfin cesser de brandir son éventail comme si elle voulait ranimer une braise.

Elle était heureuse, dit-elle, de *retrouver la France* après une randonnée épuisante en raison de la chaleur. Son séjour à Usson lui était devenu insupportable ; elle y serait probablement morte d'ennui si le roi ne l'avait rappelée. Il faillit protester qu'elle avait pris cette décision de son propre chef, en le plaçant devant le fait accompli.

– Je suis fort heureux de vous revoir, dit-il, si gaillarde que j'ai honte de paraître devant vous... si dégradé !

– Oh ! sire, s'exclama-t-elle, vous, dégradé ? Vous paraissez dix ans de moins que votre âge. On dit même, jusqu'en Auvergne, que vous mettez bien à profit ce supplément de jeunesse et de vigueur...

Elle cacha un rire gras derrière son éventail, cracha dans son mouchoir, Henri observa par-dessus la dentelle de ses yeux de grenouille pour juger de sa réaction. Jadis il eût relevé avec esprit cette boutade. Il se contenta de sourire. Elle se dit qu'il devait être malheureux.

– J'ai appris, dit-il, que vous êtes souvent souffrante. Il faudra cesser, comme vous le faites, de confondre le jour et la nuit, prendre avec modération les plaisirs que nous offre l'existence. Mes médecins sont à votre disposition.

Elle éclata d'un rire aigre.

– Vous me rappelez, dit-elle, ma mère et certains conseils qu'elle eût mieux fait de s'appliquer à elle-même.

– Il faudra aussi, dit le roi en ignorant cette insolence, vous montrer ménagère de vos ressources. Je veillerai à ce que vous ne manquiez de rien, mais ne dépensez pas à tort et à travers. À Paris, l'or fond comme neige au soleil.

– Certes, sire : vous en savez quelque chose à ce qu'on dit.

Il sourit à cette nouvelle impertinence qui ne lui déplaisait pas. Il s'était attendu à trouver à qui parler. Il n'était pas déçu.

– Je m'efforcerai de suivre vos conseils, dit-elle avec une fausse gravité, mais comment vous le promettre ? Je tiens de ma race le goût des libéralités, une générosité naturelle. À mon âge, on ne se refait pas. Au vôtre non plus, *a fortiori*...

Peut-être pour se venger de ces piqûres d'aiguille, il lui demanda à brûle-pourpoint si elle aurait plaisir à l'accompagner à la chasse. Elle fit la grimace.

– Vous moquez-vous ? Me voyez-vous à cheval, en train de courre le cerf ? Mes distractions sont plus paisibles et moins cruelles. Vous comprenez de quoi je veux parler...

Il sourit, lui tapota le genou de sa main avec un air de complicité, lui demanda où elle comptait résider. Il lui proposa l'hôtel de Sens ; cela lui convenait. Elle avait des projets : la construction d'un hôtel proche du Pré-aux-Clercs, sur le bord de la Noue, ce ruisseau qu'on appelait aussi la Petite-Seine. Elle n'aurait que le fleuve à traverser pour se rendre au Louvre. Et puis...

– Vous savez, sire, combien j'aime la nature. Plus tard je me ferai construire une résidence à Issy pour les mois d'été.

– Nous en reparlerons, dit le roi. La reine ma femme désire vous rencontrer. Je suis convaincu que vous ferez bon ménage. Entre Médicis...

Loin de se plaindre du retour de Margot, le roi y trouva un certain plaisir, mais il fut désappointé de constater qu'elle faisait fi des conseils qu'il lui avait prodigués.

À peine installée à l'hôtel de Sens, elle s'était occupée de constituer autour d'elle et de ses proches une petite cour qu'elle voulut joyeuse et animée, sur laquelle elle entendait régner comme une reine des abeilles – le roi pensait : comme une Gargamelle que l'on gavait. Elle eut ses poètes, ses musiciens, ses amants. Dans la délégation conduite par César qu'Henri avait envoyée à ses devants, elle avait retrouvé Jacques Harlay de Champvallon, son ancien amant, dont le neveu avait épousé la maîtresse du roi, Jacqueline du Bueil, par pure convenance morale. Provocation de la part de Sa Majesté ? Sans doute. Sa perversité ne connaissait pas de limites quand ses intérêts étaient en jeu.

Le roi présenta son ancienne épouse à Marie ; il redoutait l'ironie de l'une et le mépris de l'autre. En fait elles firent assaut de courtoisie. Après quelques entrevues elles échangèrent des confidences, s'invitèrent mutuellement, si bien que Marie ne tarissait pas d'éloges sur sa lointaine cousine.

– Madame, lui disait Margot, j'ai grand regret de n'être jamais allée en Toscane retrouver la terre de nos ancêtres. Je me suis toujours sentie plus Médicis que Valois.

– Ah ! ma bonne, soupirait la reine, vos regrets rejoignent les miens. Il ne se passe pas un jour que je ne songe à mon palais Pitti et à mes jeunes amours.

L'histoire avait un peu oublié Margot, mais non le peuple de Paris.

L'annonce de son retour avait déchaîné l'humour acerbe et vulgaire des gazetiers et des chansonniers. Ils s'en donnèrent à cœur joie, libérèrent de vieilles humeurs recuites, sortirent des coulisses comme des momies les anciens amants de la *grosse baleine*.

Un matin, peu après son installation à l'hôtel de Sens, Margot trouva cloué à sa porte un méchant placard :

Comme reine tu devrais être
Dedans ta royale maison
Comme putain c'est bien raison
Que tu sois au logis d'un prêtre.

Elle se dit que le prêtre en question devait être le précédent propriétaire de cette demeure et oublia l'insulte.

Le long séjour qu'elle avait fait à Usson n'avait pas effacé son goût de l'intrigue : elle s'était divertie à provoquer entre ses amants des rivalités qui se terminaient parfois dans le sang. De retour dans un Paris qui avait changé en son absence, elle fut reprise par ses démons.

Après s'être informée des rapports d'Henri avec ses maîtresses, officielles ou provisoires, et s'en être amusée, elle voulut tenir son rôle dans ce chassé-croisé permanent et, si possible, en contrarier les événements, comme on donne du pied dans une fourmilière.

Apprenant qu'Henriette, marquise de Verneuil, languissait dans sa disgrâce, loin de la Cour et des faveurs royales, elle lui rendit visite. Des entretiens courtois elles glissèrent aux confidences.

– Mon ancien mari, dit Margot, l'avez-vous aimé ?

– À ma manière. Nous passions nos journées à nous quereller et nos nuits à faire la bête à deux dos. Je regrette d'avoir été injuste et cruelle avec lui, de lui avoir reproché son ingratitude, sa ladrerie...

Margot promena un regard sur l'intérieur cossu de la duchesse et les joyaux dont elle s'était parée.

– Sa ladrerie ? vraiment ?

Elle demanda à Henriette si elle regrettait ses fautes et la rupture qui avait suivi, si elle aurait plaisir à renouer avec le roi.

– Certes. Paris me manque et parfois aussi mon ancien amant, mais lui, aurait-il envie de me revoir ?

– Je n'en doute pas. Le torchon brûle entre lui et sa jeune maîtresse, Jacqueline de Moret. Apprenant qu'elle le trompait avec M. de Joinville que vous-même, ma chère, avez bien connu, il culbute tout ce qui lui tombe sous la main. Frappez à sa porte ; il vous ouvrira.

Henriette ne parut pas sensible à cette impertinence.

– Je n'aurai pas cette audace, dit-elle.

– Eh bien, je puis l'avoir pour vous. Je déteste cette petite dinde dont il s'est entiché. Elle feint de m'ignorer ou elle dit du mal de moi.

La naissance d'un bâtard de Jacqueline du Bueil avait apporté quelque apaisement aux colères du roi, d'autant, à ce qu'on disait, que l'enfant lui ressemblait trait pour trait, mais sans que pour autant il pardonnât ses infidélités à l'ingénue.

À quelques jours de cette naissance le roi reçut une dépêche de Margot. Elle avait rencontré chez les jésuites [1] une dame de Savignac et s'était entretenue avec elle de la situation de la marquise de Verneuil. Ladite dame de Savignac avait reçu des confidences d'Henriette : elle souhaitait renouer avec son amant mais hésitait à passer à l'acte. Cela confirmait les bonnes dispositions de la marquise vis-à-vis de ce projet. Margot écrivit au roi une lettre retorse :

J'ai proposé à Mme de Salignac de m'informer de vos sentiments vis-à-vis de Mme de Verneuil... Je vous supplie de me dire ce que je dois faire. Je ne suis née que pour vous servir. Commandez donc à votre très humble servante votre volonté que j'observerai toute ma vie, en cela et en tout...

Le roi n'en crut pas ses yeux. Deux sentiments l'assaillaient : Henriette souhaitait sincèrement revenir vers lui ou bien on lui tendait un piège. Il connaissait trop bien Margot pour savoir qu'elle ne pouvait résister au plaisir de tramer des intrigues. Il n'avait pas oublié Henriette. Il ne pouvait l'oublier. Les mauvais souvenirs de sa trahison, de ses humeurs, de sa vulgarité, s'effaçaient devant ceux de leurs nuits.

Il l'avait si peu oubliée qu'il lui écrivit sur son plus beau papier d'Amsterdam parfumé, consacré à sa correspondance amoureuse :

Mon menon, je viens de prendre médecine afin d'être plus gaillard pour exécuter toutes vos volontés... Je ne songe qu'à vous plaire et à affermir votre amour car je suis au comble de la félicité... Il fait fort beau ici, mais partout, hors de votre présence, je m'ennuie si fort que je n'y puis durer. Trouvez un moyen que je vous voie en particulier et que, avant que les feuilles ne tombent, je vous les fasse voir à l'envers...

1. Ils étaient revenus quatre ans auparavant, par grâce royale.

La réponse ne se fit pas attendre : Henriette donnait rendez-vous à Marcoussis à son « vieil admirateur de cinquante-quatre ans ».

Ils se retrouvèrent non seulement à Marcoussis, mais à Verneuil, à Malesherbes, à Fontainebleau, au cours d'un automne encore feuillu qui avait la saveur et les ardeurs de l'été. Des billets brefs mais passionnés tissaient un lien étroit entre leurs absences. Jour après jour, ils retrouvaient leur intimité passée, comme si aucun événement n'était venu la contrarier.

Malgré sa hâte de le revoir, Henriette devait bien convenir que le roi se montrait plus « capitaine Bonne-Volonté » qu'auparavant et qu'il la laissait bien souvent sur sa faim. Elle lui en fit le reproche ; il riposta qu'il avait passé l'âge d'être mené aux étrivières. Lorsqu'il l'entretint de l'incident de Neuilly, elle lui déclara que, si elle avait été présente, elle aurait crié : « La reine boit ! » Lorsque le roi la quittait, penaud, après un nouvel échec, elle sentait remonter en elle d'âcres humeurs et lui lançait :

– Allez donc rejoindre votre catin ou quelqu'une de ces garces que je ne connais pas. Donnez-leur du plaisir si vous en êtes encore capable !

Les ardeurs déclinantes de Sa Majesté trouvaient une compensation dans la diversité des partenaires. Il s'était épris de Charlotte des Essarts, comtesse de Romorantin, qui lui avait donné une fille incluse dans le troupeau de Saint-Germain avec le titre de demoiselle de Bourbon.

La reine avait fini par prendre son parti de ces naissances illégitimes. Le dauphin, quant à lui, se montrait méprisant pour les bâtards. Le jour où son père lui présenta le fils qu'il venait d'avoir de Jacqueline du Bueil et qui se prénommait Antoine, il fut choqué de la réaction de Louis :

– Mon cher fils, je viens de faire un enfant à la belle dame que voilà. Il est donc votre frère et il faudra l'aimer.

Renfrogné, le dauphin répondit :

– Celui-là n'est pas mon frère !

Les rapports entre Henri et Jacqueline s'étaient de nouveau détériorés.

Avait-elle appris le retour de flamme de son amant pour Mme de Verneuil, sa liaison avec Mme des Essarts ou quelque autre dame galante ou souillon de cuisine ? Toujours est-il qu'elle faisait grise mine et menaçait le roi d'une rupture.

Se débarrasser d'Henriette lui était pénible. Aussi pénible que de supporter ses aigreurs qui avaient crû avec l'âge ; il préféra laisser le temps faire son œuvre. En revanche, il lui paraissait plus aisé de se débarrasser de Mme des Essarts. Il dit à Sully :

– Cette créature m'agace. Sous prétexte qu'elle m'a donné une fille elle se croit ma favorite. Aidez-moi à trouver un motif pour lui donner congé ! En faisant intervenir une éminence, et avec beaucoup de doigté, on pourrait la convaincre de se retirer au couvent...

Quelques semaines plus tard, la dame fit ses paquets et prit, en larmes, la route de l'abbaye de Beaumont-le-Roger, en Normandie, séparée de sa fille que le roi fit placer au couvent de Chelles. Elle fut créditée d'une pension de mille cinq cents écus et d'une promesse de vie éternelle avec les grâces du Seigneur en prime.

Une nouvelle Charlotte succéda à Mme des Essarts : Mlle de Fontlebon, fille d'honneur de la reine. Informée des manœuvres de son mari, la reine regimba :

– Sire, je vous prie de laisser mes filles tranquilles. Ma maison n'est pas un bordel ! Allez plutôt voir chez votre ami Zamet ! Vous y trouverez de quoi satisfaire votre vice...

Le roi s'accrochait à ses projets de conquête avec d'autant plus d'acharnement qu'on lui suscitait des traverses. Il s'obstina au point que la malheureuse

Charlotte, prise entre l'enclume et le marteau, tomba malade.

– J'ai décidé, dit la reine, de la renvoyer dans sa famille, en Poitou. Ainsi vous ne l'importunerez plus.

– Faites cela, menaça le roi, et vous et vos *Conchine* reprendrez la route d'Italie !

Cette menace constante de renvoyer son épouse fut suivie de la soumission de la reine... Henri eut Charlotte, s'en divertit quelque temps, lui offrit quelques babioles et s'en désintéressa. Rideau tiré, d'autres comédies l'attendaient, sur d'autres scènes.

Après une rude prise de bec dans les jardins de Marcoussis à propos de nouvelles faveurs que son amant lui avait refusées et d'une récente gonorrhée qui leur avait gâté le sang, Henriette avait dit à Henri en lui montrant la porte :

– Filez dare-dare et ne revenez plus jamais ! J'ai tout mon saoul d'être traitée comme la bête du roi !

Margot naviguait, imperturbable, avec des allures de lourde galéasse, dans les eaux troubles et tumultueuses de ces intrigues auxquelles elle se mêlait volontiers. Confidente du roi, de la reine, des favorites du moment, elle jouissait sans scrupules d'une apparence d'autorité.

Le temps que lui laissaient ses menus plaisirs, elle le passait au Louvre ou dans les châteaux des environs de Paris, parfois au milieu du troupeau de Saint-Germain où sa stérilité réveillait des nostalgies. Elle se plaisait dans la compagnie de ces enfants turbulents ; elle leur offrait des friandises, des jouets, des fanfreluches, des petits chiens, assistait à leurs jeux, leur en apprenait du temps de sa jeunesse, veillait à ce qu'ils ne dégénèrent pas en ébats inconvenants.

Le dauphin était le seul à éviter sa présence et à la mépriser. Sa gouvernante, Mme de Monglat, lui disait.

– Monseigneur, il faut respecter cette dame : elle a été l'épouse de votre père et elle est fille de roi.

– Non ! répliquait le dauphin, l'épouse de papa, c'est maman ! Cette femme n'est pas une reine !

Il fallut bien de la patience à Margot pour apprivoiser ce petit démon. Elle sut qu'elle y était arrivée le jour où Louis s'extasia sur le chapeau à plume qu'elle lui offrait. Il daigna lui tendre la joue en lui disant :

– Merci, maman ma fille...

Un soir de la fin d'octobre, alors qu'elle venait d'entendre la messe aux Augustins, Margot se sentit prise de frissons. Elle s'alita avec la fièvre, de violents maux de tête et des douleurs aux flancs. Le roi lui envoya un de ses médecins, M. de Marillac, qui diagnostiqua une pleurésie et lui tira une pinte de sang. La fièvre disparut au bout d'une semaine mais la malade avait du mal à s'en relever. Elle écrivit au roi pour le remercier de son attention :

Dieu bénisse la médecine ! On m'a tiré tant de sang que, lorsque j'aurai l'honneur de vous baiser les mains, vous me prendrez pour une anatomie. J'ai à cette heure le nez aussi long que le roi, mon grand-père...

À chaque naissance d'un enfant légitime ou d'un bâtard, elle ne manquait pas de lui envoyer ses compliments.

XVIII

JOURS D'ANGOISSE

1606-1608

On pouvait compter sur M. de Sully pour respecter les traditions.

Ce matin-là, qui était celui du 1er janvier, le roi était encore couché avec la reine quand il entendit une rumeur dans le couloir. Ils avaient passé une partie de la nuit à se chamailler à propos des *Conchine* dont la fortune et la morgue insolentes soulevaient une réprobation unanime. Il demanda à son valet de chambre, Beringhem, d'aller voir ce qui se passait et pria les gentilshommes venus assister à son lever de s'écarter du lit.

Beringhem revint en annonçant la visite du surintendant.

– M. de Sully, dit le valet, désire souhaiter la bonne année à Leurs Majestés et leur présenter ses étrennes.

– Ventre-Saint-Gris ! s'écria le roi. J'avais oublié. Où ai-je la tête ?

Il se cala contre son oreiller, demanda que l'on ouvrît en grand les rideaux du lit et que l'on ranimât le feu. Sully s'inclina, présenta ses vœux en s'étonnant que la reine tournât le dos à son époux et parût dormir encore à cette heure tardive.

– Laissez-la reposer, dit Henri. Elle est enceinte de huit mois et fort lasse car nous avons mal dormi, à la suite de violentes querelles qui nous ont opposés. Laissons-la à sa bouderie... Ça lui passera.

Il ajouta avec un clin d'œil malicieux :

– Je suppose, monsieur de Sully, que vous ne venez pas les mains vides...

Sully frappa le plancher de sa canne. Quelques secrétaires pénétrèrent à leur tour dans la chambre, porteurs de bourses de velours de diverses dimensions, pour les souverains, leurs enfants et les serviteurs les plus proches.

Connaissant l'âpreté de la reine en matière de finances, le ministre confia à son maître que le cadeau destiné au dauphin devrait lui être remis intégralement, en main propre.

– Sa Majesté, dit le roi, entend très bien votre propos. Elle fait semblant de dormir.

Lorsque Sully eut terminé sa distribution, embrassé les dames de compagnie et les servantes, le roi l'attira vers lui et lui dit :

– Cette coutume d'embrasser les femmes semble vous plaire. Il suffit de voir l'étincelle qui pétille dans votre regard !

– Sire...

– Allons... allons... Ne jouez pas le huguenot ! Laquelle trouvez-vous la plus jolie ? Laquelle auriez-vous le plus de plaisir à baiser ?

– Vous plaisantez, sire ! J'ai bien d'autres chats à fouetter. Si vous daigniez me décharger de certaines de mes fonctions, alors, peut-être... Si j'ai baisé aux joues ces dames et ces filles, c'est comme des reliques.

Le roi éclata de rire, se tourna vers Marie, fit claquer sa main sur sa croupe en criant :

– Allons, réveillez-vous, dormeuse ! C'est le jour des étrennes. Embrassez-moi et tâchez de vous montrer de belle humeur. Regardez la bourse bien ronde qu'on est venu vous offrir !

Il fit signe aux gentilshommes de se retirer. Marie se retourna lourdement, s'adossa à son oreiller, le visage bouffi comme une courge sous le bonnet de nuit, les paupières battues.

– Si je suis de mauvaise humeur, sire, c'est bien de votre faute ! Vous ne cessez de me tromper et de m'humilier. Monsieur de Sully, vous êtes témoin de mes malheurs. Vous qui avez notre confiance, dites au roi mon mari qu'il cesse de me tourmenter. Je n'en puis plus ! Je ne vis plus ! Cela ne peut durer.

– Allons, ma bonne, dit le roi d'un ton conciliant, c'est l'an neuf. Ne montrez pas votre mauvais caractère. Qu'en pensez-vous, Sully ?

Le ministre se gratta la barbe. Cette affaire le mettait dans l'embarras. Il avait autant d'amitié pour le roi que de respect et de pitié pour la pauvre reine.

– Puisque vous daignez m'accorder votre confiance, dit-il, je dirai qu'il n'y a pas de querelle qui ne puisse se régler à l'amiable si quelque arbitre s'en mêle.

– Eh bien, dites ! s'écria la reine avec un mouvement d'impatience.

– Je puis remplir cet office, Madame, à condition que vous vous engagiez par écrit à respecter vos promesses mutuelles.

– Ventre-Saint-Gris ! marmonna le roi. Par écrit ? Et quels seraient les termes du contrat ?

– Ils sont tout simples, sire. Il faut faire passer les Alpes à quelques personnes et la mer à certaines autres.

Marie ouvrit grande sa bouche pour marquer sa surprise.

– Mais encore ? dit le roi. Précisez sans crainte votre pensée.

Sully s'assit au bord du lit, en proie au supplice. Il parvint à articuler :

– Cela signifie qu'il faudrait renvoyer les *Conchine* en Italie et les Entragues au Canada.

Voilà. Il avait tout lâché. Il se sentit libéré comme d'un fardeau.

– Eh bien ! s'écria le roi, voilà qui me paraît être la plus sage proposition qui soit. Sully, vous êtes un magicien. Qu'en pensez-vous, ma bonne ?

Figée, le visage hermétique, ses mains crispées sur le drap, Marie paraissait en proie à un conflit intérieur d'une intensité telle que les mots lui restaient dans la gorge.

– Les *Conchine*, murmura-t-elle. Renvoyer les *Conchine*...

Sully et le roi s'attendaient à un débordement de colère. La reine répondit simplement :

– Laissez-moi le temps de réfléchir...

Tandis que les affaires du royaume allaient leur train sans traverser de tempêtes, la fécondité de la reine ne se démentait pas.

Lorsqu'elle avait quitté le palais Pitti pour la France, son père lui avait dit : « Ma fille, soyez grosse ! » Le conseil avait porté ses fruits. Élisabeth était née un an après le dauphin Louis. Avaient suivi une petite Christine et la reine se trouvait de nouveau enceinte, tandis que le roi dispersait sa semence à tout vent et à tout ventre.

– Aux yeux de Sa Majesté, protestait-elle, je ne suis bonne qu'à faire des enfants. Henri ne m'aime pas. Il ne m'a jamais aimée.

Margot la consolait de son mieux.

– Sa Majesté vous est fidèle à sa manière, Madame. Je connais Henri aussi bien que vous pouvez le connaître : il faut le laisser libre d'en faire à sa volonté. Ses maîtresses s'envolent, vous restez. Vous a-t-il jamais rien refusé ? Il est aux petits soins pour vous lorsque vous souffrez d'une indisposition et vous-même le soignez avec affection quand il est malade. Lors de sa dernière attaque de goutte, par exemple... Vous ne l'avez pas quitté de trois jours et de trois nuits ! Montrez-vous plus accommodante envers lui, cessez de lui faire des scènes à tout propos et vous deviendrez le ménage uni dont le royaume a besoin.

Prier la reine de se montrer conciliante était lui demander l'impossible. Des eaux dormantes, certains jours, jaillissaient soudain du feu et des laves.

Ce matin-là, le roi trouva son ministre plus préoccupé que d'ordinaire : cela se devinait à la crispation de ses traits, à son élocution embarrassée, à son regard fuyant.

– Il semble, lui dit le roi d'un air faussement compatissant, que vous ayez passé une mauvaise nuit. Mme de Sully vous aurait-elle tourné le cul ou au contraire en avez-vous abusé ?

Il se savait autorisé à ce genre de bouffonneries envers ce vieux huguenot. Il prenait un plaisir teinté de perversité à le caresser à rebrousse-poil. Sully haussa les épaules.

– Il s'agit bien de cela ! dit-il. J'ai reçu de mauvaises nouvelles...

– Eh bien, dit le roi, faisons une petite promenade dans votre allée de boulingrins. Il fait un temps superbe pour la saison. J'en suis tout ragaillardi.

– Vous le serez moins quand je vous aurai dit ce qui me préoccupe.

Une rumeur lui était parvenue la veille, faisant état d'un double mariage envisagé entre le dauphin Louis, sa sœur Christine et les infants d'Espagne. Le roi était au courant de ces bruits, mais ils lui paraissaient tellement absurdes qu'il n'y avait pas attaché d'importance.

– Les choses semblent bien avancées, dit Sully. La reine...

– Eh bien quoi, la reine ?

– Elle serait, de connivence avec les *Conchine* et Villeroy, dans un complot pour faire aboutir ces mariages. Elle aurait déjà mis en branle le légat et l'ambassadeur d'Espagne. Des échanges de lettres auraient eu lieu. Tout cela dans votre dos, sire...

– La reine et Villeroy ne peuvent rien entreprendre et moins encore décider sans mon accord. Quant aux *Conchine*, c'est de la merde !

Erreur du roi... Les *Conchine*, intrigants-nés, n'étaient pas à dédaigner. L'or espagnol coulait dans leur bourse et leur arrogance s'amplifiait à mesure.

– Le comble, ajouta Sully, c'est l'exigence qu'aurait manifestée le roi Philippe : il souhaite, dit-on, que nous lui retirions une épine du pied en déclarant la guerre aux Provinces-Unies.

Pour le roi cette proposition était proprement inconcevable et son ministre l'approuvait. S'engager dans un nouveau conflit alors que le pays retrouvait peu à peu stabilité et prospérité, c'eût été ouvrir une nouvelle ère de désastres. Et pourtant...

– Et pourtant, sire, nous courons un grand danger. Vous n'ignorez pas...

– Une violette ! s'exclama le roi. C'est la première de la saison.

Il se baissa pour la cueillir, la porta à ses narines, les yeux clos. La garce avec laquelle il avait passé la nuit avait ce parfum.

– Vous disiez, Sully ?

– Je voulais vous faire comprendre, sire, que nous courons le risque de voir les Habsbourg maîtres de l'Europe si nous ne restons pas vigilants.

La mosaïque des petits États huguenots était agitée de discordes permanentes et ne parvenait pas à présenter un front uni contre la maison d'Autriche qui, petit à petit, grignotait leurs territoires pour y imposer la religion romaine. Le risque dont parlait Sully, et dont le roi avait conscience, était de voir la France prise comme dans un étau. Sully qui, quelques années auparavant, avait franchi la Manche pour s'entretenir avec le successeur de la reine Élisabeth, Jacques Ier, avait perdu ses illusions : la France serait seule opposée à la plus grande puissance d'Europe et du monde.

– Les États du nord du Rhin, ajouta le ministre, ont déjà perdu leur autonomie religieuse et sont sous la coupe du cousin de Philippe, l'empereur

Rodolphe. Qu'adviendra-t-il lorsque le Rhin inférieur aura subi le même sort ? Les duchés de Clèves et Juliers...

– De quoi parlez-vous ?

Sully dut expliquer au roi qui, depuis quelque temps, n'avait pas la tête politique que ces deux duchés risquaient, à la mort du duc Jean-Guillaume, de tomber à leur tour sous le joug de l'Empire. Or ils formaient un carrefour entre l'Allemagne, les Pays-Bas et la France.

Le ministre s'assit sur un banc proche de la fabrique de canons qui fumait comme un volcan dans l'air calme.

– Ce n'est pas tout, dit-il. Les Provinces-Unies sont lasses de la guerre de libération qu'elles mènent contre l'occupation espagnole. Il faut s'attendre à ce qu'elles mettent bas les armes. Et alors...

– Et alors ?

Le roi s'assit près de son ministre. Il faisait tourner la violette entre le pouce et l'index, en apparence indifférent aux propos de Sully.

– ... et alors, sire, si nous refusons de donner notre consentement au double mariage dont je vous parlais, nous risquons une guerre avec l'Espagne, qui pourra retourner contre nous les forces qu'elle maintenait dans les Provinces-Unies.

Le roi parut soudain se réveiller.

– Vous oubliez une chose, dit-il. Charles-Emmanuel de Savoie vient de procéder à un revirement en notre faveur. Et la Savoie, ce n'est pas rien. Vous et moi en savons quelque chose. Souvenez-vous : il y a huit ans...

La naissance d'un dauphin au roi Philippe avait sonné le glas des espoirs qu'avait nourris le duc de Savoie. Marié à une infante d'Espagne, il avait ambitionné de devenir roi de cette nation au cas où le mariage de Philippe serait stérile. Il s'était rapproché de la France en piétinant les débris de son rêve.

– Vous semblez de même, ajouta le roi, négliger cette autre alliée, la Bavière. Le duc guigne le trône de l'Empire comme Charles-Emmanuel avait guigné celui de l'Espagne. Nous pourrions soutenir son ambition et compenser les déceptions de Charles-Emmanuel. Des promesses de mariage suffiraient à mettre ces deux puissances de notre côté.

– Sire ! dit Sully, voilà un plan digne de votre génie !

– Il reste à le mener à bien. En aurons-nous le temps ? Quoi qu'il en soit, personne ne doit en être informé, et surtout pas la reine.

Il jeta d'une chiquenaude la violette dans l'allée.

Depuis sa rupture avec Henriette, le roi avait bien changé, et pas seulement quant à son aspect.

Il avait à conduire une lutte permanente contre les Italiens qui pullulaient à la cour, menaient des cabales contre lui et, forts de la protection de la reine, se montraient méprisants et le tournaient en dérision dans leur langue, même en sa présence. Quant aux affaires du royaume, elles lui apparaissaient comme une montagne à affronter au pic et à la pelle.

L'existence lui était à charge. Au saut du lit, il ne sentait plus dans son esprit, son cœur et son corps cette allégresse et cette énergie qui l'animaient naguère. Les journées qui lui semblaient toujours trop courtes s'étiraient interminablement. Il enviait la puissance de travail et la lucidité de Sully. Sa joie de vivre aussi : le ministre était heureux en famille ; on ne lui connaissait pas de maîtresse. Le roi l'avait surpris à plusieurs reprises en train de chanter et de danser au milieu de son cabinet quand une nouvelle agréable lui parvenait.

Henri délaissait même les salles de jeu de paume ; cette pratique demandait une dépense d'énergie dont il n'était plus capable ; au cours d'une partie disputée contre les boulangers du Louvre, il était tombé en syncope. Il évitait de même les courses de bague, les parties de chasse au renard dans la grande galerie du bord de l'eau. La chasse avait encore ses faveurs mais il devait l'interrompre au moindre signe de fatigue. Il n'apportait plus aux jeux de table l'attention nécessaire et les tricheurs en profitaient. Il suivait d'un œil morne les jeux et les facéties de la Mathurine, sa folle, de ses nains, de ses chiens et ne leur donnait plus la réplique.

Il n'avait pas longtemps regretté sa rupture avec Henriette. De toute manière il commençait à se lasser de cette créature acariâtre : elle s'était consolée de ses déboires avec les plaisirs de la table au point qu'elle ne tarderait guère à être comparable à Margot.

Margot... C'est avec elle que le roi passait le plus clair de son temps libre.

Le respect, l'affection, le soutien que Marie ne lui accordait qu'avec parcimonie, il les trouvait auprès de sa première épouse. Il la jugeait exubérante, fantasque, imprévisible, excessive dans ses sentiments et ses opinions, mais se laissait volontiers imprégner de l'ambiance que sa propre cour lui refusait : on ne croisait au Louvre que des visages moroses et des mines provocantes, surtout du jour où il avait décidé d'interdire les duels qui saignaient à blanc sa noblesse et les tenues par trop ostentatoires.

– Qu'avez-vous, sire ? lui disait Margot. De nouvelles amours qui vous déçoivent ? Il faut vous secouer.

Il lui confia que sa morosité avait pour origine la prescience d'une fin prochaine.

Il avait reçu des avertissements des mages qui avaient fait du cabinet de la reine le réceptacle de leurs élucubrations, autour du vieux Ruggieri qui vaticinait encore avec éloquence. Ils lui prédisaient des accidents, des maladies, des attentats. Il haussait les épaules. Des attentats... Il en avait toujours réchappé car la Providence veillait sur lui.

Le dernier en date était l'œuvre d'un pauvre fou, Jacques des Isles, qui se croyait destiné à devenir roi de France et réclamait son trône. Il avait agressé le roi sur le Pont-Neuf, sans le blesser, puis il était mort en prison. Deux ans auparavant il avait échappé aux manœuvres occultes de Racqueville, un demi-fou soupçonné d'avoir voulu provoquer la mort du roi par des opérations de magie noire. Il avait payé sa forfaiture sur le billot.

Marie s'était depuis peu entichée d'une pythie originaire de Naples, une naine nommée Pasithée, qui, en respirant ses vapeurs, avait deviné la mort prochaine du roi. Un magicien allemand, Bumbaste, avait vu dans ses rêves le roi « maître de l'Europe ou mort ». Thomassin, un personnage inquiétant qu'Henri avait rencontré chez Zamet, lui avait annoncé qu'il aurait à se méfier d'une date fatidique : celle d'un 15 mai ; il avait vu dans ses fumées la lame d'un poignard briller au flanc de Sa Majesté... Il ne manquait guère à ces fantasmagories qu'une nouvelle apparition du Grand Veneur...

Le temps des illusions était révolu. Le roi savait que la population de Paris, qui l'adorait autant qu'elle le brocardait, cachait une foule de spadassins prêts à vendre leur épée ou leur pistolet aux jésuites, aux nostalgiques de la Ligue ou à quelque camarilla pour abréger ses jours et faire de Marie une régente.

– Ce dont je suis à peu près certain, proclamait-il, c'est que je ne mourrai pas dans mon lit, de vieillesse ; pas non plus sur un champ de bataille car j'ai perdu le goût des bravades, mais sous le poignard d'un assassin, comme mon prédécesseur. Lorsque je me promène dans Paris, il me semble faire figure de mort en sursis.

Il était persuadé qu'en outre Leonora Galigaï, ce diable en jupon, lui avait jeté un sort et disait des messes noires pour hâter sa fin.

– Je ne crois plus à ces balivernes ! se récriait Margot. En revanche, je crois que vous avez tort de vous exposer comme vous le faites dans vos promenades à travers Paris et de laisser le Louvre ouvert à tout-venant. J'ai rencontré sous le porche des gueux que je n'aimerais pas trouver au coin d'un bois !

Il l'avait décidé ainsi et ne voulait pas y revenir : il voulait effacer la réputation de ce Louvre qui avait été un antre de turpitude au temps des Valois et un coupe-gorge de tout temps. Il souhaitait que le peuple y eût accès librement, que l'on ouvrît la porte aux solliciteurs, quitte à les faire éconduire par la garde s'ils se montraient importuns ou dangereux.

Margot le prenait par le bras et lui disait :

– Venez, mon ami ! Nous allons visiter mon *palais*.

Ils montaient avec une petite suite dans le carrosse à quatre chevaux. En passant par le Pont-Neuf grouillant d'une foule bigarrée et bruyante dès les premières heures matinales, ils gagnaient la rive gauche et le Pré-aux-Clercs.

Le chantier du *palais* (en fait un hôtel d'une élégante sobriété) s'élevait à vue d'œil. Ils piétinaient les gravats, escaladaient les échelles, Margot poussée au derrière par des maçons hilares, s'attardaient sur les terrasses du premier étage à contempler le spectacle de la Seine, le fourmillement des coches, des péniches, des barques et des voiliers qui arrivaient de l'estuaire, toutes voiles déployées dans un nuage de mouettes.

Elle lui disait en lui prenant la main :

– Vous serez ici comme chez vous. Je ne puis oublier que, sans votre indulgence, je serais peut-être encore à me morfondre en Auvergne...

« Comme chez vous », avait-elle dit. Lorsque, de la terrasse supérieure, il contemplait les murailles sombres du Louvre, les courtines envahies de plantes sauvages, les toits dégradés par les pluies qui pourrissaient les combles, il se disait qu'il n'aurait pas fallu insister pour qu'il acceptât cette proposition : il pourrait oublier là les colères et les bouderies de Marie, les goguenardises des Italiens, les hypocrisies et les cabales des ruffians de tout poil.

À la réflexion, en mettant un frein à certains excès propres à sa nature, Henri se disait que Margot eût fait une reine digne de lui. Si, à l'origine, il n'y avait pas eu entre eux la moindre attirance, les responsabilités étaient partagées : elle ne pouvait supporter ses manières de rustre ; il réprouvait, lui, ses amours incestueuses et le mépris qu'elle lui vouait. Et pourtant, à certains moments de leur cohabitation, et notamment à l'occasion de la Saint-Barthélemy, ils avaient senti passer entre eux un courant de complicité et d'amitié, sinon d'amour. Plus que les sentiments, c'étaient les événements qui, ensuite, les avaient séparés.

Il s'ébroua et se dit qu'il était trop tard pour revenir sur un passé trop lointain.

Lorsque le roi et son ministre se penchent sur l'état du royaume, ils ont tout lieu d'en être satisfaits. L'essor donné à la prospérité dès la fin des guerres s'est confirmé.

– Sire, dit Sully, nous voilà riches ! Même l'Espagne ne l'est pas autant que nous, malgré l'or du Pérou...

Le ministre n'a pas oublié sa propre fortune qui est devenue l'une des plus importantes du royaume. Il a dû rendre des comptes au Parlement sans que l'on ait pu trouver dans ses livres de quoi le mener à la Bastille. L'essentiel est qu'il a assuré aux finances nationales une prospérité que l'on n'avait jamais connue avant lui.

La dette a été réduite d'au moins de moitié en dix ans. Un trésor de cinq millions dort dans les caves de la Bastille. Le réserve totale se monte à onze millions, et le solde ne va pas tarder à devenir excédentaire.

Si l'on en est arrivé là, ce n'est pas en accablant d'impôts les pauvres gens – le roi et son ministre s'y sont toujours refusés – mais par une politique fiscale rigoureuse, exempte des pillages éhontés que l'on a connus au temps des Valois. Les menus plaisirs du roi, les libéralités qu'il accorde à ses maîtresses suscitent des protestations, mais ce ne sont que des gouttes d'eau dans la mer.

Il reste encore des abus à supprimer. Sully s'y attache, avec une modération suffisante pour ne pas aliéner au pouvoir royal l'appui des classes aristocratiques dont on aurait à solliciter le concours en cas de guerre.

Le peuple et les paysans ont été les premiers à bénéficier de cette prospérité, mais leur condition est encore proche de la misère. Ils n'en sont pas encore à mettre la poule au pot chaque dimanche comme l'a souhaité le roi.

La paix sociale a été lente à retrouver son assise mais elle se confirme d'année en année. Les croquants du Limousin et du Périgord, qui avaient lancé douze mille hommes contre les armées royales, les Bonnets rouges du Midi, les Gauthiers de Normandie, les bandes rebelles de Bourgogne ont regagné leur domicile et remis la main aux mancherons de l'araire. Ces révoltes de la misère, le roi peut les comprendre, mais il se doit de les réprimer si elles persistent.

Il dit volontiers que, s'il n'avait été le roi, il se fût fait croquant...

M. de Marillac ôta ses besicles, les tapota sur l'ongle de son pouce avant de se relever, hochant la tête et soupirant :

– Sire, ce n'est rien en apparence que de très banal : une chaude-pisse aggravée d'une affection des gonades. Pardonnez ma franchise : vous devriez choisir vos partenaires avec plus de soin.

– Vous en avez de bonnes ! s'écria le roi en remontant son haut-de-chausses. Les garces que je m'apprête à baiser ne portent pas sur le front un bandeau marqué : « Attention, vérolée ! »

Ce n'était pas la première gonorrhée dont il était atteint et ce ne serait sans doute pas la dernière, mais savoir où et avec qui il avait décroché le pompon ? Il n'avait pas eu de rapport avec une garce depuis trois jours, depuis une soirée chez Bastien Zamet. Le financier avait récemment renouvelé son cheptel en y introduisant quatre prostituées du quai de la Mégisserie et des Halles qui faisaient leur ordinaire des bateliers et des corroyeurs. Pas la fine fleur, assurément, mais de belles garces fort ardentes au déduit. Zamet ne détestait pas s'encanailler ; cette fois, il avait poussé le pion un peu trop loin.

Le roi avait passé la nuit avec une sorte de Gargamelle qui l'avait séduit par ses formes rebondies, ses seins lourds comme des outres pleines, sa croupe ondoyant en plis graisseux : cette bagasse digne de la cour des Miracles lui avait donné toute une nuit un plaisir renouvelé.

– Peu importe, bougonna le roi, d'où je tiens cette foutue vérole ! Il faut m'en débarrasser avant que je n'en fasse profiter la reine. Elle se montre fort tatillonne sur ce sujet et elle attend un enfant.

– Comment pissez-vous ?

– Fort douloureusement. Du verre pilé...

– Je vois... je vois... Rétention d'urine... Rétrécissement du col de l'urètre... Nous allons essayer la bougie. Calez-vous bien dans votre fauteuil et cramponnez-vous aux accoudoirs.

Le praticien alluma une bougie qu'il promena autour de la verge en marmonnant des formules latines. Le roi évacua quelques gouttes en gémissant.

– C'est bien, sire, mais c'est insuffisant. Nous allons essayer avec la canule. C'est douloureux mais vous devez avoir l'habitude de ce traitement.

Le roi hurla lorsque le tortionnaire lui enfonça la sonde jusqu'au fond de la verge. Il exprima un jet putride.

– C'est mieux ! dit M. de Marillac. Vous voilà soulagé, mais votre *épée de chevet* n'a pas une allure triomphante : enflée, molasse, froide et sûrement insensible.

Il piqua avec une aiguille sans obtenir de réaction.

– Nous allons venir à bout de cette *coquetterie* ! s'exclama le patricien. Je vais utiliser une nouvelle pommade que j'ai expérimentée la semaine passée sur une vérole de M. de Bassompierre. Avec un certain succès, semble-t-il.

– Encore un de vos poisons... maugréa le roi.

– Cette mixture en a le goût, mais vous n'aurez pas à l'ingurgiter. D'ici quelques jours vous pourrez reprendre vos galipettes. Voulez-vous connaître la composition de cette mixture ? Elle est simple : trochisques blancs de rhasis, eau de plantain, de pourpier et de solanum, un soupçon de thatie, d'antimoine, et une petite cuillère de beurre frais...

– Très simple, en effet ! Mais pourquoi du beurre ?

– Pour lier ces éléments. Il va sans dire qu'il faudra compléter ce traitement par des saignées et des purgations afin d'évacuer les humeurs.

– Je préfère attendre quelques jours avant que vous m'appliquiez votre mixture digne d'un sorcier nègre du Brésil ! Si M. de Bassompierre en réchappe, alors je l'imiterai...

Sept ans après la naissance du dauphin Louis, la reine accoucha d'un cinquième enfant que l'on baptisa Jean-Baptiste-Gaston et dont on dit sous le couvert qu'il avait certains traits de Concini.

Louis venait d'avoir sept ans et régnait avec César, fils de Gabrielle, qui venait d'en avoir quatorze, sur la cour en miniature d'enfants légitimes et de bâtards : le troupeau de Saint-Germain, dans lequel se dessinaient déjà des intrigues et se formaient des clans. Le roi et la reine durent user du fouet et de diverses autres punitions pour ramener un semblant d'ordre dans le gynécée.

Le dauphin avait déjà son franc-parler. Il le tenait, disait-on, de son père qu'il appelait, sans se soucier de l'étiquette, *papa* au lieu de *Monsieur mon père*. Lorsqu'on lui présenta Antoine de Bourbon, fils de Jacqueline du Bueil, que le roi avait légitimé, il dit à son médecin, Heroard, avec une grimace de répulsion :

– Il ressemble à la merde que je viens de faire.

Comme son père et sa mère se prélassaient tout nus, faisant la grasse matinée en évoquant ses prochaines fiançailles avec une infante d'Espagne, en dépit des réserves du souverain, Henri dit à son rejeton :

– Montrez-moi, mon fils, le cadeau que vous réservez à la demoiselle.

L'enfant porta la main au bas de son ventre.

– Papa, c'est ma *guillery*. C'est étrange : parfois elle n'a point d'os et parfois elle en a.

Son enfance était sujette à des obsessions sexuelles précoces. Il était notamment fasciné par les braguettes proéminentes des gardes, des Suisses principalement, qui avaient gardé une tenue à l'ancienne.

Lorsque le tailleur d'habit vint prendre les mesures des chausses-à-cul qui remplaceraient sa robe, il exigeât qu'on en supprimât la braguette.

Il usait volontiers de sa canne comme d'une arme contre les autres enfants royaux, ses sujets, sauf contre César qui eût riposté au châtiment de par son titre d'aîné. Quand Mme de Monglat, sa gouvernante, ou le roi lui-même lui donnait le fouet, il supportait la correction sans gémir, conscient qu'il était de l'avoir méritée.

Les obsessions de Louis étaient traversées de foucades mystiques que le père Coton, confesseur du roi depuis le retour des jésuites, surveillait du coin de l'œil. Une nuit, alors que le saint homme venait de s'endormir dans un fauteuil, il surprit son élève agenouillé sur son lit, priant à voix haute en se battant la coulpe.

XIX

PARLER AU ROI

1606

Parler au roi... C'est son obsession depuis qu'il a quitté Angoulême, sa mère et l'homme de loi qui l'emploie, pour aller à Paris solliciter un procès en faveur du duc d'Épernon, gouverneur de la province.

Parler au roi, lui dire : « Sire – ou Majesté : il ne sait pas très bien quel terme employer – il faut renoncer à votre vie dissolue, vous hâter de convertir les hérétiques huguenots qui pourrissent le royaume de France, l'empire d'Allemagne et menacent Rome, suivre les ordres de Sa Sainteté... » Tous ces conseils de sagesse, il les tourne et les retourne dans sa tête, froids et durs comme des balles de fronde.

Le roi le recevra. Le roi l'écoutera. Il s'ouvrira au souverain comme une colombe eucharistique d'où sortiront des vérités essentielles. On dit qu'Henri est facilement accessible, qu'il ne refuse pas les bons conseils, même venus de gens humbles, et que parfois il les suit.

Pour ce premier entretien, il évitera d'évoquer ses visions mystiques, de crainte de heurter Sa Majeté ou de prêter à rire. Il ne lui parlera que plus tard de ces hosties suspendues à ses lèvres, de cette trompette qui lui corne aux oreilles, de ces odeurs de soufre et d'encens qu'il respire parfois dans la cellule des Feuillants où il lui arrive de faire retraite...

Il est arrivé à Paris porteur d'un message du duc d'Épernon à l'intention de la Chambre des édits. Mission accomplie, il s'est rendu chez les Feuillants afin d'y trouver un asile pour la nuit et d'y demander la bure. Le provincial a considéré sans complaisance ce colosse mal fagoté, hirsute, roux comme une créature d'enfer, qui sentait son vagabond et avait le regard torve. Il a néamoins consenti à l'héberger mais, au bout d'une semaine, importuné par le galimatias prétentieux dont l'abreuvait cet énergumène, il l'a envoyé.

Qu'à cela ne tienne ! Les Feuillants ont refusé de l'accueillir dans leur sein, lui, l'oint du Seigneur, son messager sur terre, il ira frapper à la porte des jésuites ! Il n'a guère de sympathie pour ces religieux trop proches des riches et des puissants, trop éloignés du peuple de Dieu, mais enfin...

Le frère portier entrebâille la porte, toise ce roussaud au visage anguleux, au regard inquiétant, vêtu d'un ample manteau à la flamande au large capuchon, traînant jusqu'à terre ses franges boueuses.

– Tu souhaites rencontrer le père supérieur ? Qui t'envoie ?

– Monseigneur le duc d'Épernon.

La porte s'est ouverte. Le père d'Aubigny va recevoir ce personnage doté, malgré son allure de traîne-misère, d'une si prestigieuse recommandation.

– Vous seriez donc un serviteur de monseigneur le duc ? lui demande le supérieur. Qu'attendez-vous de notre ordre ?

– J'ai consacré ma vie à servir la religion où Dieu m'a appelé. Mon souhait est de me faire religieux et de revêtir votre robe.

– Vous n'êtes pas de la première jeunesse pour faire un novice, mais enfin, si monseigneur vous recommande à moi... Je vous entendrai ce soir en confession.

L'épreuve n'a pas été concluante : le candidat au noviciat s'est à ce point emberlificoté dans son charabia que M. d'Aubigny a renoncé à introduire ce loup dans sa bergerie.

– Vous voulez parler au roi, dites-vous ? Je ne puis vous le déconseiller, mais cela ne vous sera pas facile. Allez en paix et que Dieu continue à protéger votre mission.

L'élu de Dieu compte sa fortune : il lui en reste suffisamment pour une chambre d'auberge, sur le port au Foin afin de se rapprocher du Louvre.

Paris l'étourdit. Paris semble le repousser, l'inviter à retourner dans sa province. Cette animation perpétuelle, ce tumulte, ces cris, les sarcasmes et les bourrades qui accompagnent ses promenades le déconcertent. Lorsqu'il aura parlé au roi, il retournera dare-dare auprès de sa mère.

Ce n'est pas lui qui a décidé de son propre chef de cette mission, pauvre hère qu'il est, qui sait tout juste lire et écrire, mais la puissance supérieure qui, depuis son départ d'Angoulême, guide ses pas, lui évite des embûches, le pousse en avant comme un navire sur une mer incertaine.

L'aubergiste exige d'être payé d'avance. Pour combien de nuits ? Comment le saurait-il ? Le patron, lui, exige des certitudes ou du moins un gage.

– Qu'est-ce que tu portes sur la poitrine ? Cette breloque...

L'oint du Seigneur sursaute, répond :

– Ce petit sachet de cuir est ma protection, un don de Dieu. Il contient une parcelle de la vraie Croix.

– Tu l'estimes à combien ?

– Cela n'a pas de prix.

– Donne ! Je te rendrai ce trésor quand tu m'auras payé et que tu partiras.

Le cœur meurtri, il consent au marché. L'aubergiste tourne l'objet entre ses doigts gras, le renifle, fait la grimace, l'ouvre avec son couteau et se met à rigoler.

– Tu te fous de moi, bonhomme !

Il jette sur la table le phylactère : un simple ruban recouvert de signes cabalistiques. Pas la moindre écharde ne l'accompagne.

– Ça, par exemple... gémit le client.

– On s'est moqué de toi ou alors c'est toi qui as essayé de me berner.

Il balaie l'amulette d'un revers de main, annonce brutalement :

– La chambre, c'est dix sols avec la soupe. Le cheval cinq. Tu restes ?

Il restera. Il n'a pas de cheval, ce qui allégera la note. Pour une nuit seulement. Après il se rendra chez la maîtresse de monseigneur le duc d'Épernon, Mme de Tillet ; elle ne pourra lui refuser un secours en argent, un logement peut-être. Il n'aime pas cette femme, mais c'est cela ou quitter Paris sur-le-champ, sans avoir accompli sa mission.

Il glisse l'amulette dans sa poche en se demandant ce que peut bien signifier cette bande de papier substitué au morceau de la vraie Croix. Il laisse son bagage dans sa mansarde et, comme il reste encore un peu de jour, s'en va flâner rue d'Autriche, entre l'hôtel de Bourbon d'où sortent des rumeurs de musique, et le Louvre qui lui fait face. Surprise ! Il avait imaginé le logis du roi comme un palais dans le genre de ceux qu'on voit sur les livres d'heures de monseigneur, blanc et doré, hérissés de tours et de tourelles jusqu'aux nuages, et il ne trouve qu'une forteresse sinistre, flanquée de hautes murailles noires gluantes de pluie, de tours massives qui recueillent les reflets d'un crépuscule mauve d'hiver sur leurs toitures défoncées de tuile et d'ardoise, un fossé nauséabond où pourrissent des cadavres d'animaux que des gosses en haillons bombardent de cailloux.

Le châtelet d'entrée, au-delà du pont-levis, grouille de monde. Des piétons empressés s'écartent aux injonctions brutales des cochers : « Place ! Place pour le duc de... ! Place pour la marquise de... ! » Lanternes allumées, les lourdes voitures tendues de rideaux de cuir s'engouffrent sous le porche, traversent la foule dans le grondement des roues ferrées sur le tablier du pont.

Poussé par la curiosité, il s'engage sous le porche éclairé par des torchères puantes. Il serait vain, à cette heure tardive, de demander audience au roi, mais il n'en coûte rien de faire une tentative.

Il joue des coudes pour parvenir au poste de garde où l'on vient d'allumer un feu dans la cheminée. Il se jette contre la muraille pour laisser passer un train de trois carrosses et de deux coches de louage qui font sur le pavé un bruit fracassant.

– Monsieur le lieutenant, s'il vous plaît, je dois parler au roi.

Le garde n'a pas bronché. Il toise le visiteur d'un regard glacé, sans répondre.

– Il faut absolument que je parle au roi. C'est le Seigneur qui m'envoie.

– De quel seigneur parles-tu ? Quel est son nom ?

– Le Seigneur Dieu. Il m'envoie vers le roi pour lui délivrer un message et le conseiller.

– Et moi je te conseille de passer ton chemin. Si tu reviens, je te recevrai avec mon pied au cul.

Décidément ces gens sont sourds, indifférents, hostiles. Il décide de ne pas se décourager. Il reviendra et on sera bien forcé de l'écouter. Des sarcasmes, des menaces, il en a entendu d'autres...

Il a trouvé sans peine le domicile de Mme de Tillet, mais la servante lui a fermé la porte au nez ; il n'a eu que le temps de voir son visage renfrogné, sa bouche ouverte et d'entendre une voix aigre lui dire de passer son chemin. Il a frappé de nouveau avec son bâton. Cette fois-ci, c'est un valet qui a ouvert. Le visiteur a glissé son bâton dans l'entrebail de la porte et a dit :

– Je dois rencontrer Mme de Tillet de la part de monseigneur le duc d'Épernon et du Seigneur Dieu.

Il a donné son nom, ajoutant qu'il est venu d'Angoulême à Paris pour solliciter un procès. On l'a fait entrer, on l'a fouillé sans trouver aucune arme, si ce n'est son couteau. Madame va le recevoir ; il devra être bref et poli.

Mme de Tillet est assise au coin de la cheminée, un livre sur les genoux. Elle ne l'invite pas à s'asseoir, l'écoute sans se lever, lui annonce qu'elle n'a que quelques instants à lui accorder car elle attend de la compagnie.

– Mon pauvre homme... Parler au roi... Avez-vous perdu la raison ? Personne n'acceptera de vous recommander à lui et moi-même je ne puis vous aider.

En revanche...

Elle lui fait remettre par le valet quelque argent pour lui permettre de ne pas coucher dehors et de s'en retourner sans souci. Elle ajoute :

– Je doute que le roi accepte de vous recevoir, mais vous pourrez le voir passer en carrosse. Il se rend souvent à l'Arsenal.

Il lui dit en s'inclinant :

– Dieu vous rendra grâce de vos bontés pour moi, madame.

Ce pécule lui permettra de rester deux jours de plus à Paris. Trois peut-être en dépensant juste. Il reviendra au Louvre, fera une nouvelle tentative pour s'introduire dans les appartements du roi. Il y parviendra avec le secours de la Providence et il dira au roi :

– Je viens vous soumettre les décrets de Dieu. Mon nom est François Ravaillac...

XX

LA NYMPHE DE DIANE

1609

Le roi était inquiet. Lorsqu'il songeait au mariage de César de Vendôme, le fils qu'il avait eu de Gabrielle d'Estrées, il lui venait des démangeaisons au sommet du crâne ; il soliloquait à voix haute et sacrait :

– Ventre-Saint-Gris ! Comment ce bougre va-t-il se comporter ?

La date du mariage était proche : il serait célébré en juillet. Le jeune prince avait été fiancé à l'âge de huit ans avec une fille des Guise, Mlle de Mercœur. À cet âge, lui, le roi, commençait à lorgner les garcettes de Pau et de Coarraze, sentait bouger sa *guillery* et se livrait avec elles à des jeux de derrière les buissons. César, à quinze ans, semblait s'intéresser surtout aux garçons. Un bougre ? Le roi n'était pas loin d'en être convaincu.

Décidé à l'éprouver, il avait fait conduire son fils chez une dame galante des faubourgs, Angélique Paulet, réputée pour ses talents amoureux, qui saurait le déniaiser et lui apprendre les règles du jeu d'amour. On saurait alors si M. de Vendôme avait ou non des mœurs italiennes. Au dire de la dame, le garçon n'avait pas boudé son plaisir et même avait renouvelé l'expérience à plusieurs reprises.

César s'était donné à une autre passion que les femmes : l'art du ballet. Il écrivait des arguments, composait parfois des musiques avec le concours de maîtres chevronnés et ne dédaignait pas, costumé, si l'on peut dire, en nymphe ou en sylphide, de pratiquer l'entrechat et le jeté-battu. Au premier ballet qu'il avait fait représenter devant la cour, on avait crié au génie ; c'était quelque peu exagéré, mais chacun devait convenir qu'au moins il ne manquait pas de talent. Le roi aurait préféré qu'il prît des leçons d'armes ou d'équitation.

À quelque temps du mariage, en regardant César-Monsieur occupé à choisir les étoffes de son costume de noces, ses bijoux et ses fards, Henri n'était qu'à demi rassuré. Le jeune prince avait aiguisé ses couteaux avec Mme Paulet ; saurait-il trancher le soir de ses noces avec une timide jouvencelle ?

César apportait la même attention à la toilette de sa future épouse. Il y veilla jusqu'au dernier jour, au point qu'il prit du retard et que l'on dut reporter la cérémonie. Il voulait des nœuds de pierreries pour attacher aux épaules le manteau de velours cramoisi de la jeune épousée, qu'il laissât paraître la robe en toile d'argent et les revers d'hermine. Il voulait, quant à lui, figurer une constellation de joyaux en souhaitant qu'il fît soleil ce jour-là pour mieux resplendir. Il avait fait habiller les dames de mantes de gaze noire, les unes brodées d'or, les autres d'argent.

Les noces eurent lieu à Fontainebleau. Après la cérémonie et le festin, c'est la reine Marie qui eut l'honneur de passer la chemise à l'épousée, avant le sacrifice. Tandis que l'on préparait la chambre nuptiale, le roi avait pris soin de s'enquérir auprès de Mme de Mercœur des conditions dans lesquelles la demoiselle allait affronter l'épreuve.

– J'ai fait instruire mon fils de bonne main, dit-il. J'espère qu'il ne fera pas le sot et ne se montrera pas court de métier. Mais vous-même, madame, avez-vous veillé à ce que votre aimable fille sache comment se comporter ?

Il ajouta en cachant un sourire derrière sa main :

– Vous avez suffisamment de pratique pour lui enseigner la manière de recevoir les hommages...

Mme de Mercœur ne releva pas l'impertinence. Elle sécha ses larmes et répondit qu'en ces circonstances il fallait laisser faire la nature et que ces chers enfants sauraient comment en venir aux mains.

Lorsque la reine prit Henri par le bras pour l'inviter à quitter la chambre nuptiale, il protesta qu'il souhaitait rester pour assister à l'engagement.

– N'en faites rien, sire, dit Mme de Mercœur. En notre présence ces tourtereaux resteraient cois. Vous n'êtes pas ici sur un champ de bataille et M. de Vendôme n'a nul besoin de vous voir agiter votre panache pour monter à l'assaut.

François de Bassompierre paraissait sérieusement épris de Charlotte de Montmorency, la fille du connétable. Elle n'avait que seize ans, mais on disait déjà qu'elle promettait d'être la plus belle créature du royaume lorsque les grâces de l'enfance céderaient la place aux séductions de l'âge adulte. Épris au point d'avoir renoncé à ses beuveries et à ses tabagies, mais pas encore au jeu où il menait un train d'enfer, le pauvre homme séchait sur pied en attendant de pouvoir se déclarer.

Charlotte devait figurer dans un ballet conçu par la reine avec le concours de César : *Les Nymphes de Diane*. Elle apparaîtrait sous l'apparence d'une de ces divinités agrestes que l'on voyait danser dans tous les divertissements de ce genre, vêtues d'une gaze qui ne laissait rien à deviner de leurs charmes.

Bassompierre ne manquait aucune des répétitions. Elles se déroulaient généralement dans une galerie du Louvre, avec accompagnement d'épinette. Déjà coquette, la jeune nymphe se laissait envelopper de regards par ce bel homme au visage d'aventurier, déluré, dépoitraillé, mais qui la divertissait avec ses histoires et ses boutades, la ravissait avec ses poèmes où il la comparait à une biche, à une rose, à un nuage, à la lune, à tout ce qui galope, sent bon, vole, émet des rayons. Il lui offrit des dragées ; elle lui permit de lui baiser la main. Il s'ouvrit de son amour au connétable qui, vieux et retombé en enfance, accepta que ce gentilhomme fît la cour à son trésor de fille.

Bassompierre était aux anges. Il invita le roi à assister à l'une des répétitions des *Nymphes de Diane*.

– J'aimerais, dit-il, vous montrer ma future : un morceau de roi ! Mlle de Montmorency, que son père le connétable m'a autorisé à courtiser.

– Elle est toute jeunette à ce qu'il semble.

– Certes ! mais c'est la grâce et la beauté en une seule personne.

– Tes maîtresses ne se consoleront pas de ton choix : Mmes de Silly, de Villars, de Guéméné, de Retz et j'en oublie... Où peut-on voir cette perle rare ?

– Aux répétitions du ballet de la reine, sire. Elle joue l'une des nymphes de Diane.

Le roi suivit son ami dans la galerie où avaient lieu les répétitions. Le roi trouva l'adolescente jolie et bien tournée, encore qu'un peu verte. Dire qu'on allait livrer à cet ogre cette innocente brebis !

– Je m'efforcerai d'être un bon mari pour elle, dit Bassompierre. Un mari et un vassal prêt à céder au moindre de ses caprices. Quel honneur pour moi que d'entrer dans cette famille des Montmorency, riche d'histoire et de biens ! J'en ai la tête éblouie et le cœur chaviré !

– Ainsi, dit le roi, le diable va se faire ermite ! Je te souhaite beaucoup de bonheur, mais gare aux cornes !

Le soir du ballet donné au Louvre le premier dimanche de carême, le roi se tenait près de Marie, au premier rang, sous la scène. Il somnola durant le prélude et ne s'éveilla que lorsque la reine lui poussa le coude.

– Vous ronflez ! dit-elle. Ayez au moins l'amabilité de prêter attention à mon ballet.

Armées de javelots, les nymphes venaient d'envahir la scène à la poursuite d'un cerf en carton dont les ramures s'agitaient derrière un portable figurant un buisson de roses. Chacune à tour de rôle se détachait pour se lancer sur la piste du gibier.

Quand ce fut le tour de Charlotte de Montmorency, la nymphe se précipita au milieu de la scène et, dans une brume de lumière tamisée, tournoya sur elle-même, chaque pli de sa tunique révélant, mieux que ne l'aurait fait une complète nudité, des formes souples et délicates. Chacun de ses gestes semblait une invite à se lancer à la poursuite de la chasseresse et non du gibier. Tout en elle provoquait à cette traque amoureuse : ses sourires comme ses mouvements, et surtout la manière qu'elle avait de faire glisser la paume de sa main le long de ses flancs comme pour en souligner la vénusté, sans cesser de brandir son javelot.

Cramponné aux accoudoirs de son fauteuil, la tête encore embrumée de sommeil, le roi se demanda s'il n'était pas en train de poursuivre son rêve et si cette scène était bien réelle. Il se sentit défaillir lorsque la nymphe, son numéro terminé sur une pirouette, se planta au bord de la scène, entre deux chandelles, et, le fixant intensément, fit mine de diriger son arme contre lui. Il crut un instant que cet hommage s'adressait à Bassompierre mais il se tenait plus loin.

Il entendit le rire aigrelet de Marie et, dans un brouillard sonore, sa voix qui disait :

– Eh bien, mon ami, vous voilà épinglé ! Mais rassurez-vous, le sort de ce gibier vous sera épargné.

Afin de se trouver plus près de son ministre pour traiter le lendemain des affaires urgentes du royaume, le roi coucha ce soir-là à l'Arsenal. Il dormit peu. Dès que le sommeil l'envahissait, une nymphe dévêtue se plantait devant lui avec un sourire provocant et le menaçait de son javelot. Il se levait, tournait en rond dans la chambre et, malgré le froid piquant de février, ouvrait sa fenêtre sur la nuit.

Il avait encore l'esprit brumeux en s'attablant dans le cabinet de Sully, en compagnie de quelques officiers. On avait à examiner les dernières dépêches venues d'Allemagne. La mort attendue du duc de Clèves et Juliers soulevait des problèmes qui risquaient d'engendrer un nouveau conflit.

De temps à autre, la tête dans une main, le coude sur la table, Henri se laissait entraîner dans une somnolence tapissée de rêves bucoliques.

– Eh bien, sire, lui jeta le ministre, il semble que vous soyez mal réveillé. Voulez-vous que nous reportions cette réunion ?

Il faisait non de la tête, prétextait une indisposition suite au repas trop plantureux qui avait suivi le ballet de la reine.

Il vécut les jours suivants dans une obsession qui ne l'épargnait ni la nuit ni le jour. En se promenant, il se surprenait à prononcer à haute voix des propos incongrus ou absurdes. Il songea à se confier à Sully, mais le ministre était devenu acariâtre et de moins en moins disposé à écouter les confidences souvent graveleuses de son maître. Il écarta de même l'idée d'une confession auprès du père Coton qui se serait montré inflexible et lui aurait imposé des macérations et des contritions insupportables. Tatillon, le père jésuite lui avait demandé de ne plus jurer *jarnidieu* comme il en avait l'habitude, mais *jarnicoton*, afin de ne pas offenser le Seigneur.

Henri garda ses tourments pour lui en espérant que le temps les dissiperait, mais chaque jour accroissait leur intensité.

Il voulut revoir la nymphe de Diane afin de la complimenter pour sa beauté et son talent, mais elle avait regagné le cocon familial de Chantilly. Peut-être avec son chevalier servant, François de Bassompierre.

La passion qui le hantait était de nature nouvelle et singulière : elle n'avait rien de commun avec l'amour mêlé de tendresse qu'il avait connu de Corisande, avec les aveugles passions qu'il avait vouées à Gabrielle et à Henriette ; elle était étrangère à l'attirance qu'avaient suscitée en lui Jacqueline du Bueil ou Mme des Essarts. Dépouillé de la nostalgie de ses anciennes amours, prêt à entrer de nouveau en lice pour un ultime combat, à braver Marie, la cour, Paris et la France, le monde entier s'il le fallait, il se sentait nu. Rien n'aurait pu apaiser le prurit d'amour qui le consumait. Rien, sinon la présence et le sourire provocant de Charlotte. C'était peu de chose et c'était tout.

Aucune notion de stupre n'entrait dans ce nouvel élan de son cœur : il flottait dans un bain de pureté. Le grand lis de chair qui s'était dressé devant lui le soir du ballet n'éveillait que des impressions d'innocence. Conséquence de son âge avancé ? Séquelles de ses lectures ?

Margot lui avait donné à lire *L'Astrée*, roman d'Honoré d'Urfé, un gentilhomme qu'elle avait rencontré à Usson. Il n'était question dans cet ouvrage que de sentiments chevaleresques, de passions édulcorées au soleil d'une nature généreuse. Il se sentait devenir Céladon, mais la bergère Astrée se fondait dans un mirage.

Désespéré, le roi tenta auprès de François de Bassompierre ce qui avait jadis réussi avec Bellegarde, au temps où il convoitait les faveurs de Gabrielle.

François s'agenouilla sur le carreau de velours, aux pieds du roi qui le fit se relever et le prit par le bras.

– Viens, dit-il. J'ai à te parler.

Il l'entraîna dans une allée des Tuileries. Un printemps précoce avait libéré dans les jardins une kyrielle de jardiniers.

– François, poursuivit le roi, je suis bien malheureux.

– Cela n'a échappé à personne, sire. Surtout pas à moi.

– J'en suis convaincu. Je t'aime comme un frère, et je suis certain que tu ne pourrais rien me refuser si tu me voyais dans l'affliction ou le malheur.

– Je donnerais ma vie pour vous, sire !

– Il n'est pas question de cela !

– Seriez-vous malade au point de craindre pour votre vie ?

– Je me porte fort bien.

– Alors, serait-ce un chagrin d'amour ? Quelque garce qui vous résiste ?

– C'est bien de cela dont il s'agit, sauf que la garce en question n'a pas eu à me résister du fait que je ne l'ai point sollicitée. Je l'aime à la passion, comme Céladon aimait son Astrée. L'ennui c'est qu'il y a entre nous un personnage pour lequel j'ai beaucoup d'amitié et que je répugne à peiner.

– Qui donc, sire ? Faut-il l'écarter, le provoquer en duel ? Je suis votre homme. À moins que le poison...

Le roi partit d'un rire grinçant.

– Je ne pense pas que tu aies à ce point le goût du suicide !

– Ce qui signifie, sire ?...

– Que ce personnage fâcheux, c'est toi, mon bon François, et que la bergère de *L'Astrée* est Charlotte de Montmorency. Je suis amoureux comme je ne l'ai jamais été et comme je ne le serai sans doute plus jamais.

Bassompierre chancela. Le roi le retint en lui prenant le bras. Il lui parla, en continuant leur promenade, de la scène de la répétition où Bassompierre l'avait entraîné, du ballet, des nuits et des jours passés à brûler de cette passion. Il ne mangeait plus, ou guère, ne dormait plus, ou si peu, n'avait plus l'esprit aux affaires.

– Mais, sire, qu'y puis-je ? s'écria Bassompierre. Je suis pour ainsi dire fiancé à Charlotte. Elle va devenir ma femme. Je l'aime...

– J'ai songé à un arrangement. Nous allons te marier. Connais-tu Mlle d'Aumale, la cousine de Charlotte ? C'est un des plus riches partis de France.

– Mais, sire, je ne puis épouser deux femmes !

– Tu n'en épouseras qu'une, et ce sera Mlle d'Aumale.

– Elle louche ! Elle a une joue plus grosse que l'autre...

– Mais quel caractère, et quelle fortune ! Je savais, mon ami, que je pouvais compter sur ta compréhension. Il ne pourrait en être autrement : si tu épousais Charlotte, je te haïrais !

Bassompierre s'arrêta net au milieu de l'allée, se gratta furieusement la poitrine. Il avait l'impression de vivre un cauchemar. À moins que le roi ne se joue de lui... Il n'y paraissait pas.

– Pardonnez mon indiscrétion, sire, mais quelle est votre intention ? Renier la reine, la renvoyer en Italie, épouser Charlotte ? Elle a seize ans et vous cinquante-sept !

– Tu n'y es pas ! Je vais la marier, elle aussi !

Pour le coup, François se dit que le roi avait perdu la tramontane, ce qui n'avait rien de surprenant à en juger par son comportement dans les jours qui avaient précédé cet entretien. Le roi et Charlotte dans le même lit, elle avec son innocence, lui avec sa perversité sénile, elle le lis, lui le chardon... Cela lui paraissait inconcevable.

– Je vais la marier, poursuivit le roi, avec mon neveu, le prince de Condé.

– Ce bâtard qui a des mœurs italiennes ! s'écria François. Il ne pourra lui faire autre chose que des sourires...

– C'est bien la raison de mon choix.

– J'ai compris.... soupira Bassompierre. C'est le même tour que vous avez joué à Bellegarde en mariant Gabrielle avec ce chapon de Liancourt afin de mieux profiter d'elle sans compromettre la famille. Pardonnez-moi, sire, mais ce sont des procédés indignes de vous !

– Sans doute... Sans doute est-ce un peu cavalier, mais je ne vois pas d'autre solution à mes tourments. D'ailleurs, quoi que tu en penses, il en sera fait selon ma volonté.

– Quelle que soit la peine que vous me faites, je suis contraint de m'incliner, mais vous me brisez le cœur.

– Je savais que tu finirais par comprendre et par céder. Mon bon François... Mon vieux compagnon...

Il l'attira contre lui et mouilla ses joues de larmes séniles.

Le lendemain, tout ragaillardi, le roi convoqua Malherbe et lui dit d'un air joyeux :

– Monsieur le poète, j'ai de nouveau besoin de vos services. Cette fois vous devrez vous surpasser ! Prenez votre luth, imaginez que vous êtes amoureux d'une garce de seize ans, d'une divine beauté. Troussez-moi un poème dans lequel vous mettrez des roses, de la neige, du ciel. Ajoutez-y quelque flamme. Bref, dressez l'image de la femme idéale. Cela vous sera facile.

– Sans doute, sire. Donnez-moi une journée.

– Une heure suffira.

Malherbe passa dans le cabinet voisin en laissant le roi aux mains d'Armagnac qui lui taillait la barbe et d'une servante qui rognait ses ongles jaunes et racornis.

Le poète revint une heure plus tard avec son œuvre.

– Je vous écoute, dit Henri.

Malherbe s'éclaircit la voix pour déclamer, une main sur le cœur :

À quelles roses me fait honte
De son teint la vive fraîcheur ?
Quelle neige a tant de blancheur
Que sa gorge ne la surmonte ?
Et quelle flamme luit aux cieux
Claire et nette comme ses yeux ?

– Ce n'est pas le chef-d'œuvre que j'attendais, bougonna le roi, mais, comme je m'en proclamerai l'auteur, ce petit poème fera l'affaire.

Au cours de la soirée, alors qu'il était occupé à disputer une partie de cartes dans sa chambre en compagnie de Bassompierre et de quelques proches, on annonça au roi une visite qui le fit sauter de joie : Mme d'Angoulême, l'épouse du duc d'Épernon, et sa nièce, qui n'était autre que Charlotte de Montmorency.

– Il faut abréger cette partie, dit-il à ses partenaires. Je dois avoir un entretien particulier avec ces dames.

La conversation se déroula assez loin de la table de jeu pour que rien n'en filtrât. Après quelques éclats assourdis, elle prit un tour plus serein. De soucieux qu'il était au début, en présence d'une matrone agressive, le roi s'était peu à peu rasséréné. Il baisa la main de ses visiteuses ; Charlotte amorça une révérence que le roi interrompit.

En passant près de Bassompierre qui ne le quittait pas de l'œil et lui tendait la main pour la raccompagner, Charlotte se contenta de faire la mine et de hausser les épaules.

– Eh bien, mes amis, lança le roi, je vous invite à reprendre notre partie ! François, c'est à toi de donner. Mais que t'arrive-t-il ?

– Je me sens un peu las, sire. Avec votre permission, je vais me retirer.

Tout semblait plier devant la volonté royale.

À l'annonce de son prochain mariage avec M. de Condé, Charlotte n'avait pas plus bronché que lorsque son père l'avait donnée à Bassompierre. Nul n'aurait pu dire ce qu'elle pensait de cette situation, bien qu'elle ait eu envers le souverain, le soir du ballet de la reine, une attitude provocante. Certains disaient scandaleuse.

Informée du nouveau caprice du roi, Marie ne le prit pas au tragique : elle était enceinte de plusieurs mois et occupée, en dépit des objections de son époux, à faire venir au Louvre la naine Pasithée, la pythie napolitaine qui avait vu la mort du roi dans ses fumées. Ce qu'elle pouvait observer quotidiennement des humeurs changeantes de son époux lui était devenu si familier qu'elle ne se formalisa pas outre mesure de cette nouvelle passion qui ne pouvait être qu'une amourette.

Les premiers ennuis vinrent du prince de Condé.

Il avait comme mentor son confesseur, Belin. En vertu de quelles lois, se disait le religieux, un prince du sang devrait-il se soumettre aux caprices du roi, passer sous ses fourches caudines, accepter un mariage non souhaité ? Le prince aimait la chasse, le jeu de paume, la danse, tous les plaisirs de la vie, mais les femmes n'exerçaient sur lui aucun attrait. Il se souvenait lui aussi de ce pauvre Liancourt, jeté piteusement dans le lit de Gabrielle qui n'avait rien d'un champ de bataille amoureuse. En manifestant sa volonté de lui faire épouser cette petite dinde de Charlotte, le roi le désignait à tous comme un bougre : une publicité dont il se serait bien passé...

Lorsqu'il apprit que M. le prince regimbait, le roi le convoqua, ainsi que son mentor, et les sermonna rudement.

– Mon neveu, en l'absence de votre père, c'est à moi qu'il revient de veiller sur votre avenir. J'ai donc décidé que vous épouseriez Mlle de Montmorency, que cela vous plaise ou non !

Se tournant vers Belin, il s'écria :

– Quant à vous, monsieur le conseilleur, dois-je vous rappeler que vous fûtes l'amant de ma cousine, la princesse douairière de Condé, et que, si l'on avait creusé cette affaire d'empoisonnement de mon cousin, on y aurait sans doute trouvé votre main !

Quelques jours plus tard, M. le prince se rendait à Chantilly pour faire sa cour à Charlotte. Il s'y montra peu empressé ; elle se fit méprisante. Les fiançailles eurent lieu deux semaines plus tard, en grande pompe.

– François, dit le roi à Bassompierre, vous me ferez le plaisir d'en être, et je veux vous voir sourire ! Bientôt ce sera votre tour de vous présenter à l'autel. Heureux homme...

Mme de Verneuil était aussi de la fête, ainsi que Margot avec laquelle cette pauvre Henriette faisait assaut d'obésité. Mais, alors que Margot prenait avec amusement les caprices de son ancien époux, la marquise ne décolérait pas :

– Comment vous, monsieur le prince de Condé, héritier d'une race de haute noblesse, avez-vous pu vous laisser manœuvrer par ce butor ? Le roi est votre parent et en quelque sorte votre tuteur, mais est-ce une raison pour que vous subissiez ses caprices sans vous rebeller ?

Accablé autant que pouvait l'être Bassompierre, mais pour des raisons opposées, M. le prince faisait grise mine. Mme de Verneuil lui glissa à l'oreille :

– Le dessein du roi ne vous a pas échappé : il vous fait épouser cette ingénue pour avoir les mains libres envers la famille. Alors, faites état de vos droits. Le roi veut Charlotte ? Enlevez-la-lui ! À malin malin et demi...

Le conseil ne tomba pas dans l'oreille d'un sourd.

Les *Conchine* eux-mêmes n'étaient pas avares de conseils. La reine était toujours disposée à les écouter et parfois à les suivre.

Un soir, sur l'oreiller, alors que le roi était allé coucher à l'Arsenal, Concini dit à Marie :

– Il est temps d'ouvrir les yeux et d'agir. Amoureux de cette *ragazzata*, votre époux va de nouveau vous humilier.

– Sans doute, mon ami..., soupira Marie, mais celle-là ou une autre... J'ai fini par prendre mon parti de ce genre d'*amoruzzo*. Il se lassera vite. À son âge...

– Essayez de voir plus loin. J'ai flairé l'intrigante sous l'oie blanche. Le roi la marie à M. de Condé puis, dans peu de temps, il provoquera le divorce. C'est alors que vous aurez tout à craindre. Cette garce va se montrer exigeante et cherchera à se faire épouser. Nous connaissons la faiblesse du roi devant le beau sexe : il ne saura rien lui refuser. D'autant, ma chère, que, tant que vous n'avez pas été sacrée, vous n'êtes que l'épouse du roi et qu'il peut vous répudier. S'il rencontrait trop d'opposition, il pourrait user d'autres moyens pour se débarrasser de vous et de nous par la même occasion...

Elle fondit en larmes sur l'épaule du ruffian.

À dater de ce jour, et sans que rien ne vînt conforter ses soupçons, Marie se prit à suspecter le roi des desseins que lui avait révélés son *Conchine*. Héritière des Médicis, elle avait appris à se méfier du poison. Elle prit l'habitude de faire goûter les mets qu'on lui servait par ses servantes.

L'ambiance au sein du ménage royal était devenue lourde de suspicion. Lorsque le roi arrivait, guilleret, d'un conseil, d'une promenade ou d'une partie de chasse, qu'il s'était imprégné des lettres passionnées que lui adressait Charlotte, chez laquelle il avait découvert un écho à ses propres élans, il se trouvait face à une muraille aussi austère que celle du Louvre ou de la Bastille.

Dans ces moments de retrouvailles, il filait doux, peu soucieux d'affronter cette montagne d'indifférence ou d'hostilité. Lorsqu'il l'embrassait, ses lèvres frôlaient un glaçon ; s'il lui demandait comment elle se trouvait de sa grossesse, elle répondait que cela ne semblait guère lui importer ; elle repoussait la main qu'il avançait pour caresser son ventre. Elle avait fini par le regarder comme un empoisonneur qui n'attendait que son heure. Et lui, honteux, marchait sur les ruines de leur affection comme sur un miroir brisé.

Le mariage de M. le prince avec Mlle de Montmorency eut lieu en mai, discrètement, à Chantilly. Quelques mois plus tard la reine accouchait d'une fille qu'elle prénomma Henriette, comme Mme de Verneuil : une provocation que le roi eut du mal à accepter.

Jean-Guillaume, duc de Clèves, Berg et Juliers, étant mort au mois de mars, sans descendance directe, ses domaines restaient une proie facile. Quatre mois plus tard, l'empereur Rodolphe de Habsbourg envahissait *manu militari* ce territoire convoité par la France.

– Ce coup de force, dit Sully, constitue une véritable déclaration de guerre. Qu'allons-nous faire : nous incliner ou réagir ?

– Si la guerre est une obligation, dit mollement le roi, il faudra nous résoudre à la faire.

Ce n'est pas de gaieté de cœur qu'il envisageait cette perspective. Il n'avait pas repris les armes depuis la campagne de Savoie qui lui avait montré les limites de sa résistance. Remettre le cul en selle, affronter de nouveau les épreuves d'une campagne dans les plaines du Nord ne lui disait rien qui vaille.

– Sommes-nous prêts, dit-il, à déclarer la guerre à l'empereur ?

Comme s'il ignorait que les finances étaient saines, qu'elles permettaient de lever une armée puissante, que l'Arsenal produisait en quantité des armes et des munitions ! Il ne pouvait ignorer non plus, en revanche, les menaces persistantes de complot, d'attentat, les sourdes menées qui écoulaient leur flot boueux dans le courant limpide d'une prospérité retrouvée.

Dans ces ombres menaçantes, une lumière : Charlotte. Il l'aimait ; elle le vénérait. Mais M. le prince veillait.

XXI

UN LOUP DANS PARIS

1609

La discussion qu'il a surprise lui a mis la tête à l'envers. Il aurait aimé être ailleurs, mais une force étrangère à sa volonté le clouait sur place : il aurait voulu ne rien entendre, mais ses oreilles sont demeurées ouvertes. Il s'est demandé ce qu'il faisait dans cette assemblée aristocratique, mais il a fini par admettre que ce devait être la Providence qui l'avait conduit à cet endroit, dans cette compagnie et que ce qui s'y était dit l'était peut-être à son intention.

La partie de cartes terminées – il n'y a risqué que des sommes dérisoires –, les partenaires se sont retirés au coin de la cheminée pour pétuner en évoquant les affaires de la politique.

François est resté à l'écart, assis dans son fauteuil, tournant le dos au petit groupe. Ne lui sont venus que des bribes de conversation, des filaments de voix, ces gens parlant le plus souvent à voix basse, mais ils ont opéré en lui une étrange alchimie.

On y a parlé de la mort du roi. Il a sursauté. Le roi, mort ? La nouvelle n'en a pas encore couru dans la ville.

Pour l'un ce n'est qu'une question de semaines, de mois tout au plus, mais l'événement semble inéluctable. Le roi a tout le monde contre lui, semble-t-il : le parti « espagnol » de la cour, dont la reine, les

Conchine, la marquise de Verneuil sont les pièces maîtresses. Le Saint-Père, qui, lui, redoute que Sa Majesté ne forme une ligne protestante et entreprenne une croisade contre le Saint Empire. La population de Paris, à laquelle il a refusé le port d'armes. Les nobles, auxquels il a interdit le duel. La bourgeoisie écrasée d'impôts. Le clergé qui redoute une Saint-Barthélemy huguenote...

François a saisi au vol des propos troublants :

– M. d'Épernon assure que le roi mourra dans l'année.

– Justes cieux ! S'il pouvait dire vrai...

– Cette oie blanche qui risque de lui faire commettre de nouveaux faux pas...

– Il a le diable pour lui ! Il a échappé à une quinzaine d'attentats. Qui se chargera du seizième ?

– Le mécréant !

– Le vieux bouc !

Une chaleur qui n'était pas celle de la cheminée lui a envahi les membres et le cœur, lorsqu'il a entendu un prêtre proclamer :

– Dieu pardonne d'avance à celui qui trucidera ce relaps, ce démon ! Le régicide est béni du Ciel lorsqu'il s'exerce sur un tyran. La *Monita secreta* le protège. C'est Dieu qui a guidé la main de Jean Chastel, il y a cinq ans, mais c'est le diable qui lui a fait manquer son coup. Il faut lire l'*Apologie de Jean Chastel* pour comprendre que son geste était sanctifié...

Cette soirée s'est déroulée au domicile du sieur Belliard, bourgeois d'Angoulême. François en est revenu bouleversé. Le lendemain il s'est précipité à l'Évêché et a demandé qu'on lui communique l'*Apologie*. Il a lu ce document sur un coin de table. Lorsqu'il a quitté ces lieux, il semblait que des flammes lui sortaient des yeux.

Chargé d'autres sollicitations de procès, François Ravaillac a repris la route de Paris avec en poche quelques écus qui lui permettront d'y séjourner le temps d'assumer sa mission administrative et de débarrasser la France du tyran. Il a marché d'une allure de marathon, si bien qu'un peu plus d'une semaine après son départ il couchait à l'auberge des Trois-Croissants, faubourg Saint-Jacques.

Mme de Tillet l'a accueilli puis confié à la marquise de Verneuil en demandant à l'une de ses servantes, Jacqueline d'Escoman, de prendre soin de lui.

Ravaillac n'a révélé ni à l'une ni aux autres son projet de tuer le roi. D'ailleurs il tient avant tout à lui parler au nom du Père et du Fils, à lui faire entendre raison, à le ramener dans le droit chemin. Il y parviendra. Il sent en lui une telle conviction que personne, pas même le diable, ne pourrait en douter.

Reste à forcer les portes du Louvre. Et, là, les choses se compliquent.

M. de Castelnau, fils de M. de La Force, capitaine des gardes, a pris son service alors qu'une discussion venait d'éclater dans la salle d'armes. Il s'y est rendu illico.

– Qu'y a-t-il ? Que veut cet homme ?

Il enveloppe d'un regard méfiant ce colosse roux, vêtu de vert à la flamande, qui se tient immobile au milieu de ses hommes comme un loup blessé au centre de la meute.

Un sergent lance en rigolant :

– Monseigneur souhaite avoir un entretien avec Sa Majesté. Ce n'est pas la première fois que ce gentilhomme se présente. Il prétend se nommer Ravaillac et être au duc d'Épernon.

– L'a-t-on fouillé ? demande Castelnau.

– On n'a trouvé sur lui qu'un petit couteau.

« Un fou », songe Castelnau. Il estime prudent d'en référer à son père avant de l'emprisonner ou de le relâcher. M. de La Force est justement dans le cabinet du roi. Castelnau s'y rend aussitôt.

– Cet homme est dangereux, dit le capitaine. Mon avis est qu'il faut l'envoyer à la Bastille et l'interroger.

– Vous y allez fort! réplique le roi. Si nous devions mettre à la Bastille tous les illuminés qui souhaitent me rencontrer, cette forteresse manquerait de place. S'il n'a pas d'arme, relâchez-le. S'il récidive, donnez-lui des étrivières.

– Sire, dit La Force, c'est une indulgence dangereuse. Souvenez-vous : c'est un fou qui a frappé le roi Henri. C'est un autre fou qui vous a agressé et blessé. Et c'est aussi...

– *Jarnicoton !* sacre le roi, qu'on ne m'importune plus avec cette affaire. J'ai donné un ordre. Qu'on l'exécute !

La Force accompagne son fils jusqu'à la salle de garde, fait fouiller une nouvelle fois le visiteur qui se prête sans broncher à cette deuxième fouille. Rien ou presque : un croûton, un morceau de fromage, le sachet de cuir qu'il porte à son cou, une lettre de mission à l'intention du Parlement, signée d'un secrétaire du duc d'Épernon..

Le roi s'obstine à lui fermer sa porte ? François sait ce qui lui reste à faire. En retournant à l'auberge des Trois-Croissants il rit dans sa barbe. On l'a fouillé ? Mal fouillé. Les gardes n'ont pas trouvé, caché dans sa jarretière, un long couteau bien affûté. Assis sur le bord de son lit, il éclate de rire en retirant l'arme de sa cachette. Il l'a volée la veille aux Halles : la lame se glisse dans une gaine de cuir comparable à celle des veneurs; elle porte un chiffre gravé : *SIR*, et une devise : *Hoc dextera vindex/Principis et patriae*. Le manche en bois de cerf porte un cœur gravé.

Il faut plus qu'une rebuffade pour décourager François Ravaillac. Si certains s'imaginent qu'il va renoncer c'est qu'ils ne le connaissent pas. On apprendra à le connaître. Même la mort ne ferait pas reculer l'élu de Dieu !

Sa décision est prise : s'il ne peut parler au roi il le tuera. Dans l'*Apologie de Jean Chastel* on parle de ce régicide comme d'un saint. Un saint ! François

Ravaillac aura peut-être son nom dans le calendrier, on célébrera sa fête tous les ans, dans toutes les églises du royaume, on parlera de lui jusqu'à Rome. François Ravaillac, l'oint du Seigneur, vainqueur de l'hérésie...

Il a longtemps hésité, mais aujourd'hui il se décide à parler de sa mission à Mme de Tillet, cette femme impure mais dévouée à la religion, tout comme son amant, monseigneur le duc d'Épernon. Il confiera même son secret à Mme de Verneuil, cette grosse femme remuante qui, par dépit de n'être pas sur le trône à la place de la *banquière*, s'est donnée à la cause espagnole et plaide pour les mariages des enfants d'Espagne et de France. Il a besoin de leur caution.

Il attendait d'elles des encouragements ; il n'a trouvé que de l'indifférence. Elles l'ont écouté, certes, mais sans lui apporter leur soutien formel. Ces gens sont prudents ; ils refusent de se compromettre au cas où, l'attentat ayant échoué – mais il ne peut échouer ! –, le régicide mis à la torture ne révèle ses complices.

Il n'a pas aimé, alors qu'il s'entretenait avec Mme de Verneuil, le comportement de cette servante, Jacqueline d'Escoman, qui tournait autour d'eux sans rien perdre de leur entretien.

Chez toutes les deux, ce fut la même réaction :

– Vous voulez assassiner le roi ? Si c'est Dieu qui vous l'a ordonné, alors suivez son commandement. Je ne veux rien savoir d'autre.

Un religieux auquel il s'est confié lui a révélé que le nonce a songé à demander à Sa Sainteté de lancer une nouvelle bulle d'excommunication contre le roi et que ce dernier a juré que, le cas échéant, il irait à Rome avec une armée pour déposer le pape et transférer le siège de saint Pierre à Paris. Le religieux a ajouté :

– Puisque Dieu vous a investi d'une mission, je ne saurais vous la déconseiller, mais il faudra attendre le sacre de la reine, de manière qu'elle puisse assurer la régence sans conteste.

Armé de nouveaux arguments, François s'est présenté de nouveau au Louvre, après avoir vérifié que les gardes avaient été renouvelés. Il a répété sa litanie :

– Il faut que je parle au roi, que je change son cœur.

On lui a répondu :

– Passe ton chemin ! Le roi ne reçoit pas les vagabonds.

Il a insisté. On l'a pris au collet, fouillé pour ne rien trouver. Il a protesté : ce qu'il doit confier au roi peut changer la face du monde. Ils s'y sont mis à trois pour le jeter dehors. Il a crié qu'en l'humiliant on offense le Seigneur. Il a clamé le distique qu'il a composé la veille : *Ne souffre pas qu'on souffre en ta présence/Au nom de Dieu aucune irrévérence.*

On a fait cercle autour de ce plaisant spectacle. Un truand a tenté de lui couper la bourse, une prostituée a voulu le racoler, un prêtre s'est proposé de sonder ses desseins, un chien maigre a failli le mordre à la jambe alors qu'il se débattait. Il s'est enfui lorsqu'il a vu un garde brandir les étrivières.

Cette fois, François a compris qu'il ne sert à rien d'insister. Il a d'ailleurs de plus en plus de mal à interpréter les messages divins qui se confondent dans sa tête.

La nuit tombe. Paris brasille de lumières : celles des coches, celles des lanternes que portent les passants, celles des cabarets, des auberges, des bordels. Des prostituées arpentent le Pont-Neuf ; elles se poussent du coude en regardant passer cet épouvantail à moineaux, l'interpellent d'une voix gouailleuse. Peu avant son auberge, des garnements lui font escorte en mimant son allure de vieil ours fatigué, s'accrochent à son manteau comme à une traîne, lui jettent de la boue et des pierres. Il se retourne, brandit son gourdin, hurle :

– Soyez maudits ! En m'insultant vous insultez le Seigneur !

Paris, cette sentine de vices, cette mare à crapauds, cette Babylone, sera bientôt balayée par le souffle de la colère divine. Une cité nouvelle, une Jérusalem naîtra toute blanche de ces ruines. Les lieux de plaisir se videront pour remplir les églises. On ne marchera plus dans la boue mais sur des dalles de marbre. Les oratoires seront fleuris à chaque carrefour. Les cloches chanteront à chaque heure du jour la gloire du Seigneur Dieu, maître du Ciel et de la Terre.

François rabat sa capuche sur son front dans un geste de colère et poursuit son chemin. Il a dû changer de domicile, le patron des Trois-Croissants étant importuné par ce fou impécunieux qui tenait à ses clients des discours incohérents et les menaçait de son long couteau. Il demeure depuis la veille aux Trois-Pigeons, rue Saint-Honoré.

Un soir, dans l'auberge qu'il a quittée, il a rencontré un moine cordelier natif d'Angoulême, qu'il connaissait de vue : un nommé Le Febvre. Il lui a dit :

– Mon âme est la proie d'un supplice terrible. Je me demande si c'est un péché que de vouloir tuer un tyran ennemi de la vraie religion et qui s'apprête à faire la guerre au pape. Une confession pourrait-elle me délivrer du feu qui me consume ?

Le moine a jugé prudent de renoncer à converser plus longtemps avec cet exalté, d'autant qu'on commençait à faire cercle autour d'eux.

– Dieu seul est juge, a-t-il bredouillé. Moi, je ne suis qu'un pauvre moine ignorant.

Il en a tant fait, ce pauvre fou, que ses desseins n'ont pas tardé à filtrer et à se répandre. Il se murmure que le tueur du roi erre dans Paris comme un loup et qu'il ne tardera pas à frapper. On le décrit et on en rajoute sur son allure, on en fait le champion de la catholicité en péril, le palladium de la rébellion contre l'hérésie et l'autorité royale. En province, à l'étranger, le bruit court même que le roi est mort.

– Vous avez trop attiré l'attention sur vous, lui dit sévèrement Mme de Tillet. Retournez à Angoulême le temps de vous faire oublier. Si vous tenez toujours à votre projet, revenez. Nous en reparlerons...

Une recommandation qui vient à son heure. François a réfléchi. Depuis des semaines, il a attendu en vain que la voix divine se fasse entendre de nouveau. Se pourrait-il que ce silence signifiât une réprobation ?

Il rassemble son maigre bagage, règle son écot. Il lui reste tout juste de quoi ne pas avoir à demander son aumône en chemin.

Jacqueline d'Escoman se trouvait dépositaire à son corps défendant d'un secret qui, de jour en jour, devenait plus oppressant. Il fallait avoir l'ouïe fine pour surprendre, dans l'entourage de sa maîtresse, Mme de Verneuil, des murmures inquiétants. Un jour, c'était un prêtre, un moine, une éminence ; un autre jour, une créature du roi d'Espagne ; le plus souvent, Mme de Tillet et son amant, le duc d'Épernon.

Au cours de ces entretiens on parlait d'abondance d'un certain François Ravaillac qui venait quémander des secours et à qui l'on ne refusait rien.

Lors d'une messe de Noël, Mlle d'Escoman avait accompagné sa maîtresse à Saint-Gervais. Une dévotion qui ressemblait fort à un rendez-vous. M. d'Épernon s'y trouvait déjà, seul, agenouillé, en prière. La marquise avait prié la servante de veiller à ce que personne ne l'approchât lorsqu'elle serait en discussion avec le duc. Le moment était bien choisi : l'église était presque vide.

L'entretien avait eu lieu à voix basse, mais la servante avait pu en saisir l'essentiel et avait eu peine à en croire ses oreilles : il était question de la mort du roi, qui devait intervenir prochainement. Henri, disait-il, risquait d'entraîner le pays dans une guerre contre l'empire en se mettant, avec le concours des princes huguenots d'Allemagne, à la tête d'une croisade approuvée par Sully. Il bafouait chaque jour la reine par ses caprices séniles. Il se conduisait en tyran. Quiconque se proposerait pour abréger ses jours serait béni du Ciel. Jacqueline blêmit en entendant prononcer le nom de Ravaillac.

Elle garda quelques jours en elle ce secret brûlant puis se décida à alerter la reine. On lui répondit que Sa Majesté avait autre chose à faire que d'écouter les jérémiades d'une inconnue. Elle écrivit à une dame d'honneur de Marie, qu'elle connaissait et qui, pensait-elle, lui permettrait d'accéder au cabinet de la reine ou du roi. Elle attendit des semaines une réponse qui ne vint pas.

Elle s'apprêtait à entreprendre de nouvelles démarches lorsqu'un soir Ravaillac, qui se trouvait chez Mme de Verneuil, lui dit d'une voix brisée :

– Je vois bien que vous ne m'aimez guère. Qu'ai-je fait pour vous déplaire ? Si je suis près de vous, dans cette maison, c'est qu'on m'y a conduit. Mme de Tillet ? Le Seigneur ? Qui sait ?

Il lui glissa à l'oreille :

– J'aimerais vous confier un secret si vous me promettez de le garder. C'est une marque de confiance que je vous témoigne.

Jacqueline jura sur la sainte Croix en se demandant ce qui pouvait susciter cette confession. Le butor était-il secrètement amoureux d'elle ? Avait-il abusé de la boisson ? Il parut hésiter puis fondit en larmes.

– J'avais projeté, balbutia-t-il, de tuer le roi. Et puis j'ai renoncé car ce fardeau pesait trop à mes épaules. Comment ai-je pu avoir de telles pensées, moi qui n'ai jamais causé le moindre tort à mon prochain ? Je vais continuer à gratter du papier dans le bureau de mon maître et ne plus penser à tout cela.

Il se contraignit pour ne pas crier :

– Dieu semble m'avoir abandonné. Pourquoi ? Quelle faute ai-je commise ? Je reste des nuits entières à attendre ses commandements, sans succès. Que dois-je faire ? Mon Dieu, que dois-je faire ? Vous qui semblez pétrie de bon sens, donnez-moi un conseil, je vous en conjure !

– Je ne puis vous en donner qu'un, monsieur, et c'est le cinquième commandement : *Tu ne tueras point !*... Le négliger vous conduirait tout droit en enfer. D'ailleurs, dites-vous bien que vous n'auriez pu approcher le roi d'assez près pour le tuer.

– Que je suis heureux de vous entendre, gémit le malheureux. Quel soulagement ! Vous me mettez du baume au cœur.

Il lui prit les mains, les porta à ses lèvres.

– Alors, monsieur, c'est dit et bien dit : vous renoncez ?

– C'est juré ! À moins que...

– Dites !

– À moins que, de nouveau, Dieu ne me fasse entendre sa voix.

Jugeant que tout danger n'était pas écarté, Jacqueline d'Escoman se rendit chez les jésuistes dans l'intention de se faire entendre par le confesseur du roi. Elle fut reçue par le procureur qui lui annonça que le père Coton se trouvait à Fontainebleau auprès du roi et l'avertit que, de toute manière, elle ne serait pas admise à lui parler.

– Mais il s'agit de la vie de Sa Majesté ! s'écria-t-elle.

Elle raconta au procureur ce qu'elle avait surpris de ce qu'elle appelait un complot. Le procureur l'écouta en bâillant.

– Quelle est cette fable ! s'écria-t-il. Et de quel droit vous mêlez-vous d'intervenir au lieu de rester à vos fourneaux ? Je ferai ce que Dieu me conseillera. Allez en paix, mon enfant, et ne vous mêlez plus de cette affaire qui vous dépasse.

Avant de franchir la porte, elle lança au religieux :

– Mon père, vous avez tort de me prendre pour une folle ! S'il arrive malheur au roi, je vous dénoncerai comme complice de ce crime !

La confidence de Ravaillac ne cessait de l'obséder. Elle se demandait ce qui avait motivé son brusque revirement. Le mutisme soudain du Ciel ? Elle n'y croyait guère. Elle était plutôt portée à voir dans ce singulier comportement une volonté de la part des conjurés de ne rien entreprendre avant le sacre de la reine.

Dans la capitale, il n'était plus question que de cet événement.

XXII

« AIMEZ QUI VOUS ADORE »

1610

Il fallait bien en convenir : M. le prince séquestrait sa jeune épouse.

– Il n'en a pas le droit ! s'écriait le roi. Sully, il faut faire quelque chose.

– Montez sur Rossinante, prenez votre plus longue lance et partez à l'assaut de la citadelle où votre Dulcinée est captive ! Allons, sire, cessez de seriner votre complainte ! Votre neveu a tous les droits sur sa femme, vous ne l'ignorez pas et vous n'y pouvez rien. Vous devriez vous satisfaire d'une certitude : avec un tel cerbère elle ne risque pas de courir le guilledou. Et consolez-vous en vous disant qu'elle n'a cessé de vous aimer. Toutes ces lettres qu'elle arrive à vous faire parvenir...

Chacune de ces lettres était pour le vieil amoureux comme une averse au terme d'une journée torride. Elle l'appelait *Per* et *So* ; il lui donnait dans les siennes le nom de *Dulcinée*, comme l'héroïne de Cervantès. Ils avaient utilisé cette correspondance codée avant le mariage. Charlotte jouait les princesses captives d'un donjon, dans l'attente du preux chevalier qui viendrait l'enlever.

Il fondit de bonheur le jour où il lut cette simple phrase : *Mon astre, aimez qui vous adore...*

Le roi ne revit sa Dulcinée que le jour où Condé décida de se rendre avec son épouse aux fêtes que le roi et la reine donnaient à Fontainebleau. Il ne voulait pas jouer les maris jaloux et paraître bouder la cour.

Le roi semblait avoir miraculeusement rajeuni : il portait une tenue neuve et seyante, s'était parfumé, avait fait tailler sa barbe et boucler ses cheveux gris. Durant les quelques jours que durèrent ces festivités, il fut de tous les jeux et de tous les bals.

Il dit un soir à Bassompierre :

– Mon ami, sais-tu toujours jouer du luth ?

Bassompierre n'avait pas oublié. Le roi lui donna rendez-vous à la nuit tombée sous le balcon de Charlotte. Deux serviteurs se tenaient à ses côtés, porteurs de torches. Lorsqu'elle entendit les premières mesures du luth la princesse ouvrit sa fenêtre et, en chemise, cheveux dénoués, elle apparut à son balcon. Elle éclata de rire et s'écria :

– Mon Dieu, qu'il est fou !

Il fallut ramener le roi à sa chambre en le soutenant par les aisselles : il venait de friser la syncope. Cette vision jaillie de l'ombre à la lumière des torches et dans la musique jouée par Bassompierre avait failli lui être fatale ou le transformer en statue de sel.

À quelque temps de là, avant que le roi ne fût retourné à Paris, Charlotte reçut en secret un cadeau qui la bouleversa : son portrait réalisé par un peintre du roi, Ferdinand. Elle se dit qu'il était encore plus fou qu'elle ne l'imaginait, mais c'était loin de lui déplaire. M. le prince, quant à lui, prenait mal les facéties et les fantaisies de ce vieil adolescent. Estimant qu'il avait eu son compte d'humiliations, il pria le roi de l'autoriser à se retirer dans ses domaines.

– Quelle est cette nouvelle lubie ? protesta Henri. Cela ne vous suffit pas de séquestrer votre épouse et de provoquer les moqueries de la cour, vous voulez la faire périr d'ennui dans un de vos châteaux !

– Je me permets de vous rappeler, mon oncle, que c'est vous qui m'avez contraint à épouser Charlotte. Je puis, que cela vous plaise ou non, l'emmener où bon me semble. En Amérique si cela me convient.

– Assez d'insolence ! s'écria Henri. Vous êtes tous deux mes sujets et vous ne quitterez Paris ou Fontainebleau que si j'y consens !

– Vous oubliez autre chose, mon oncle : je suis comme vous prince du sang. Vous n'avez pas le droit de vous conduire avec moi comme avec vos gentilshommes campagnards du Béarn. J'ose le dire : vous vous comportez en tyran !

C'en était trop. Le roi explosa comme une gargousse.

– Ventre-Saint-Gris ! Moi, un tyran ! Vous venez de me rappeler que vous êtes prince du sang ? Je vous affirme, quant à moi, que je n'ai fait preuve de tyrannie que le jour où je vous ai fait reconnaître pour ce que vous n'êtes pas. Vous croyez votre père décédé ? Je puis vous le montrer à Paris quand vous voudrez !

Condé chancela sous l'affront. Depuis des années couraient des bruits qui avaient fini par lui arriver aux oreilles. On se posait des questions sur son vrai géniteur. Or, s'il ressemblait à quelqu'un, c'était au roi...

Henri se promit de tirer vengeance de cette rébellion de son neveu. Il demanda à Sully de ne pas régler son reliquat de pension.

– C'est un procédé mesquin ! s'écria le ministre. Quel crime de lèse-majesté le prince aurait-il commis ?

– Il s'est montré insolent envers moi ! Vous trouvez ma réaction mesquine ? Sachez que j'ai failli le faire arrêter.

– Voilà un geste de tyran..., bougonna dans sa barbe cet entêté de ministre.

– Plaît-il ? dit le roi.
– Rien, sire. Il en sera fait selon votre volonté.

La riposte de Condé laissa Henri déconcerté : son neveu venait, en partant avec son épouse pour son domaine de Vallery, à l'ouest de Nemours, de désobéir à la volonté royale.

Presque toute la cour, en apprenant cette nouvelle, prit le parti du souverain contre l'auteur de ce coup de force. Condé subit de telles pressions qu'il prit le parti de faire marche arrière et de revenir à Fontainebleau pour assister à une fête organisée par César et son épouse, car son absence eût été mal jugée. Sa mère elle-même, la princesse douairière, s'était déplacée à Vallery pour faire la leçon à son fils. Il l'avait accueillie par des sarcasmes :

– Quel toupet ! Voilà une vieille maquerelle qui vient me donner des leçons ! J'ai honte pour vous, madame. Qu'attendez-vous de moi ? que je livre mon épouse au bon plaisir de mon oncle ?

Sully lui-même prit le parti du roi. Il rendit visite à Condé, le sermonna mais n'en tira aucun repentir.

Autre son de cloche chez la reine : toutes ces simagrées l'exaspéraient et, à la suite de couches difficiles, elle était de mauvaise humeur. Elle dit au roi :

– N'attendez pas ma bénédiction et mon soutien pour favoriser vos nouvelles amours ! Vous trouverez à la cour trente entremetteuses disposées à servir vos caprices. Ne comptez pas sur moi pour faire la trente et unième !

Passé le mariage de César, Condé avait obtenu non sans mal la permission du roi de partir avec son épouse pour le château de Roucy afin, précisait-il dans sa requête, d'échapper à une épidémie de peste qui affectait Paris et les campagnes environnantes, ce qui n'était que trop vrai.

Il croyait être ainsi débarrassé du vieux soupirant. Il se trompait.

Alors qu'il se trouvait à l'abbaye de Breteuil, entre Beauvais et Amiens, loin, croyait-il, de la convoitise royale, le prince décida de célébrer la Saint-Hubert par une grande chasse à laquelle furent conviés les gentilshommes des environs.

Comment le roi apprit-il cette fête ? Mystère. Toujours est-il qu'il décida d'en être et de faire le bouffon pour amuser Charlotte. Il revêtit une livrée de maître de chiens, arbora une fausse barbe rousse, se colla un emplâtre sur l'œil et partit pour la chasse avec des lévriers en laisse. La princesse le reconnut au signe qu'il lui adressa mais n'en dit mot pour ne pas alerter son époux.

Au retour de la chasse, Mme de Trigny prit Charlotte par le bras et lui dit à l'oreille :

– La vue de cette fenêtre est superbe, ne trouvez-vous pas ? Pourtant il y a plus beau encore. Dites-moi qui est ce personnage qui vous fait des signes et vous envoie des baisers ?

– C'est le roi, soupira Charlotte. Je n'ignorais pas sa présence. Jusqu'où sa folie le mènera-t-elle ?

Elle lui renvoya des baisers à deux mains. En se retournant, elle se heurta presque à la princesse douairière qui, se penchant à son tour à la fenêtre, poussa un cri :

– Le roi ! Encore lui ! Mme de Trigny, ne faites pas l'innocente : c'est vous qui l'avez prévenu, ou bien votre époux...

Elles étaient en train de se chamailler quand une voix retentit au fond de la salle.

– Madame, dit le roi, c'est à moi qu'il faut vous en prendre de ma présence.

Il avait abandonné son déguisement et s'était revêtu d'un pourpoint gris perle au col boutonné, et d'un mantelet de petit-gris. L'assistance s'inclina sur son passage, sauf Mme de Condé dont le visage s'était plombé et qui triturait d'une main nerveuse un pan de sa robe.

– En voilà du bruit ! dit-il joyeusement. Peut-on en connaître la raison ?

– La raison ? rétorqua sèchement la princesse douairière, elle en est dans votre présence qui constitue une insulte et une provocation pour mon fils. Allez-vous bientôt cesser de les harceler, lui et son épouse ? Allez-vous...

Il lui coupa brutalement la parole.

– Ventre-Saint-Gris, c'est assez d'insolence ! J'ai le droit de me trouver là où il me plaît d'être. Ne pas m'inviter à cette chasse était une faute. Je l'ai réparée. Vous pourriez m'en remercier.

– Vous devriez retourner à Paris avant que mon fils ne soit de retour du chenil. Ou alors c'est nous qui partirons. Si vous persistez à rester, j'emmènerai ma belle-fille avec moi ! Elle n'a plus rien à faire ici. L'air sera bientôt irrespirable.

Elle disparut avec Charlotte et l'on ne les revit pas de la soirée. Le lendemain à l'aube, elles gagnaient en carrosse l'abbaye de Breteuil. M. de Condé les y rejoignit la chasse terminée, les invités repartis, et s'informa de ce qui avait occasionné leur départ inopiné. L'explication le laissa pantois. Comment le roi avait-il osé se présenter sans être invité ? Qui donc avait pu le prévenir ?

– J'ai d'abord pensé, dit la princesse douairière, qu'il ne pouvait s'agir que des Trigny, vu qu'ils sont comme cul et chemise avec Sa Majesté, mais j'ai la conviction que la trahison vient de votre propre épouse. J'ai surpris cette oie blanche à faire des risettes à son amant et à lui envoyer des baisers. Il faut l'enfermer à la Trappe. Là, au moins, il ne pourra la retrouver.

– Le roi..., murmura Condé. Ce vieux bouc... Je vais revenir à Paris et lui dire ce que je pense.

– Vous le trouverez à Trigny, dit Mme de Condé. Il attend sûrement le retour de cette garce qu'est votre épouse.

Condé arriva à Trigny à la nuit tombante, alors que les flambeaux brûlaient déjà dans la salle de garde où la table avait été mise et qui sentait la viande grillée. Le roi bavardait près de la lèchefrite avec le maître des lieux et son épouse. Il eut un mouvement de stupeur en voyant surgir cette effigie de la colère et de la vindicte. Machinalement, il mit la main à la garde de son épée mais en s'efforçant de conserver son calme.

– Sire, dit Condé sans daigner s'incliner, nous avons un compte à régler sur-le-champ. Ayez l'amabilité de me suivre dehors.

Le roi fit mine de prendre cette invitation pour une plaisanterie.

– Il se fait tard pour un duel ! lança-t-il. Soupons d'abord. Il n'y a rien de plus urgent.

Comme M. le prince semblait tenir à son idée, il haussa les épaules et consentit à le suivre en se faisant accompagner de Bassompierre. Ils marchèrent dans la cour où soufflait une bise glacée.

– Sire, dit le prince, je suis fort mécontent. Pensez-vous avoir tous les droits, y compris celui de me tourner en ridicule ? À votre âge, vous livrer à de telles fantaisies... Quand cesserez-vous de jouer les barbons amoureux, de vous donner en spectacle ? Vous en ferez tant que je finirai par perdre patience.

Le roi, rassuré quant au motif de cette rencontre, prit fort mal la réprimande. Le traiter de barbon alors qu'il se sentait des frissons de jeunesse jusqu'à la pointe des membres, qu'il débordait de passion, qu'il venait d'abattre plus de deux lieues à pied derrière les lévriers !

– Je tenais, répliqua-t-il, à montrer à votre épouse ce qu'est un homme véritable et ce qu'elle peut en attendre. À voir l'accueil qu'elle m'a fait, il semble que vous ne la contentiez pas, méchant petit bougre que vous êtes !

– Vous regretterez cette insulte, sire..., riposta le « bougre ».

La vengeance du prince ne se fit pas attendre. À peine le roi avait-il repris la route, il décida de se retirer en un lieu sûr avec Charlotte qui, loin de la cour et de son amour, commençait à se morfondre. Il choisit le château de Muret, proche de Soissons, en se gardant de claironner le lieu de cette retraite.

Le roi, apprenant la disparition du couple sans pouvoir obtenir la moindre information sur l'endroit où il se trouvait, sombra dans la mélancolie. Il chercha à qui confier son désarroi. À Sully ? il était tout à l'armement de son armée. À Margot ? elle avait fini par se lasser des confidences séniles d'Henri. Il songea à Mme de Verneuil. Elle l'accueillit avec un sourire en coin.

– Vous, sire ? quelle surprise ! Quel bon vent vous amène ?

– Un bon vent..., murmura-t-il. C'est un homme au désespoir qui vient se confier à vous.

Il lui dit tout de ses malheurs et de ses désillusions.

– Toujours en train de courir après un jupon... fit-elle avec une moue apitoyée. Regardez-vous, sire ! Vous êtes devenu un vieillard. Vous amouracher d'une gamine, à votre âge !...

Ce genre de sarcasmes, qui lui étaient intolérables venant de son neveu, il les acceptait d'Henriette, mais non sans amertume. Elle lui rappela sans ménagement leurs amours et les promesses non tenues. Il écouta sans manifester la moindre révolte cette grosse femme trop fardée, parfumée à outrance, lui jeter au visage ses vérités.

– Si vous aviez tenu vos engagements envers moi, dit-elle, tout cela ne serait pas arrivé. Je serais aujourd'hui reine de France et je vous tiendrais la bride courte.

Henriette ne lui parla pas de la *grosse banquière*, car elles étaient au mieux et dans le même parti : celui de l'Espagne, du pape et de la conjuration qui se dessinait. Déçu, il se leva pour regagner le Louvre. Henriette lui lança :

– Sire, cette aventure est grotesque et humiliante. Souhaitez-vous vraiment coucher avec la femme de ce garçon ?

Un soir de décembre, au château de Muret, alors qu'il venait de disputer avec Charlotte une partie d'échecs, Condé se leva pour aller puiser un peu de chaleur devant la cheminée. Il paraissait soucieux.

– Qu'avez-vous, mon ami ? lui dit-elle. Est-ce d'avoir perdu qui vous attriste à ce point ?

– Non, dit-il. Autant vous l'annoncer tout de suite : nous allons quitter Muret. Nous partirons dans trois jours, le temps de faire nos préparatifs.

Charlotte haussa les épaules : encore un changement de résidence ! Cette errance n'en finirait donc jamais ?

– Avez-vous l'intention de retourner à Paris ?

Il lui fit face avec une grimace de colère.

– Paris... La cour... C'est là que vous voudriez retourner, n'est-ce pas ? On vous y attend ! Eh bien, non !

– Alors, Coucy, peut-être ? Ou Breteuil, ou Vallery ?

– Trop près de Paris. J'ignore encore où nous irons nous installer. Ce sera très loin, en tout cas. Là où l'on ne se risquera plus à vous importuner...

Le carrosse à six chevaux s'ébranla dans l'aube glacée et prit la direction du nord par des chemins que l'hiver et la neige avaient transformés en fondrières. Le prince de Condé n'emmenait avec lui qu'une faible partie de sa maison et deux gentilshommes. Dans le petit jour grisâtre et maussade, les forêts enneigées défilaient interminablement sous un ciel de cendres d'où tombaient quelques flocons annonciateurs d'une nouvelle bourrasque.

– Allez-vous enfin vous décider, dit Charlotte, à me renseigner sur le lieu où nous nous rendons ?

Condé eut un mauvais sourire pour répondre :

– Patience, mon cœur ! Nous allons d'ici deux jours franchir la frontière des Pays-Bas. Nous sommes attendus à Bruxelles.

Charlotte tira d'un geste brusque le rideau de cuir pour dissimuler son désarroi et les larmes qui lui venaient aux yeux. Bruxelles... Cette ville se situait au bout du monde. Elle se dit qu'elle ne reverrait jamais Paris, sa famille, ses amies, son vieil amant...

– À vous de donner, Guise, dit le roi. Et tâchez de ne pas tricher. Je vous ai à l'œil...

On jouait depuis trois heures et il était près de minuit. Le roi avait perdu mais comptait se refaire, avec son partenaire Épernon. Il soupçonnait Guise et Bassompierre de profiter de son étourderie pour tirer des cartes de leurs manches.

Il était en train de songer qu'il n'avait plus de nouvelles de Charlotte depuis trois semaines quand il vit un de ses serviteurs, Delbene, s'avancer vers lui.

– Quoi encore ? dit-il. La reine...

Quatre jours auparavant Marie avait accouché d'Henriette et n'était pas tout à fait remise.

– Puis-je vous dire deux mots, sire ? dit Delbene. Il s'agit d'une nouvelle d'importance.

Ils se retirèrent dans un coin de la cheminée.

– Sire, dit le serviteur, les oiseaux ont de nouveau pris leur vol.

– De quels oiseaux parlez-vous ?

– De M. le prince de Condé et de son épouse. On les croyait à Muret. Ils en sont partis depuis une semaine.

– Qu'y a-t-il de surprenant ? Ils doivent être à Roucy, à Vallery, peut-être à Breteuil...

– Non, sire : à Bruxelles.

Le roi se laissa tomber sur un escabeau en bredouillant :

– Que me chantez-vous là ? Bruxelles... Bruxelles... En êtes-vous sûr ?

Delbene le soutint alors qu'il chancelait, une main à sa poitrine. Bassompierre, qui avait suivi la scène d'un œil inquiet, s'approcha et demanda à Delbene d'aller chercher un cordial.

– Non, dit le roi. Laissez... laissez... Cela passera vite. Un peu de fatigue...

Il se leva péniblement, fit quelques pas en chancelant vers la fenêtre et, appuyé contre l'embrasure, s'essuya les yeux d'un revers de poignet. La nuit était totale, avec des bourrasques de neige qui menaient une danse éperdue de flocons dans la lumière vacillante d'une torche que promenait le sergent des gardes suisses commandant la patrouille. Au milieu de la cour, près du puits, l'arbre de mai se tordait et se balançait sous l'âpre colère du vent.

Pourquoi, à cette heure, en ces lieux, en cette circonstance, lui revint à la mémoire une scène remontant du plus profond de son passé ?

Il y avait vingt ans. Peut-être davantage. Henri avait écrit à l'un de ses amis du pays de Chalosse, M. de Poyanne : *J'arrive accompagné de Mme d'Andouins. Faites-nous bon feu et bonne chère...* Cette idée lui trottait dans la tête depuis peu. Il avait imaginé cette escapade bien avant qu'elle ne se produisît. Elle s'était déroulée comme il l'avait souhaité.

Ils étaient arrivés en coche, à la nuit tombée, Corisande et lui, enfouis sous un monceau de fourrures, les pieds sur des chaufferettes froides, devant ce castelet perdu au milieu des landes et des forêts. La table était mise. Un grand feu qui sentait la résine brûlait dans l'âtre. M. de Poyanne et son épouse étaient des amis agréables, diserts, d'une fidélité à toute épreuve. Ils avaient savouré le lièvre parfumé au genièvre, bu le vin un peu âpre du pays, parlé, parlé, parlé... Corisande était en beauté, avec son petit nez encore rose de froid, ses pommettes avivées, son front large et haut qui donnait de la majesté à toute sa personne.

Le repas terminé, ils avaient regagné leur chambre et fait l'amour dans le concert de hurlements des loups qui clamaient leur faim sous les murs du château.

C'était le temps de la guerre et de l'amour, le temps où les chemins de la destinée semblaient ne mener nulle part sinon vers Corisande, vers cette passion sans violence, étale et profonde comme les grands étangs de la Chalosse riches d'une vie mystérieuse.

C'est encore Sully qui dut éponger les jérémiades du roi.

En pleine nuit, Henri alla le réveiller à l'Arsenal. Tournant en rond dans la chambre, il lui rapporta l'événement que Delbene venait de lui annoncer et se mit à gémir :

– Je ne puis rester dans l'incertitude ! Il faut faire quelque chose. Cette fuite vers Bruxelles, je n'y crois guère. Je crains plutôt que mon neveu n'ait emmené son épouse dans un bois pour la poignarder. C'est un méchant jaloux !

Sully cacha un sourire derrière sa main. Fallait-il que le roi fût malheureux pour imaginer à sa passion une fin aussi dramatique !

– Sully, allez-vous me dire ce que je puis faire ?

– Mais rien, sire.

– Comment cela, rien ?

– Il n'est pas bon de donner à cette affaire plus d'importance qu'elle n'en mérite : vous feriez sourire vos ennemis et leur donneriez des armes contre vous.

– Vous ne voulez rien faire ? Autant dire que vous n'avez aucune idée pour me sortir de cette situation qui me tue !

Le roi, dès le lendemain, consulta ses proches, leur demanda leurs avis et leurs conseils, mais aucun ne lui convenait. Melchior lui manquait ; il se disait que son vieux compagnon lui eût donné la clé de cette prison qui avait refermé sur lui ses murs aveugles, contre lesquels il tâtonnait, mais Melchior n'avait pas quitté son domaine de Lagos et donnait des nouvelles de plus en plus rares. Dans son entourage, on commençait à murmurer que le roi battait la campagne.

Henri décida d'en faire à sa guise et d'employer les grands moyens pour retrouver l'objet de sa passion. Il dit au capitaine des gardes en second, M. de Praslin :

– Prenez avec vous une dizaine d'exempts et filez vers la frontière des Pays-Bas. Tâchez de savoir si le prince l'a franchie, et quand. Retrouvez-le et dites-lui que je lui ordonne de rentrer illico à Paris.

– Et s'il refuse de m'écouter ?

– Eh bien, s'il refuse...

Le roi se gratta furieusement le sommet du crâne.

– S'il refuse, demandez à l'archiduc Albert d'interdire son domaine aux fugitifs. Je vais d'ailleurs vous remettre une lettre à son intention.

« Le roi a peut-être l'esprit dérangé, se dit le messager, mais ce qui est certain c'est qu'il a de la suite dans les idées... »

La fuite de M. le prince – certains parlaient d'évasion – tournait à l'aventure.

Chargé par Condé de convoyer le cortège en direction de la frontière, le garde-chasse Laperrière s'était fourvoyé dans un pays trop éloigné de ses bases et que l'hiver avait rendu méconnaissable. Les chemins enfouis sous la neige, on avançait au jugé la plupart du temps. Cahotant dans les fondrières, errant sur des pistes incertaines, le carrosse versa, une roue brisée, au cours d'une tempête de pluie et de neige mêlées. On dut l'abandonner ainsi que le plus gros des bagages, emprunter les chevaux de réserve et, à travers la brume du soir, se mettre en quête d'un improbable refuge.

Après une nuit passée dans une ferme, Condé s'aperçut que Laperrière avait disparu.

La frontière était à plusieurs jours de route, droit vers le nord. Les fugitifs repartirent sous une pluie pénétrante, Condé menant le cortège, maussade, taciturne, tendu vers la volonté d'arriver au plus vite à Landrecies, la première ville des Pays-Bas proche de la frontière.

Sa crainte était d'être rejoint avant cette étape salvatrice par les cavaliers que le roi avait dû déjà lancer à sa poursuite. Transie de froid, Charlotte s'abandonnait aux pires pressentiments : elle ne reverrait plus la France. Pourrait-elle entretenir une correspondance avec son royal amant ? Chaque heure qui passait dans cette solitude de fin du monde lui ôtait une parcelle d'espoir.

M. de Praslin, accompagné de ses exempts, avait devancé le couple et l'attendait à Landrecies. La sommation du roi fit sourire Condé qui poursuivit sereinement sa route vers Bruxelles. Reçu par l'archiduc, il lui exposa les raisons de sa présence et lui demanda asile.

– Votre affaire, lui dit Albert, me met dans l'embarras. Lorsque le roi apprendra que j'ai accepté de vous donner refuge, il sera furieux et cela risque de compromettre nos rapports. D'autre part, vous expulser serait mécontenter le roi Philippe.

– Qu'à cela ne tienne..., soupira Condé. Je ne resterai dans votre pays que le temps de me remettre de ma randonnée. Je partirai ensuite pour l'Allemagne, mais, comme je ne veux pas imposer à ma jeune épouse de nouvelles pérégrinations, je la laisserai à Mons, chez notre ambassadeur, M. de Berny.

Il ajouta :

– Puis-je vous demander, monseigneur, de garder secret notre entretien ? Le roi a envoyé vers vous des gens qui ont l'ordre de nous ramener en France, mon épouse et moi. Si je tombais entre leurs mains, le pire serait à craindre.

Heureux de se tirer à si bon compte de cet imbroglio, l'archiduc promit de ne rien révéler de cette visite.

M. de Praslin fouilla le pays de fond en comble, poussa jusqu'au nord des Provinces-Unies sans trouver la moindre trace des fugitifs. Il semblait qu'ils eussent traversé ces immenses plaines enneigées comme des fantômes ou qu'ils les eussent survolées à tire-d'aile.

Il s'attendait, de retour au Louvre, à une semonce du roi : elle fut terrible. Sa Majesté ne se possédait plus. Traité d'incapable, suspecté de complicité avec le couple qu'il était censé poursuivre, il fut menacé d'être jeté à la Bastille. Le duc de La Force lui confia :

– Notre malheureux souverain est ainsi depuis votre départ. Il prend le Ciel à témoin de ses épreuves, se perd dans des fumées, annonce qu'il va remuer ciel et terre pour retrouver sa bien-aimée. En vérité il souffre d'un mal bien étrange.

Le roi n'avait plus que cette affaire en tête et elle ne cessait de l'obséder, de jour et de nuit. Il en vint à se persuader que la fuite du couple était le résultat d'une machination du roi d'Espagne, puis il accusa les *Conchine* et enfin le pape. Il avait le monde entier contre lui et se battait contre des fantômes quand il n'avait plus d'adversaires à soupçonner.

Il envisagea de mettre sur pied une armée et, en violant au besoin les frontières, retrouver les fugitifs et les ramener en France. Il avait tellement la conviction que Charlotte était malheureuse et qu'elle l'attendait qu'il aurait renversé des montagnes pour lui offrir sa protection avec son amour.

Les soupçons du roi contre Philippe motivèrent les violents reproches de l'ambassadeur Cardenas. Il fallut toute la diplomatie de Villeroy pour le persuader de ne pas tenir rigueur au roi de ses propos. L'incident diplomatique que redoutait Sully était étouffé.

Condé avait différé de quelques semaines son départ pour l'Allemagne.

Il comptait y retrouver quelques-uns de ses amis, les princes huguenots qui, dans le passé, avaient fourni à son père des contingents mercenaires. Il séjournerait à Cologne, puis dans quelques États limitrophes, avant de partir pour l'Italie, sans Charlotte, car il souhaitait mettre le plus d'espace possible entre lui et cette gamine qu'il n'aimait pas, qui en aimait un autre, et qui l'encombrait.

Le bruit de son odyssée s'était répandu jusqu'au tréfonds des Provinces-Unies et des principautés allemandes. Le couple princier était devenu le symbole de l'indépendance, de la résistance à la tyrannie ; il réveillait l'écho lointain de la guerre menée par les gueux contre les Espagnols. Les villes se les disputaient, en faisaient des héros et des champions de la liberté à l'égal des princes d'Orange. Chaque soir, couchant dans des chambres séparées, leurs oreilles bourdonnaient de tous les discours, de tous les compliments, de toutes les chansons dont on les avait abreuvés. Les bourgmestres leur réservaient leurs logis les plus somptueux et leurs tables les plus gourmandes.

Charlotte suscitait dans la population un sentiment proche de l'hystérie. Au milieu des grasses et blondes Flamandes, elle proposait l'image d'un lis dans un champ de fleurs de courges. Des artistes faisaient antichambre pour le plaisir et l'honneur de faire son portrait, de saisir au vol un trait ou une expression de son visage. Des poètes lui dédiaient des vers. Des musiciens écrivaient des cantates à sa beauté. Lorsqu'elle traversait la foule dans son carrosse à six chevaux, il fallait cinquante archers pour lui frayer la voie et éviter que l'on ne mît ses vêtements en pièces pour s'approprier un souvenir d'elle.

Le peuple ne vouait pas les mêmes élans à M. le prince. Il affichait en tous lieux et en toutes circonstances un visage renfrogné ou des sourires pincés. On eût aimé le voir danser ; il s'y refusait obstinément. On lui présentait des dames galantes ; c'est vers les pages qu'il tournait ses regards. On le conviait à savourer les mets du pays ; il n'y goûtait que du bout des lèvres.

Le couple se laissait volontiers chaperonner par Mme de Berny, l'épouse de l'ambassadeur de France. Cette matrone joufflue et fessue avait trouvé dans ce pays une seconde patrie et s'était accommodée de ses mœurs.

Charlotte n'avait pas tardé à trouver en elle à la fois une amie et une confidente. À la suite d'un festin à Bruges, dans la célèbre auberge de la Vache, qui les avait mises sur le flanc, le ventre gonflé de tripaille et de bière chaude, Mme de Berny avait dit à la jeune femme en l'aidant à se dévêtir :

– Vous n'êtes pas heureuse, ma petite. Cela se voit. Vous avez beau sourire, vous ne faites pas illusion sur vos sentiments. Je crois savoir ce qui vous tracasse...

Elle attendait une confidence ; c'est un flot de larmes qui s'épancha sur sa poitrine. Elle se dit que les confidences suivraient de peu.

C'est à Gand, à quelques jours de Noël, après une messe à Saint-Nicolas, une promenade en carrosse sur la Koornmarkt Munt et une réception interminable des autorités, que Charlotte ouvrit son cœur à sa compagne. Son « vieux fou » lui manquait à l'égal des poupées, compagnes de ses nuits, qu'elle avait abandonnées lors de son évasion.

– Il pourrait être votre grand-père, lui fit observer Mme de Berny. L'aimez-vous vraiment ?

Si elle l'aimait ! Ce qui lui plaisait, c'était sa joie de vivre, son exubérance, ses fantaisies, ce sérieux, parfois, qui lui tirait des larmes...

– Pauvre petite ! Où cette passion va-t-elle vous mener ? Votre époux ne vous lâchera pas la bride.

– Il ne tient à moi que dans la mesure où je suis l'instrument de sa vengeance. Pour le reste, j'attends encore un geste d'amour ou de simple affection. Nous sommes toujours étrangers l'un à l'autre. Quant au roi, j'aimerais savoir comment il a pris mon absence. Parfois, la nuit, je m'éveille en sursaut en me disant que je vais le voir surgir, me dire à l'oreille des mots d'amour : *Mon cher ange, mon cœur, mes yeux...*

– Pourquoi ne lui écrivez-vous pas ?

– Mon courrier est surveillé. Si mon mari surprenait une de mes lettres, je crois qu'il me tuerait.

– Nous allons arranger cela, ma petite. Je connais le moyen d'établir une correspondance avec votre amant. Je glisserai vos lettres dans le courrier de l'ambassade.

– Madame ! s'écria Charlotte, vous êtes ma providence !

– C'est la moindre des choses. Entre femmes nous devons nous aider.

Elle avoua à Charlotte qu'elle-même, jadis, avait souffert d'un grand amour contrarié. Elle n'avait pas oublié cette blessure. L'aide qu'elle allait apporter à son amie serait sa revanche sur un destin qui lui avait été contraire.

Le lendemain, *Dulcinée* écrivait à *So*. La vie, soudain, prit pour elle des couleurs nouvelles, délicieuse comme un vieux parfum retrouvé sur un habit abandonné. Les mots tombaient de sa plume comme des larmes de joie.

À la première lettre du roi reçue en retour, elle crut que la terre allait s'entrouvrir sous ses pas. Le vieil homme l'aimait toujours, ne pensait qu'à elle, vivait dans l'abstinence en attendant son retour. Il était prêt à répudier Marie pour l'épouser...

Elle fit lire cette lettre à Mme de Berny qui hocha gravement la tête.

– C'est une passion redoutable, dit-elle. Votre amant semble prêt à tout pour vous conquérir. C'est la guerre de Troie qui risque de reprendre, sauf que Pâris a cinquante-huit ans...

– Rassurez-vous, mon amie : cette folie a ses limites. Le roi est entouré de sages conseillers. Il ne peut rien décider seul. Il parle de la guerre, mais il ne la fera pas.

– En êtes-vous certaine ? Elle semble imminente. Cette affaire des duchés de Clèves et Juliers est un véritable baril de poudre. Une étincelle suffirait à le faire éclater, si j'en crois les messages que reçoit mon époux. Et cette étincelle, ma fille, c'est vous qui l'avez entre vos blanches mains...

La perspective d'une guerre contre les Habsbourg faisait son chemin dans l'esprit du roi. Sully l'avait rappelé aux réalités des affaires alors qu'il sombrait dans ses bouffonneries. Ce huguenot coriace voyait dans ce conflit une occasion inespérée de faire barrage aux visées expansionnistes des catholiques par une croisade qui regrouperait toutes les puissances protestantes du continent, et d'établir un nouvel ordre politique en substituant la France à l'Empire dans l'hégémonie européenne et, pour ainsi dire, mondiale.

C'était ce que Sully appelait son *grand dessein*.

Les forges de l'Arsenal et celles des provinces travaillaient sans trêve pour constituer le parc d'artillerie le plus puissant d'Europe. On avait fait le compte des contingents dont le royaume pourrait disposer : ils se montaient à près de deux cent mille hommes, la plus puissante armée jamais mise sur pied de guerre.

Sully et le roi avaient prévu une stratégie précise : Lesdiguières commanderait une armée prête à franchir les Alpes ; La Force, devenu maréchal, veillerait sur la sécurité de la frontière des Pyrénées et pourrait envahir l'Espagne par la côte atlantique ; le roi dirigerait le gros de l'armée sur

Clèves et Juliers, en partant de Châlons-sur-Marne...

– Sire, dit Sully, il reste une formalité à accomplir avant de monter en selle : faire sacrer et couronner la reine, de sorte qu'elle puisse assumer la régence durant votre absence. Cela vous contrarie ? Moi de même. Il faut pourtant en passer par là.

On fixa la date de la cérémonie au 13 mai.

Sully avait raison : le roi n'avait consenti qu'à contrecœur à cette cérémonie. À peine aurait-il tourné le dos, la camarilla favorable à l'Espagne serait tentée de prendre le pouvoir.

Il fut décidé que la cérémonie aurait lieu à Saint-Denis, dans la basilique des Rois.

De temps à autre, accompagné de son épouse, Henri allait assister aux préparatifs. Ils regardaient s'élever devant l'autel le gigantesque échafaud à douze gradins où prendraient place familiers et gens de cour, la loge consacrée au roi et à la famille royale. Des tapisseries apportées du Louvre et de quelques hôtels particuliers ornaient les murs.

Un soir, le roi dit à Sully :

– Plus je vais et plus cette cérémonie me paraît importune. Maudit sacre ! J'ai le sentiment qu'il sera cause de ma mort.

– La reine était radieuse et le roi affichait une belle humeur lorsque le cortège envahit la basilique dans une gloire de soleil, à la fin de cette matinée de mai.

Lorsque M. de Montbazon, sur un geste maladroit, rompit la vitre qui entourait la loge royale, provoquant un début de panique, certains virent dans cet incident un présage néfaste.

Henri avait assisté la veille à une messe aux Feuillants et en avait retiré une impression de sérénité. Il avait fallu, à la sortie, écarter un énergumène qui voulait parler au roi : un certain Radillac ou Padillac, il ne savait plus. La Force s'était proposé pour le jeter à la Bastille, Henri s'y était opposé. Il avait tenu, en sortant de l'église, à faire une courte promenade aux Innocents. Il paraissait soudain soucieux, distançait ses suivants, s'arrêtait brusquement, bras croisés sur la poitrine, parlant à haute voix puis repartant d'un pas assuré.

Lorsque les quelques milliers de fidèles eurent envahi l'abbatiale de Saint-Denis, chacun parut surpris du silence qui y régnait. De rares ovations montaient de la foule massée sur le parvis et dans les espaces d'alentour, en grappes sur les murs bas et dans les arbres, sous un soleil de plomb. Marie ne prêta guère d'attention à cette réserve insolite ; le roi s'en inquiétait comme du silence qui précède une tempête. Marie paraissait fascinée par la sainte ampoule et la couronne placées sur le bord de l'autel ; le roi semblait obsédé par cette vitre brisée dont les éclats étaient tombés sur un groupe de prélats.

Était-ce la conséquence de la liberté dont il jouissait et de cette absence de responsabilité dans le cours de la cérémonie dont il serait simple spectateur ? Peu à peu le roi se sentait envahi d'un sentiment de bien-être qui effaçait ses appréhensions et qui, insensiblement, confinait à l'allégresse.

Les bedeaux achevaient de nettoyer les débris de verre lorsque les grandes orgues donnèrent le signal de la cérémonie. De part et d'autre de la nef, gradins et tribunes s'étaient garnis de milliers de dames et de gentilshommes, de représentants des grands corps de l'État, qui faisaient de l'austère basilique un parterre mouvant et coloré.

Le père Coton avait occupé la place réservée à Sully, à la droite du souverain. Les enfants royaux, les gentilshommes ordinaires se tenaient en retrait.

Bellegarde se pencha vers Bassompierre et lui dit à l'oreille :

– Comment trouves-tu le roi ?

– Il me semble, répondit Bassompierre, en bonne condition par rapport à la mine qu'il faisait en entrant. Regarde : il plaisante, sourit, adresse des saluts à la foule. Il n'a pas l'apparence d'un homme rongé par ses soucis.

Le roi s'était accoudé à la balustrade enrobée de velours pour lancer au cardinal de Joyeuse :

– Eh bien, Éminence, la messe menace d'être longue. Vous allez devoir patienter avant de passer à table !

Il fit un salut de la main à Margot qui, épanouie dans la rotondité de sa vertugade, se tenait assise en contrebas et l'observait avec un regard chargé d'émotion en songeant peut-être aux images de son propre sacre qu'elle ne vivrait jamais. Sans se soucier d'être entendu, il lui lança :

– Ma mie, je vous plains ! Vous avez dû souffrir de vous lever si tôt, vous qui aimez tant paresser au lit...

Il surprit le père Coton en train d'expliquer au maréchal de La Force, huguenot bon teint, en quoi consistait cette cérémonie.

– Prenez garde ! dit-il au maréchal, il y a du magicien dans ce jésuite ! Il peut vous retourner dans l'heure qui vient...

Épernon s'approcha, lui toucha l'épaule en lui désignant les gradins proches de l'autel. Le nonce Ubaldini semblait engagé dans une prise de bec avec son voisin.

– Vous vous trompez, dit le roi. Il s'offusque de voir le père Coton en discussion amicale avec cet hérétique de maréchal. Cela sera rapporté au pape...

Sauf lorsqu'il se trouvait à table, le roi ne pouvait rester assis plus de quelques minutes. Il annonça qu'il avait des fourmis dans les jambes et qu'il voulait marcher un peu. Il alla dire deux mots à Bellegarde et à Bassompierre, gratta le dos de Praslin, éclata de rire lorsqu'il se retourna, alla s'entretenir avec le maréchal de Retz pour lui demander des nouvelles de son épouse qui avait loué les meilleurs musiciens de Paris.

Il revint à sa place initiale lorsque, de nouveau, les orgues se déchaînèrent et que le cardinal de

Joyeuse entama la *Préface* à laquelle il mêla sa voix, avec une conviction évidente.

– Le roi a un comportement bizarre, dit le maréchal de La Force. J'ignore ce qui a provoqué cette soudaine bonne humeur alors qu'il appréhendait cette cérémonie.

– Ne cherchez pas, lui souffla Bassompierre : il doit songer que, d'ici quelques jours, il sera aux Pays-Bas et qu'il aura retrouvé qui vous savez. Enfin, peut-être...

La cérémonie s'acheva vers quatre heures. Elle avait duré près de trois heures.

La reine s'était comportée fort convenablement; elle avait subi sans faillir les rites complexes du sacre et du couronnement. De temps à autre, elle adressait un sourire de triomphe à son mari. Elle touchait au terme de ses ambitions; elle serait régente de France. Derrière elle, les *Conchine* se tenaient figés, persuadés sans doute, eux aussi, d'avoir atteint leur Capitole.

– En vérité, sire, dit Bassompierre, voilà un phénomène bien étrange.

– Proprement inexplicable, ajouta Bellegarde.

Ils se tenaient à la fenêtre d'une galerie donnant sur la cour. Près du puits, l'arbre de mai faisait grise mine. En quelques jours, sans qu'on pût en déceler la cause, il avait perdu sa robe de feuilles et quelques ramures gisaient sur le sol. Des valets s'apprêtaient à l'abattre à la hache.

– Encore un mauvais présage, murmura le roi. Ils s'accumulent depuis quelques jours.

De joviale qu'elle était durant la cérémonie du sacre, son humeur s'était gâtée. À la sortie de la basilique, lors de la distribution des piécettes à la foule, de rares ovations avaient salué le couple royal. Cette humiliation ne laissait pas d'obséder le roi, à un moment de son existence où il avait besoin du soutien de son peuple.

Et voilà que le bel arbre de mai que chaque printemps peuplait d'oiseaux, que le roi contemplait chaque matin de sa fenêtre, venait de mourir mystérieusement.

– Je ne tarderai pas à suivre son exemple, dit-il. Toutes ces prédictions convergent pour m'annoncer une mort prochaine. Pas plus tard qu'hier un mage a prédit que je mourrai dans mon carrosse après une grande cérémonie. La cérémonie est passée. J'attends...

– Sire ! protesta Bassompierre, quand cesserez-vous de nous troubler avec ces billevesées ? Elles sont répandues par vos adversaires pour vous effrayer. Dieu merci, gaillard comme vous l'êtes, vous avez de nombreuses années à régner.

Bellegarde renchérit : le roi était dans la force de l'âge et ses ennuis de santé n'avaient rien de grave.

– Vous inspirez l'envie plus que la pitié, dit-il. Vous êtes riche, vous avez de magnifiques logis, une épouse féconde, des enfants superbes, des maîtresses qui vous adorent. Que pouvez-vous désirer de plus ?

Le roi prit ses deux amis par le bras et s'avança à pas lents dans la galerie inondée par le glorieux soleil de mai.

– Et moi, je vous dis que mes jours, peut-être mes heures, sont comptés.

Il ajouta d'une voix étranglée par l'émotion :

– J'ai la conviction que vous me connaissez mal, que vous ne m'estimez pas comme je devrais l'être, mais vous n'êtes pas les seuls. Quand vous m'aurez perdu, vous comprendrez ce que je valais et la différence qui existe entre moi et les autres hommes. Eh oui, mes amis, je vais vous quitter, abandonner tout cela...

Une larme lourde comme du mercure glissa sur sa joue et se perdit dans sa barbe.

XXIII

TUER LE ROI

1610

L'auberge des Trois-Pigeons grouille de monde à cette heure du soir et retentit de la rumeur des conversations. Maître Jean, le patron, qui était occupé à étripailler une volaille, s'avance vers le nouveau venu qui vient de franchir sa porte.

– Toi ? encore ?

– Je voudrais, répond Ravaillac, la chambre que je vous ai louée lors de mon dernier séjour.

– Tu connais le chemin, mais je te préviens : garde tes prêches pour toi ! Les esprits sont montés en ce moment, avec tout ce qui se passe. Si tu occasionnes le moindre esclandre, c'est la porte !

Installé dans sa soupente, Ravaillac se repose un moment sur sa paillasse puis récite ses patenôtres, à genoux devant le crucifix qui ne le quitte pas et qu'il a placé sur l'escabeau, à côté d'un bout de cierge allumé.

La sourde agitation qui s'est emparée de lui au départ d'Angoulême soulève encore des tempêtes sous son crâne. Dans moins de deux ou trois jours Ravaillac, humble clerc de province habité par l'esprit divin, sera un saint et sans doute un martyr. Les béatitudes célestes lui seront ouvertes pour l'éternité.

En cours de route, alors qu'il se trouvait dans les parages de Chanteloup, en Poitou, il a été pris de doutes quant au bien-fondé de sa mission. Dieu ne lui parle plus. Est-ce le signe d'un désaveu ? Décidé soudain à renoncer à son acte, il a brisé la pointe de son poignard et a failli s'en retourner à ses grimoires. Et tout à coup il a senti en lui une brûlure, une force qui l'envahissait peu à peu et semblait le pousser en avant. Il a repris sa route avec une vélocité accrue.

À Étampes, il s'est agenouillé, dans la lumière des cierges, devant un *Ecce homo*. Il pourrait le jurer : il a vu bouger les lèvres du Christ martyrisé ; il lui a semblé entendre sa voix, légère et confuse comme une brise de printemps ! Sur le coup, ses doutes se sont dissipés.

C'est dans une auberge proche de Paris qu'il a appris les événements importants qui se préparaient : le sacre et le couronnement prochains de la reine, le départ du roi, peu après, pour la guerre, les menées du parti espagnol de la cour pour lui faire barrage...

Pour Ravaillac il n'est plus question de parler au roi mais de le tuer.

Il aime cette heure du soir où les boutiques ferment leurs auvents, où la foule se fait moins dense, où le trafic sur le fleuve se calme. Il flânera sur le Pont-Neuf, ira admirer la Samaritaine, cette gigantesque fontaine qui capte l'eau de la Seine pour la distribuer aux Parisiens. L'heure du souper venu, il ira mendier une soupe à l'Hôtel-Dieu.

Avant de partir, il aiguise ce qui reste de sa lame sur la bordure de pierre de la fenêtre. Elle est encore assez longue pour blesser le roi, l'atteindre au cœur. Il replace l'arme dans ses chausses, sous la jarretière.

Il juge prudent de ne pas trop se montrer. Il a déjà attiré l'attention sur lui et ne veut pas risquer une confrontation avec une patrouille de police. Il sait trop bien ce que certains disent de lui en le voyant passer : « Tiens, voilà le tueur de roi qui est de retour. » Il a trop parlé, naguère. Il ne parlera plus.

Demain il rendra visite à sa protectrice, Mme de Tillet. Il compte lui emprunter les quelques écus nécessaires à son séjour.

Jamais il n'a vu chez la maîtresse du duc d'Épernon une telle animation. Monseigneur le duc trône au centre d'une petite cour de dames et de gentilshommes de la meilleure société. Cela bouge, discourt, caquette en buvant des sirops à cause de la chaleur.

– Vous, Ravaillac ! s'écrie le duc en le voyant paraître. Auriez-vous quelque autre affaire à présenter au Palais ?

L'apostrophe n'a attiré l'attention sur lui que l'espace d'un instant. À peine l'a-t-on regardé, on lui tourne le dos avec des airs méprisants. Tous, sauf Mme de Tillet. Elle lui fait signe de la suivre dans son cabinet.

– Voici quelques écus, dit-elle. Je sais que vous ne les dissiperez pas dans les cabarets ou les tripots. Votre dessein de parler au roi tient-il toujours ?

– Plus que jamais, madame. Et je sais maintenant comment l'aborder.

– Le jour du sacre qui a lieu demain vous ne pourrez l'approcher. Moins encore lorsqu'il partira pour la guerre.

– Je devrais donc renoncer ?

– Certes non ! Tenez-vous aux guichets du Louvre le lendemain du sacre en prenant soin de ne pas vous faire remarquer par quelque exubérance. Le roi sera dans son carrosse pour se rendre à l'Arsenal, comme il le fait plusieurs fois par semaine. Là, avec un peu de chance, vous réussirez.

Elle ajoute en posant la main sur l'épaule de Ravaillac :

– Dieu est avec vous, ne l'oubliez pas. Le Saint-Père, le roi d'Espagne, monseigneur le duc attendent beaucoup de votre geste. Réussissez et vous deviendrez un saint.

– ... et un martyr, madame.

Le lendemain Ravaillac pousse jusqu'au Louvre. C'est le jour du sacre. L'animation sous les voûtes, dans la cour, rue d'Autriche, marque une trêve. Seuls des mendiants et des prostituées hantent encore les guichets, sous l'œil indifférent des gardes. Le moment est bien choisi pour observer les relèves. On le laisse entrer sans l'interpeller. Dans la cour presque déserte des valets sont occupés, sous l'œil du dauphin et de quelques autres enfants royaux, à ébrancher l'arbre mort planté près du puits.

Où et comment va-t-il frapper ? À l'instant où le carrosse s'engagera sous le châtelet en ralentissant ? Sur le parcours qui conduit à l'Arsenal ? Au retour ? Et à quelle heure s'effectuera cette sortie ?

Il aborde un archer qu'il ne se souvient pas avoir rencontré précédemment pour lui demander à quelle heure le roi quittera le Louvre.

– Entre trois et quatre heures. Que lui veux-tu, au roi ?

– Simplement le voir, mais si je pouvais lui dire un mot...

– Fais-en ton deuil ! Il a trop d'occupations ces temps-ci. Mais tu pourras le voir. Spectacle gratis...

Ravaillac a mal dormi. Au milieu de la nuit, il s'est réveillé en sursaut en sentant la pression d'une main sur son front. Il a poussé un cri, ouvert les yeux. En face de lui, sur le mur lépreux, dans la clarté de la lune, se dessinait comme un triangle phosphorescent et, dans cette figure géométrique, apparaissait une tête de Maure enturbannée. Un triangle de feu... Un Maure... C'est la première fois qu'un tel symbole lui est apparu. Il s'est perdu en conjectures sur sa signification et n'a rien trouvé de satisfaisant. D'ordinaire ce sont des croix, des angelots, des signes cabalistiques comme ceux du phylactère qui lui apparaissent dans son sommeil ou ses veilles.

Il règle son dû à maître Jean qui le félicite de son comportement et lui dit :

– Bon vent si tu retournes dans ton pays, et à la prochaine fois !

– Il n'y aura pas de prochaine fois, répond Ravaillac.

À deux heures, après avoir dîné d'un pain et d'un morceau de fromage, il se dirige à pas lents vers le Louvre. Au fur et à mesure qu'il en approche la foule gagne en densité : pour la plupart des curieux, des gens venus des faubourgs ou des provinces proches, des religieux, des bourgeois tenant leur progéniture par la main...

En jouant des coudes, il parvient à franchir le pont-levis, à s'engager sous le porche. Il y a une telle foule que les archers qui l'avaient malmené lors de ses précédentes visites ne pourraient le reconnaître. Il s'assied sur l'un des montoirs où, d'ordinaire, prennent place laquais et valets de pied chargés d'accompagner les carrosses pour leur faciliter le passage dans les rues étroites et encombrées.

Il a tout son temps. Il le passe à observer le va-et-vient qui précède chaque sortie de la voiture royale. Elle est déjà dans la cour, attelée.

Près du puits, il n'y a plus trace de l'arbre abattu.

XXIV

« JE SENS MA MORT PROCHAINE »

1610

Le roi était en train de bouffonner avec les dames dans la chambre de la reine, à seule fin de dissiper ses idées noires, lorsqu'il aperçut, encadré dans l'embrasure de la porte, un personnage de fâcheux.

– Que me veut-on encore ? Qui êtes-vous ? Pourquoi ne vous a-t-on pas annoncé ?

– *Dioubiban*, sire ! vous ne reconnaissez pas votre vieux compagnon ?

– Melchior !

Le roi s'avança, bras tendus, le serra contre sa poitrine, frotta sa barbe grise contre celle du visiteur qui avait pris la même couleur.

– Sire, dit Melchior d'une voix brisée, m'avez-vous pardonné ?

– Pardonné ? Et quoi donc ? Tu es devenu ce que je ne suis plus depuis longtemps : un homme libre. Si, pourtant, je dois te faire un reproche : tu m'as laissé trop longtemps sans nouvelles. Qu'as-tu fait de tout ce temps ? Je te croyais parti pour les Amériques ou les Indes.

– Les Amériques..., reprit rêveusement Melchior. Non, sire, j'étais à Lagos, et...

– J'ai un peu de temps. Allons bavarder dans mon cabinet. Attends-moi là. J'ai une discussion à terminer.

Il revint vers les dames et se remit à badiner : il voulait, pour partir à la guerre, revêtir sous son armure une jupette à fleurs de lis d'une étoffe comparable à celle du manteau que la reine portait la veille pour la cérémonie du sacre. La maréchale de La Châtre éclata de rire.

– Mon Dieu, sire, que tout cela est plaisant !

– Moins que vous ne le pensez, madame. Il est bon que les rois soient ensevelis dans le manteau du sacre. Serviteur...

Il fit asseoir Melchior près de lui en murmurant :

– Ah, mon ami ! mon ami... Que je suis heureux de te revoir ! Qu'est-ce qui te ramène à Paris ? As-tu besoin d'un secours, d'un logis ?

– Non, sire, je n'ai besoin de rien.

Il avait quitté Lagos pour n'y plus revenir. Il avait employé ces dernières années à travailler sur le domaine familial avec ses frères, les avait aidés à en faire une exploitation vinicole qui, grâce à la paix, avait vite prospéré.

– Alors que n'es-tu resté à planter tes choux et à récolter ton raisin ? Il n'y a pas de meilleure condition, crois-moi. Je partage l'avis de M. de Sully qui a sa petite idée sur les vertus du pâturage et du labourage. Si je m'étais écouté, jadis...

C'était une longue histoire. Melchior ne s'entendait pas avec certains membres de la famille. On lui avait fait comprendre que les vendanges pourraient se faire sans lui. Il avait préféré partir avant qu'on ne le mette dehors.

Melchior ajouta :

– Je suis allé prendre du service chez un négociant en vins de Bordeaux, en prenant ma part sur le domaine, ce qui me faisait un beau pécule. Il faut dire qu'à Lagos je m'ennuyais un peu. Quand on a connu la vie qui a été la mienne on rêve d'autre chose que de vendanges...

À Bordeaux, Melchior avait noué connaissance avec un agent qui traitait avec la Nouvelle-France :

le Canada pour parler comme les indigènes. Il préparait un fret destiné à un certain Samuel Champlain, marin originaire de la Saintonge, qui avait déjà effectué plusieurs voyages outre-Atlantique et se proposait de repartir. Pour ce prochain voyage, il voulait s'entourer de gens libres et qui n'avaient pas froid aux yeux.

– J'ai signé un contrat avec cet agent, dit Melchior. Le départ devait avoir lieu à Honfleur dans la quinzaine mais il a été retardé, M. Champlain étant malade... Je voguerai bientôt pour les Amériques...

– C'est dire que nous avons peu de chances de nous revoir.

– Sait-on jamais ?

– Sully ne croit pas à cette entreprise de colonisation. Encore si l'on avait découvert dans ces contrées des mines d'or ou d'argent...

– La terre est excellente, sire. Nous lui amènerons des hommes et des femmes qui ne répugnent pas à retrousser leurs manches.

– Je n'y crois guère, dit le roi en se levant, mais il en coûte peu d'essayer. Si Champlain en a les moyens... Nous avons, quant à nous, décidé de renoncer. Nous aurons besoin de tous nos subsides pour la guerre qui va éclater.

Il ajouta en posant ses mains sur les épaules de son vieux compagnon :

– Je ne t'oublierai pas, Melchior de Lagos, comme je n'ai pas oublié nos jeux à Coarraze.

– Je ne vous oublierai pas non plus, sire. Comment le pourrais-je ? Vos bontés, votre indulgence...

– Laissons cela.

– Je vous écrirai. Après tout, la Nouvelle-France est une partie de votre royaume et il est bon que vous en ayez des nouvelles.

– C'est cela : écris-moi, mais je crains de ne jamais lire tes lettres.

– Pourquoi cela ?

– Ne m'en demande pas davantage. Adieu, mon ami !

Henri passa la nuit d'après le sacre dans le lit de la reine. Une nuit agitée. Il avait été réveillé par des gémissements de Marie ; elle se tenait assise, en larmes.

– Qu'avez-vous, ma mie ? Êtes-vous souffrante ?

– Je viens de rêver, dit-elle d'une voix hachée par l'émotion, que l'on donnait du poignard dans votre poitrine.

– Ce n'est rien, dit-il : un de ces oracles que font les mages et qui a dû vous impressionner. Rendormez-vous et n'y pensez plus.

Il se rendormit lui-même puis s'agita à son tour. La reine lui toucha l'épaule.

– Décidément, dit-il, nous faisons le même genre de rêve. Dans le mien, je roulais en carrosse rue de la Ferronnerie quand une maison s'est écroulée sur mon passage. Je tâchais de me dépêtrer des gravats sous lesquels j'étais enseveli mais je n'y parvenais pas.

– Tout cela est bien étrange..., dit-elle.

Elle se rendormit. Lui pas.

Le roi se leva de bonne heure. Après sa toilette, il s'enferma avec son secrétaire dans son cabinet de travail.

La première chose qu'il aperçut en s'asseyant fut un billet placé bien en évidence, qui disait : *Sire, ne sortez pas aujourd'hui*. Il se souvint de ce qu'on lui avait dit à propos de la mort du duc de Guise, à Blois : ces avertissements qu'il trouvait chaque jour griffonnés à son intention, sous sa porte, sur sa table.

– Qu'en pensez-vous ? dit-il à Vitry, venu lui apporter son courrier ordinaire.

– Ma foi, dit Vitry en se grattant la tempe, je pense que cet avis n'est pas à dédaigner. S'il ne tenait qu'à moi je ne bougerais pas d'ici, mais si vous en décidez autrement je serai près de vous.

– Allez au diable, Vitry ! Cela fait cinquante ans que je me garde tout seul. Je ne vais pas changer mes habitudes pour ce méchant billet !

Il alla néanmoins montrer cet avertissement à la reine.

– Il y a ce repas au palais, auquel je suis convié. Irai-je ? N'irai-je pas ? J'avoue que je suis dans l'embarras.

– Faites comme vous l'entendrez, mais je vous conseille de ne pas bouger du Louvre.

– Au risque de passer pour un pleutre !

– Mieux vaut passer pour un pleutre que de risquer sa vie, mais têtu comme vous l'êtes, je sais que vous n'en ferez qu'à votre guise.

Il retourna à son cabinet mais, incapable de fixer ses idées sur quelque sujet que ce soit, il laissait son secrétaire la plume en l'air, le regard interrogateur. Écrire à Charlotte ? Il eût fallu qu'il en sentît le désir profond, alors qu'il n'avait besoin que de repos et d'oubli. Et pour lui dire quoi ? Qu'elle était l'amour de sa vie, qu'il s'apprêtait à bouleverser l'ordre du monde pour la retrouver, qu'elle serait un jour, si les événements favorisaient ce projet, une reine de France, lui déclarer qu'il était son Pâris face aux accès de jalousie de Ménélas et qu'il sentait courir dans ses veines le sang d'Amadis ? Et quoi encore ? Il tendait les mains vers elle dans son sommeil ; elle se fondait dans la brume.

Sully le lui avait dit : il va falloir remonter en selle. Dès demain. La guerre... Refaire la guerre... Retrouver chaque matin à son chevet cette garce dont il était certain d'avoir divorcé sans qu'elle lui manquât une minute... Il appréhendait cette nouvelle équipée en se disant que cela n'était plus de son âge, qu'il n'avait plus la conviction, le ressort, la force nécessaires pour l'affronter. Sully l'avait rabroué. Allons donc ! d'autres, plus âgés, lui donnaient l'exemple : qu'il se souvienne seulement de La Noue, de Montluc, de Biron... Les élans de sa jeunesse lui reviendraient dès qu'il aurait le cul en selle !

Sully... Le ministre le suivrait-il, le rejoindrait-il ? Rien n'était moins sûr : l'ancienne blessure à la bouche qu'il avait contractée au siège de Laon s'était rouverte et suppurait. Il n'avait pu assister aux cérémonies du sacre et remerciait le Ciel de lui avoir permis d'échapper à cette contrainte.

Henri décida d'annuler son dîner au palais. En revanche, il maintint le rendez-vous qu'il avait pris avec Sully, à l'Arsenal, pour les derniers préparatifs de la campagne. Il dit à la reine :

– Madame la Régente, je dois quitter le Louvre mais je ne resterai que peu de temps absent.

– Tâchez, dit-elle, d'éviter la rue de la Ferronnerie. Si quelque maison s'écroulait...

Il prit le parti d'en rire, heureux que la reine réagisse si bien au mauvais rêve qu'il lui avait raconté. Il ne risquait rien : M. de Vitry avait promis de veiller sur sa sécurité et il ne serait pas seul dans la voiture. Outre Vitry, Épernon, Lavardin, Roquelaure, Montbazon, La Force, Mirebeau et Liancourt l'accompagneraient.

M. de Praslin, entouré de quelques archers, l'attendait près du carrosse.

– Sire, dit-il, la ville est agitée. J'ai cru bon de vous faire accompagner par ma garde.

– Au diable votre garde ! répondit le roi. Allez vaquer à vos affaires et cessez de m'importuner.

Il monta dans le carrosse, plia son manteau qu'il déposa sur son siège. Le temps était superbe. Des murmures et des cris montaient du porche où s'entassait la foule. Il laissa s'installer ses gens, leur demanda de tirer les rideaux de cuir de manière qu'il pût voir comment Paris s'apprêtait à recevoir la reine à l'issue de son sacre. Derrière le véhicule, plusieurs gentilshomme de sa suite montèrent en selle, précédant les valets de pied.

Le roi frappa sur le genou d'Épernon qui se tenait à sa droite, près de Lavardin et de Roquelaure.

– Quel quantième du mois sommes-nous ? demanda-t-il.

– Le treizième, dit Lavardin.

– Le quatorzième, rectifia Épernon.

– Eh bien ! dit joyeusement le roi, je suis assis entre le treizième et le quatorzième !

Il ajouta :

– Nous irons donc à l'Arsenal, en passant par la Croix du Trahoir et les Innocents. Transmettez l'ordre au cocher.

Un claquement de fouet lui répondit, puis un bruit fracassant de sonnailles, de sabots heurtant le pavé, puis les abois des gardes écartant la foule, gourdin au poing, en criant :

– Place ! Place ! Laissez passer le carrosse de Sa Majesté !

Penché vers Épernon, le roi lui montra un personnage qui fendait la foule pour s'avancer vers eux : le même qui, quelques jours avant, à la messe de Saint-Jacques, insistait pour lui parler.

Ravaillac écarta les gardes, bondit sur le carrosse en s'écriant :

– Sire ! Sire ! laissez-moi vous parler !

Comme l'énergumène s'accrochait au rebord de la portière, le roi lui donna un coup de canne sur la main pour lui faire lâcher prise.

– Encore un de ces fous qui se croient porteurs d'un grand secret..., murmura Épernon. Retournez-vous, sire : le bonhomme est un obstiné. Il suit votre carrosse en courant.

– Peut-être, plaisanta le roi, souhaite-t-il me dire la bonne aventure. J'aurais fichtrement besoin de m'entendre prédire des choses agréables...

Il esquissa furtivement un signe de croix.

La rue de la Ferronnerie, qui prolonge en direction de l'est la rue Saint-Honoré, était très encombrée. Cet interminable boyau bordé d'éventaires et de boutiques était, à cette heure, envahi par une foule de chalands. Lorsque le carrosse longea la grande friperie des Halles qui vomissait une tourbe de gueux, la chapelle du cimetière voisin sonna trois heures.

Comme le carrosse s'immobilisait, le roi dit à Liancourt :

– Envoyez un des hommes de Vitry voir ce qui se passe. Nous n'allons pas rester l'après-midi dans cette impasse où il fait une chaleur d'enfer !

La plupart des cavaliers qui suivaient le train du roi étaient passés par les Innocents afin d'éviter la presse et rejoindre le carrosse royal un peu plus loin. Celui qui avait été envoyé aux nouvelles rapporta qu'un haquet portant de grosses barriques tenait la droite de la chaussée, la gauche étant occupée par une charrette de foin. Le cavalier demanda au cocher de faire avancer sa voiture et de tenter de forcer le passage.

Le carrosse s'ébranla mais, malgré l'intervention des valets qui tentaient de persuader les conducteurs des deux véhicules de libérer la voie, il ne put dépasser l'étude de Mᵉ Pourçain et, de l'autre côté de la rue, l'auberge à l'enseigne du Cœur couronné d'une flèche.

Épernon venait de sortir de son pourpoint une lettre dont il commença la lecture. Le roi passa un bras autour de son épaule et lui dit :

– Une lettre d'amour, monsieur le duc ?

– Non, sire : un billet de mon secrétaire d'Angoulême.

Le roi songea, un vertige dans le cœur, qu'il n'avait pas de nouvelles de Charlotte depuis plus d'une semaine. Elle devait se morfondre dans sa citadelle de Bruxelles en attendant l'arrivée de l'armée qui la délivrerait des cerbères de l'archiduc Albert, lequel maintenait son refus de la livrer au roi. Cela ne tarderait guère. Une bouffée de bonheur l'inonda.

– Va-t-on enfin en finir ! s'écria-t-il. Nous sommes là depuis...

Il n'acheva pas sa phrase, s'écria :

– Je suis blessé !

Épernon tenta de s'interposer entre le roi et ce bras jailli de la portière qui frappait, et encore, et encore. Un coup de poignard déchira la manche de son pourpoint. Un autre celle de Montbazon.

– Ce n'est rien..., murmurait le roi. Ce n'est rien mes amis. Il faut...

Il s'interrompit et vomit un jet de sang.

– Ah ! sire..., s'écria La Force, souvenez-vous de Dieu !

Épernon ordonna que l'on se saisît du meurtrier. On n'eut pas à le chercher bien loin : il se tenait derrière le carrosse, son couteau encore sanglant à la main, avec un sourire hébété. Il ne broncha pas lorsqu'une poignée d'épée le frappa au visage ; il ne fit aucune résistance lorsqu'on se saisit de lui. Un des cavaliers de la suite royale s'apprêtait à le poignarder quand la voix d'Épernon retentit :

– Ne le tuez pas ! Il y va de votre tête. Allez plutôt chercher du vin à l'auberge pour ranimer Sa Majesté !

Henri avait perdu connaissance. Était-il mort ? Un sourire se dessinait dans sa barbe maculée de sang. Dans la rue, l'affolement était à son comble ; on entendait crier que le roi était mort assassiné, les boutiques fermaient leurs auvents, des femmes criaient et se lamentaient. Liancourt réclama à grands cris un chirurgien, mais il n'y en avait pas dans les parages.

Resté seul avec le roi allongé sur la banquette, La Force fit fermer les rideaux et lança à un cavalier l'ordre de proclamer que Sa Majesté n'était que blessée. Puis il commanda au cocher de reprendre le chemin du Louvre en effectuant un demi-tour, une manœuvre difficile compte tenu de l'étroitesse de la rue.

Quand il put enfin se dégager de la cohue et repartir, il laissait sur la chaussée une flaque de sang.

Le Louvre était en ébullition, les cavaliers de Vitry y ayant déjà répandu la nouvelle.

La Force fit monter le corps au premier étage et le fit allonger sur son lit. En le voyant paraître, la reine se colla contre le mur, soutenue par la duchesse de Montpensier qui la retint de glisser sur le parquet.

– Le roi est-il mort ? demanda la duchesse.

– Oui, selon toute apparence, dit le maréchal.

Petit, premier médecin de la Cour, examina le roi et conclut à la mort. Un prélat, M. de Vic, approcha une croix de la bouche du roi en murmurant :

– Sire, pensez à Dieu ! Répétez avec moi : « Jésus, fils de David, ayez pitié de moi... »

– Sa Majesté ne vous entend pas, dit La Force. Elle est déjà près du Seigneur.

– Pourtant elle a ouvert trois fois les yeux ! protesta le prélat.

Lorsque le drame avait éclaté, le dauphin Louis se trouvait au cimetière des Innocents. Il avait couru vers le Louvre, s'était précipité vers la chambre de son père, était tombé à genoux à son chevet, en larmes en s'écriant :

– Si j'avais été présent, j'aurais transpercé le meurtrier avec mon épée. Ah ! père... père...

– Venez, monseigneur, dit M. de Sillery en le relevant, je vais vous conduire à votre mère. Votre présence la réconfortera.

Allongée sur le lit, la reine gémissait :

– Le roi est mort ! Mon Dieu, le roi est mort !

– Madame, dit Sillery, les rois ne meurent pas tout à fait. Voici votre fils qui vient vous consoler. Il est le roi vivant...

On ne lui a jamais vu un visage aussi serein, des traits aussi reposés, un sourire aussi narquois. Il semble qu'il va se dresser sur sa couche et lancer une de ces boutades qui font mouche et dont il a le secret.

Qui a dit, crié, hurlé que le roi est mort ? Alors que la reine perdait connaissance et se laissait glisser le long du mur, on l'a vu battre malicieusement des paupières à trois reprises. Certains doivent se dire : encore un tour de ce vieux bouffon ! Il ne changera donc jamais ? Peut-être va-t-il disparaître comme une marotte après une pirouette, dans un grand éclat de rire, reparaître un peu plus tard en disant : « Revoici le roi ! Serviteur, mes amis ! »

Certains lui trouvent la mine boudeuse comme s'il voulait exprimer son désaccord de ce faste déployé pour une simple absence. Pourquoi ce cordon de cierges, ces tapisseries ornées de grandes croix blanches, cette épitaphe où l'on peut lire : *Lumineux sera ton cercueil*, ces draperies d'or et d'argent dont on a enveloppé le corps ? Pourquoi donner cette apparence de fin de tragédie à ce qui n'est que le prélude d'une comédie ? Et d'abord, ce n'est pas la dépouille du roi devant laquelle on défile, mais son effigie modelée dans la cire. Sur un carton posé au pied du lit on peut lire : *Baudin, Gre-*

noble, Dupré, spécialité de poupées en cire et mannequins.

Le vrai corps du roi est ailleurs : aux mains des embaumeurs. Ils l'ont ouvert, ont fouillé ses entrailles qui n'ont guère rendu de sang, le poignard de Ravaillac ayant fait éclater une fontaine vite tarie. Que va-t-on faire du cœur ? Le père Coton le remettra aux jésuites qui le déposeront au collège de La Flèche. Les entrailles seront transportées à Saint-Denis, ce grand capharnaüm de rois, de reines, de tout ce qui a porté couronne depuis les origines, afin que pas une once de poussière ne se perde, comme si cet immense cimetière de marbre pouvait servir d'antichambre pour l'éternité.

Ce qui reste de la dépouille royale a été mis en un cercueil placé dans la chambre ouverte sur la galerie, entre deux croisées donnant sur la Seine : un endroit où le roi aimait s'arrêter pour regarder le trafic des bateaux sur le port au Foin. Il restera à cette place jusqu'à la mi-juin, soit un mois après l'attentat. Il sera ensuite transféré à Notre-Dame puis à Saint-Denis.

De temps en temps, la nuit surtout, après le dernier appel du veilleur et l'ultime patrouille des gardes, on entend, dit-on, le long des couloirs déserts des murmures de voix qui naissent, s'enflent, décroissent, comme un souffle de brise avant de s'éteindre.

Et soudain un grand rire résonne et s'éparpille dans le silence de la nuit.

Tout a été essayé mais on sait maintenant qu'on n'en tirera rien. Ravaillac demeure muet comme une tombe. Il a simplement, peu après son arrestation, laissé s'échapper quelques mots pour dire qu'il avait accompli sa mission, que Dieu est grand et que son âme est en paix. Ce n'est pas ce que l'on souhaitait entendre.

Son crime accompli, on lui a arraché son poignard et on l'a conduit dans un hôtel voisin appartenant au maréchal de Retz. On l'a jeté dans une cave en lui disant :

– Tu crois avoir tué le roi ? Il est vivant !

– C'est faux, je le sais ! a-t-il répliqué. Mon couteau est entré dans sa chair comme dans une botte de foin.

Des magistrats en robe sont venus l'interroger afin de lui arracher le nom de ses complices. Des complices ? Il a souri en montrant ses dents gâtées. Ce sont les sermons et les livres qui lui ont appris que le régicide peut être nécessaire et agréable au Seigneur. La *Monita secreta*... S'il y a un complice, alors peut-être est-ce Dieu...

Un magistrat a proposé de lui infliger le supplice des poucettes, pour commencer. Les pouces broyés jusqu'à l'os par un chien d'arquebuse, il n'a pas bronché. Des évêques, un archevêque lui ont parlé de la sainteté de la contrition, de la nécessité de la confession. Il a accepté de se confesser mais sans avouer la moindre complicité. D'ailleurs un père jésuite lui a demandé de ne pas accuser les « gens de bien ». Les jésuites... À Paris, le peuple et le Parlement commencent à les accuser, ainsi que le parti espagnol de la cour, d'avoir armé le bras de Ravaillac. Mais comment découvrir les preuves de ces complicités ?

On a vu arriver dans sa cellule le père Coton. Agité comme une marotte, il s'écriait :

– C'est un complot de la huguenotterie. Misérable Ravaillac, tu es un huguenot travesti en catholique. Avoue donc ! Un bon catholique n'aurait pas osé porter la main sur son roi !

Ravaillac a murmuré :

– Jacques Clément... Jean Chastel...

Chastel dont l'ordre conserve pieusement une dent comme relique.

Monseigneur le duc d'Épernon a demandé et obtenu la permission de faire conduire Ravaillac dans son hôtel et de le garder une journée. Il l'a conjuré de ne pas impliquer des innocents dans cet attentat, et surtout pas ses bienfaiteurs : le duc, sa maîtresse, Mme de Verneuil.

Assuré de son silence, le duc a restitué le meurtrier à la justice pour qu'il fût incarcéré à la Conciergerie.

Ravaillac surprend ses visiteurs et ses juges par son calme.

Sous les premiers tourments il n'a pas bronché, s'est bloqué dans son silence, avec simplement, quand la vis de l'arquebuse a broyé l'os de ses pouces, une grimace de douleur. Il a mûri trop longtemps sa résolution, il a accompli son geste salvateur avec une telle résolution qu'il ne va pas ternir la sainteté de sa mission par une réaction de faiblesse qui lui interdirait de figurer avec les justes à la droite de Dieu.

Sa décision est imprimée dans son esprit, comme gravée dans le marbre : il ne laissera échapper aucun nom, n'exprimera aucune contrition. Il s'est enfermé dans sa conviction, dans sa vérité, comme un somnambule dans sa nuit et son silence.

Mlle d'Escoman, que l'on a extraite de la Bastille pour la conduire à la Conciergerie afin de procéder à son jugement, l'a vu passer d'une démarche un peu chancelante, le visage figé et le regard fixe d'un halluciné. Elle aurait aimé l'injurier, proclamer que si l'on avait daigné écouter ses avertissements le roi serait encore vivant, mais elle n'a trouvé aucune oreille attentive et les mots qu'elle proférait semblaient n'avoir aucun sens. Personne ne souhaite l'entendre. Tout ce que l'on attend d'elle, c'est le silence. Elle a compris que le procès que l'on va faire au meurtrier est un théâtre où les acteurs feraient mine de chercher la vérité avec l'espoir de ne pas la trouver parce que cela aurait dérangé la trame de la comédie.

Les juges, qui détestent les jésuites, auraient bien aimé les impliquer dans cette affaire, mais ces religieux sont prudents et leur ordre constitue un monolithe inentamable. Comme la femme de César, il ne peut être soupçonné.

Le père d'Aubigny a protesté : il n'a jamais rencontré le parricide. D'ailleurs l'ordre ne s'intéresse pas à la politique et plane au-dessus des affaires de ce bas monde. Fureur du président Harlay :

– Vraiment, mon père ? Je trouve quant à moi que vous vous en mêlez trop souvent. Nous allons vous confronter au criminel !

Ravaillac a parlé, enfin, mais pour dire quoi ? Que le père d'Aubigny l'a reçu, qu'il l'a entendu en confession, qu'il lui a donné de l'argent...

– De l'argent ! s'est écrié le jésuite. Cet homme ment ! Chacun sait que nous n'en possédons pas suffisamment pour le distribuer à tort et à travers. Quant à la confession, la religion interdit que le secret en soit trahi.

Ravaillac ayant paru s'engager dans la voie des révélations, les juges ont décidé de pousser leurs investigations et d'accueillir toutes les suggestions qui pourraient leur être utiles pour arracher la vérité au criminel. La reine a proposé des supplices italiens du dernier raffinement; un boucher s'est offert pour écorcher vif le coupable, un autre de l'enfermer dans un caisson de fer et de le comprimer... Le juge Harlay a préféré s'en tenir aux méthodes françaises.

On a tenté de faire avouer à Ravaillac qu'il a agi pour des raisons triviales : argent ou amour. Il a bondi. C'est bien mal le connaître. L'argent... l'amour... Les motivations de son acte étaient de nature plus élevées.

L'instruction s'est poursuivie avec les moyens ordinaires mais rien n'en a filtré, à quelques détails près : Ravaillac a avoué avoir rencontré à plusieurs reprises le duc d'Épernon qui lui a conseillé de ne pas chercher à voir le roi avant le sacre. Hors confession, il a eu des entretiens avec quelques religieux qu'il a nommés.

On l'a conduit, enchaîné, à la Chambre des Buvettes pour de nouveaux interrogatoires. Rien ne lui a été épargné, ni les ingestions d'huile bouillante et de plomb fondu, ni le soufre, la cire, les brodequins... Il a beuglé de douleur mais sans rien révéler. On l'a traîné pantelant à la Sainte-Chapelle et jeté au pied de la croix pour une ultime confrontation avec Dieu; elle s'est révélée inopérante.

Quand on lui a annoncé le supplice final : l'écartèlement, il est resté insensible. Il était déjà ailleurs, hors de son corps démantibulé, déchiré, brûlé, seul avec son secret. Tout ce qu'on a pu lui arracher en lui brisant les os des jambes aux brodequins, c'est un pardon à Dieu, à la reine, à monseigneur le dauphin.

Le 27 mai, en début d'après-midi, on a tiré Ravaillac de sa cellule pour le conduire en charrette sur la place de Grève. Allongé sur la paille, il s'est montré insensible aux vociférations de la populace qui criait :

– Mort au criminel ! Mort au chien !

Il a fallu écarter ces excités qui tentaient de prendre d'assaut le véhicule. En arrivant au pied de l'échafaud, pris d'un soudain retour de conscience, il a fait de nouveau appel, d'une voix pitoyable, à la miséricorde divine, disant que la parole de Dieu l'avait incité à ce crime, mais sa voix était devenue si faible que seuls les archers ont pu l'entendre.

On l'a hissé à grand-peine, car il est lourd, jusqu'au lieu du supplice sur lequel il a jeté un regard atone. Sans proférer une plainte, il a laissé son poing tenant le poignard brûler jusqu'à l'os sur un brasero. Les aides du bourreau, armés de tenailles, lui ont ouvert la poitrine, le ventre, les cuisses. Il a beuglé de douleur puis défailli. Quand on lui a fait reprendre connaissance en lui jetant un seau d'eau au visage, on a arrosé ses plaies de cire, de soufre et de plomb fondu. Il est parvenu à bredouiller :

– On m'a bien trompé en me disant que mon acte serait bien accueilli du peuple. Demandez-lui de chanter pour moi le *Salve Regina* au lieu de m'accabler d'insultes !

Un gigantesque hourvari lui a répondu. Des rires, des injures, des imprécations ont déferlé jusqu'au pied de l'échafaud.

Ravaillac a demandé à son confesseur qu'il l'entende une dernière fois.

– J'y suis prêt, a répondu le religieux, mais à condition que vous ne persistiez pas dans vos mensonges ou votre silence. Y consentez-vous ?

– J'y consens, a répondu Ravaillac.

La confession terminée, on a amené sur la place de Grève les chevaux destinés au supplice final de l'écartèlement. Lorsque les aides du bourreau ont eu fini de nouer de cordes les membres du condamné et de les relier aux chevaux, un homme s'est avancé pour proposer de remplacer une vieille carne qui remplirait mal son office par sa propre monture qui était jeune et fringante. Le bourreau a froncé les sourcils.

– Qui es-tu ? a-t-il demandé à l'inconnu.

– Un vieux compagnon du roi et l'un de ses écuyers, jadis. Mon nom est Melchior de Lagos.

– Amène ton cheval. Il ne sera pas de trop. Cet homme est encore solide et ne sera pas facile à démembrer.

Il a fait remplacer la horse et le supplice a débuté dans un silence haché de temps à autre par un cri de femme ou des vociférations. Aux premières tirades, il a fait place à la rumeur multiple et profonde de milliers de voix excitant les chevaux. La foule a rompu les cordons d'archers, s'est précipitée sur les cordes pour aider les chevaux montés par des cavaliers qui excitaient leurs montures rétives.

Dès la première tirade, les membres se sont allongés sans se détacher du corps. À la seconde, un bras a cédé, emporté au milieu de la foule par le cheval emballé. Des chiens se sont précipités à la curée. Le corps disloqué, déséquilibré, s'agitait comme un pantin.

Ce n'est qu'à la troisième tirade que les autres membres ont cédé, après que le bourreau armé d'une hachette eut aidé à rompre les derniers ligaments qui les retenaient encore.

Ravaillac est toujours vivant. Ses yeux se sont écarquillés lorsqu'il a vu le bourreau s'apprêter à lui décoller la tête. Il a ouvert la bouche mais aucun son n'en est sorti. Après avoir détaché la tête du tronc qui tressautait encore, débité ce qui restait de ce haillon humain pour laisser le peuple s'en disputer les lambeaux, il s'en est retourné, laissant hommes et chiens se disputer cette dépouille encore palpitante.

Il ne reste de la charogne que des flaques de sang, des chausses et une chemise que les gardes ont décidé de garder, mais sans la jouer aux dés comme la tunique du Christ.

Melchior a récupéré son cheval. Après un dernier regard à la boucherie, il a sauté en selle.

Sans se hâter, il sera dans trois jours à Honfleur d'où Samuel Champlain, enfin guéri, va bientôt s'embarquer pour une nouvelle traversée de l'océan.

Il est temps de quitter Paris, ce creuset de haine, de mensonges, de crimes. Le Nouveau Monde l'attend. Une terre vierge.

FIN

ANNEXES

ASCENDANCE ET DESCENDANCE D'HENRI IV

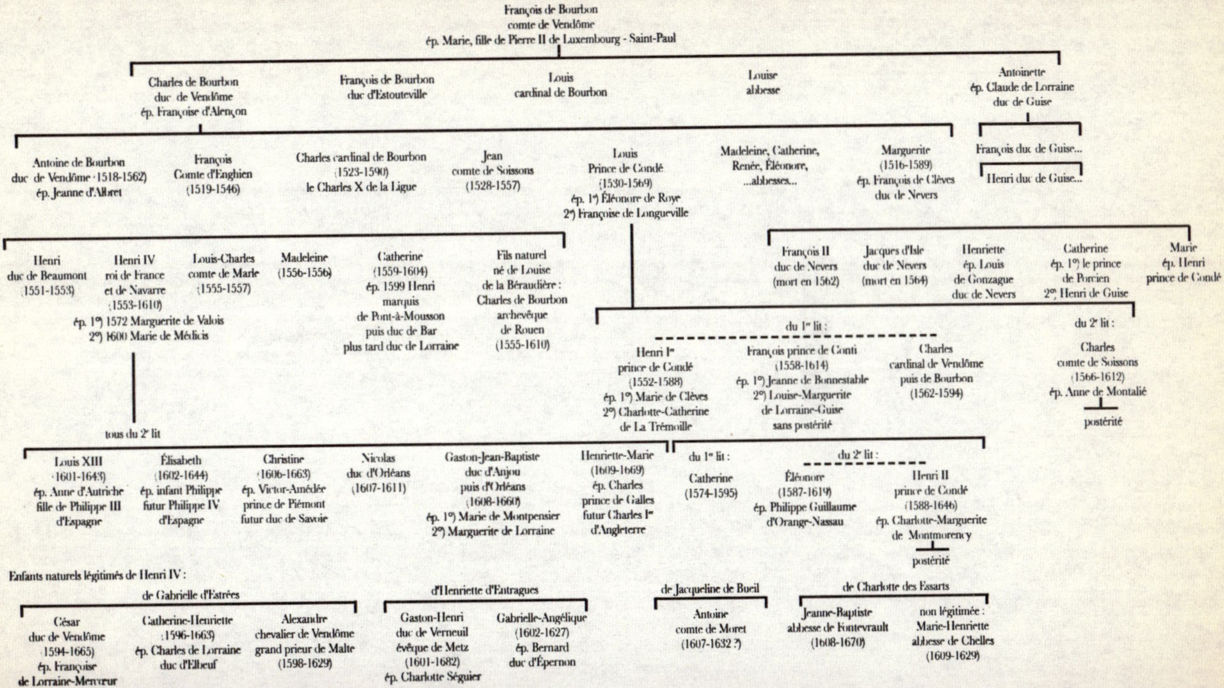

POUR MÉMOIRE

1590 : Première rencontre d'Henri IV et de Gabrielle d'Estrées. – Bataille et victoire d'Ivry : le « panache blanc » : Siège et blocus de Paris par Henri IV.

1591 : Gabrielle maîtresse d'Henri. – Prise de Chartres et suite du siège de Rouen.

1592 : Mort de Farnèse. – Mort de Montaigne. – Fin du siège de Rouen.

1593 : Abjuration d'Henri. – Attentat de Barrière contre Henri. – États généraux à Paris.

1594 : Sacre d'Henri, à Chartres. Entrée dans Paris. – Attentat de Jean Chastel contre Henri. – Révolte des croquants du Limousin et du Périgord. – Expulsion des Jésuites. – Naissance de César, fils de Gabrielle et d'Henri.

1595 : Les Espagnols battus à Fontaine-Française. – Soumission du duc de Mayenne. – Batailles en Périgord contre les croquants.

1596 : Soumission des villes et des principaux ligueurs. – Henri impose Rosny (Sully) comme surintendant des Finances.

1597 : Les Espagnols abandonnent Amiens mais prennent Calais. – Gabrielle duchesse de Beaufort.

1598 : Mort de Philippe, roi d'Espagne. – Édit de Nantes. – Paix de Vervins entre la France et l'Espagne.

1599 : Mort de Gabrielle. Début des rapports d'Henri et d'Henriette d'Entragues. Promesse de mariage. – Annulation du mariage d'Henri avec Margot.

1600 : Campagne contre la Savoie. Capitulation du duc. – Affaire de la promesse de mariage avec Henriette. – Mariage d'Henri avec Marie de Médicis.

1601 : Naissance du dauphin Louis et de Gaston-Henri, fils d'Henri et d'Henriette. – Début des conspirations contre Henri.

1602 : Complot et exécution de Biron.

1603 : Grave maladie d'Henri. – Les jésuites de retour. – Ralliement des huguenots à Bouillon (Turenne).

1604 : Mort de Catherine de Navarre, sœur d'Henri. – Idylle d'Henri avec Jacqueline de Bueil. – Restitution de la promesse de mariage à Henriette. – Agitation des huguenots dans le Midi. – Complot Entragues-Auvergne-Bouillon.

1605 : Retour à Paris de Margot. – Procès des artisans du complot. – Attentat de Jacques des Isles contre Henri. – Henri à Limoges.

1606 : Fin du complot. Henri à Sedan. – Rosny devient duc de Sully. – Idylle d'Henri et de Mlle des Essarts.

1607 : Achèvement du Pont-Neuf ; travaux de la place Dauphine et de la Galerie du Bord-de-l'Eau, au Louvre. – Sully accusé de malversations.

1608 : Fondation de Québec et Montréal en Nouvelle-France. – Création de l'Union évangélique contre les Habsbourg. – Attentat de Racqueville contre Henri.

1609 : Rencontre de Charlotte de Montmorency (16 ans). – Affaire épineuse de Clèves et Juliers. – Menace de guerre. – Mariage du prince de Condé et de Charlotte de Montmorency, par la volonté du roi. Fuite des époux.

1610 : Préparatifs de la campagne de Clèves. – Troubles en province. – Sacre de Marie. – Assassinat d'Henri par Ravaillac. – Exécution de Ravaillac.

TABLE

Cet ouvrage a été réalisé par la
SOCIÉTÉ NOUVELLE FIRMIN-DIDOT
Mesnil-sur-l'Estrée
pour le compte des Éditions Pocket
en mars 1999

POCKET - 12, avenue d'Italie - 75627 Paris Cedex 13
Tél. : 01-44-16-05-00

Imprimé en France
Dépôt légal : avril 1999
N° d'impression : 45736